Handlettering
und moderne Kalligrafie

Natascha Safarik
Tintenfuchs

Handlettering und moderne Kalligrafie

für Einsteiger

mitp

Bibliografische Information der Deutschen Nationalbibliothek
Die Deutsche Nationalbibliothek verzeichnet diese Publikation in der Deutschen Nationalbibliografie; detaillierte bibliografische Daten sind im Internet über http://dnb.d-nb.de abrufbar.

Bei der Herstellung des Werkes haben wir uns zukunftsbewusst für umweltverträgliche und wiederverwertbare Materialien entschieden.
Der Inhalt ist auf elementar chlorfreiem Papier gedruckt.

ISBN 978-3-7475-0458-1
1. Auflage 2023

www.mitp.de
E-Mail: mitp-verlag@sigloch.de
Telefon: +49 7953 / 7189 - 079
Telefax: +49 7953 / 7189 - 082

Klimaneutral
Druckprodukt
ClimatePartner.com/18246-2210-1001

Lektorat: Sabine Schulz
Sprachkorrektorat: Christine Hoffmeister
Fotos S. 15, 47, 54, 61, 73: © Barbara Wenz
Fotos S. 28, 33, 48, 133, 158, 171: © Gabriela Dantur
Coverbild: © sergign / stock.adobe.com
Druck: ADverts in Riga, Lettland

Inhalt

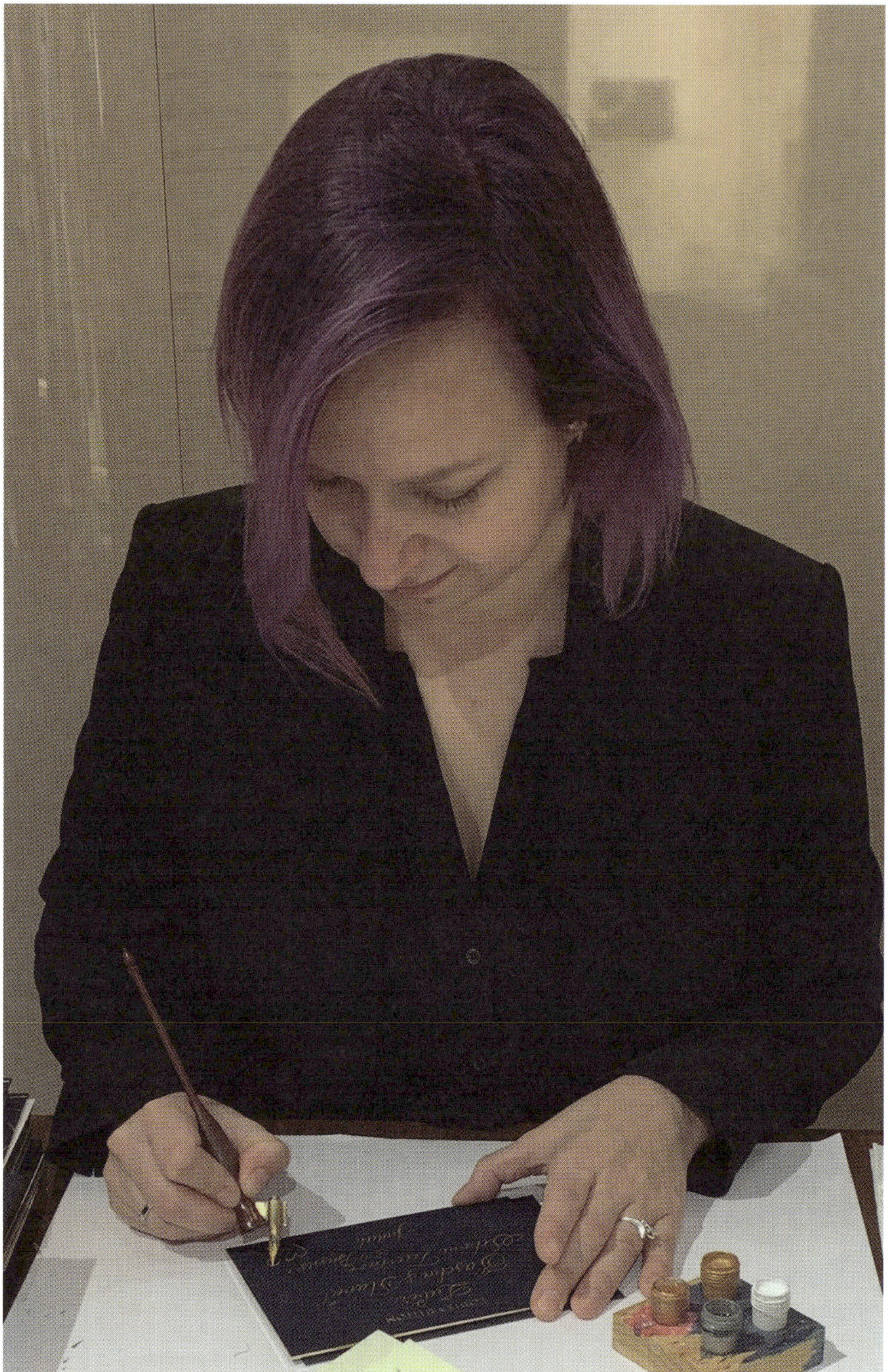

Foto: © Christina Marks

Einleitung

Als ich mit der Spitzfeder-Kalligrafie und dem Lettering begonnen habe, waren diese Themen, insbesondere die Kalligrafie, im deutschsprachigen Raum noch relativ unbekannt. Im amerikanischen Raum und auch in Städten wie Paris und London kam diese Kunstform damals gerade an, und so habe ich mir Material aus den USA und aus Japan importiert, habe alte Bücher in verschiedenen Sprachen studiert und bin quer durch die Welt geflogen, um dieses wunderbare Handwerk von den Besten zu erlernen.

In Österreich war ich die Erste, die das Gewerbe »Kalligrafie« angemeldet hat. Ich wurde skeptisch beäugt; inzwischen lebe ich vom Schreiben.

Die Themen Lettering und Kalligrafie sind inzwischen so sehr miteinander verwoben, dass es mir ein Bedürfnis ist, Klarheit zu schaffen. Daher ist dieses Buch entstanden, das beide Themen behandelt, aber vor allem auch die Unterschiede aufzeigt.

Ich möchte dir im Folgenden zeigen, was ich mir einst auf der ganzen Welt zusammensuchen musste. Ich wünsche mir, dass du aus meinen Erfahrungen und Fehlern lernst. Ich hoffe, dass ich dir dir den Einstieg in die wunderbaren Themenbereiche Lettering und Kalligrafie erleichtere und dass du damit genauso viel Spaß hast wie ich.

Deine Natascha

Was dich in diesem Buch erwartet

In diesem Buch stelle ich dir verschiedene Techniken und Werkzeuge vor, sodass du von Grund auf lernst, schöne und ausgewogene Schriften zu schreiben und zu zeichnen. In jedem Kapitel zeige ich dir anhand eines Schreibwerkzeugs Hintergrund und Aufbau der Buchstaben und du lernst Schritt für Schritt, wie du diese schreibst oder zeichnest. Du kannst das Buch von vorne bis hinten durcharbeiten (meine Empfehlung!) oder dir einfach die Kapitel herauspicken, die dich interessieren, und direkt dort einsteigen.

Kapitel 1: Grundlagen

In diesem Kapitel erläutere ich dir die Begriffe, die dich das restliche Buch über begleiten werden. Du lernst den Unterschied zwischen Kalligrafie und Lettering kennen und erhältst einen Einblick, welche Schriften du mit den verschiedenen Werkzeugen schreiben kannst.

Kapitel 2: Kalligrafie mit dem Bunt- und Bleistift

In diesem Kapitel lernst du eine lebendige Schreibschrift kennen, die mit Blei- oder Buntstift geschrieben wird. Du erhältst hier einen ersten Einstieg in die Kalligrafie. Ich habe hierfür gezielt einen Blei- oder Buntstift gewählt, weil dies ein Schreibwerkzeug ist, mit dem du sicher schon geschrieben hast. Auf diese Weise ist der Einstieg in die Kalligrafie besonders einfach, weil du dich direkt auf das Schreiben konzentrieren kannst, ohne dich gleichzeitig auch noch an ein neues Schreibwerkzeug gewöhnen zu müssen. Ich empfehle dir deshalb, dieses Kapitel nicht zu überspringen.

Kapitel 3: Kalligrafie mit der Spitzfeder

Dieses Kapitel lehrt dich die Kalligrafie mit der Spitzfeder. Auf dem Alphabet in diesem Kapitel basieren viele moderne Handlettering-Stile und auch Brush Lettering.

Kapitel 4: Brush Lettering

Wenn du nicht nur Druckschriften, sondern auch Schreibschriften lettern möchtest, sind Grundkenntnisse mit dem Brush Pen oder der Spitzfeder unerlässlich. Daher gebe ich dir in diesem Kapitel eine kurze Einführung in den Umgang mit diesem Werkzeug.

Kapitel 5: Faux Calligraphy

Die Faux Calligraphy ist eine Hybridform aus Kalligrafie und Lettering. Du zeichnest Buchstaben, die auf der Spitzfeder-Kalligrafie aufbauen und so aussehen, als wären sie mit der Spitzfeder oder dem Brush Pen geschrieben worden.

Kapitel 6: Handlettering

Hier erkläre ich dir die Grundbegriffe des Handletterings und zeige dir anhand von ein paar Alphabeten, wie du selbst Handlettering-Buchstaben und -schriften umsetzt.

Los geht's

1 Grundbegriffe

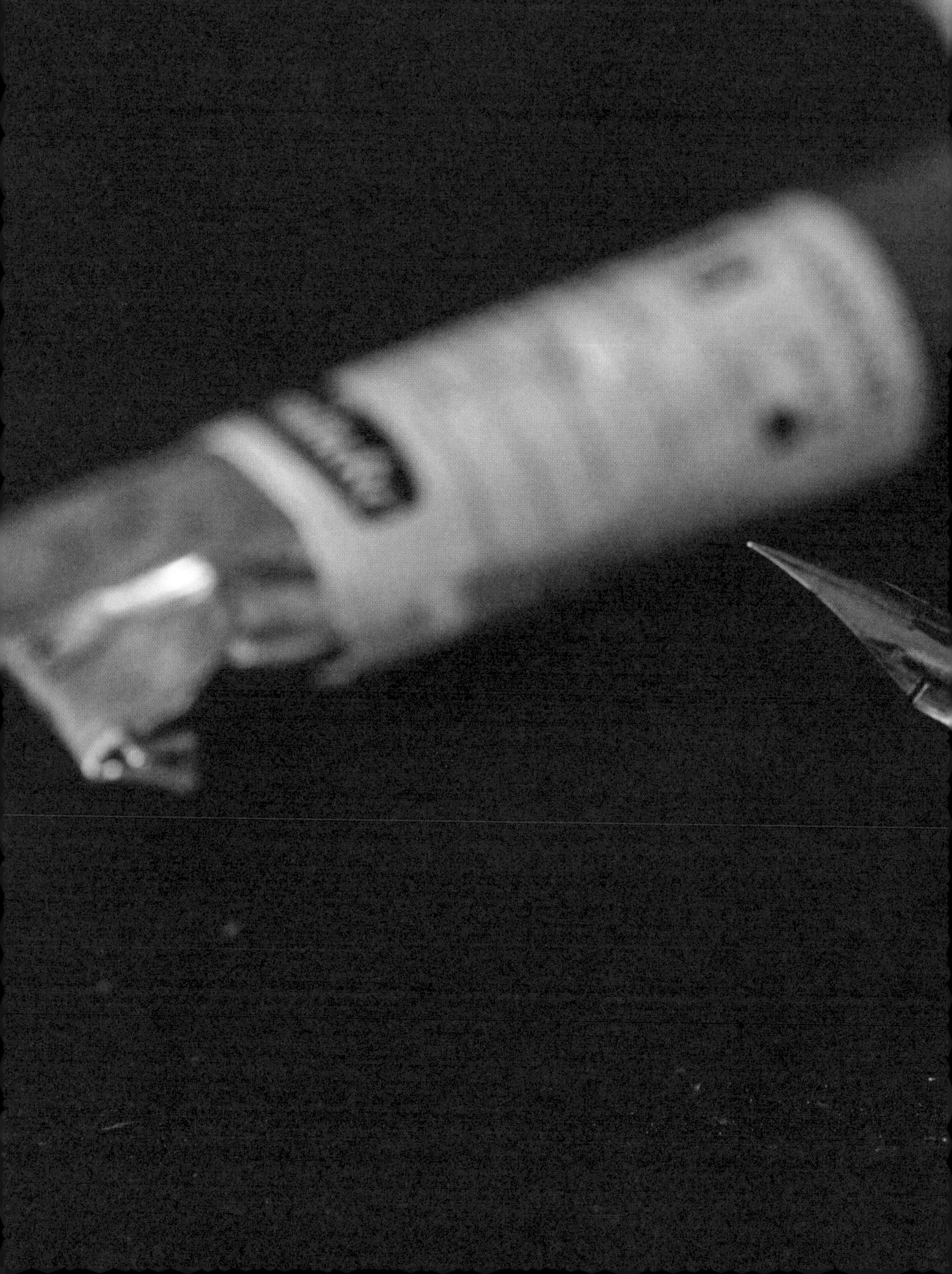

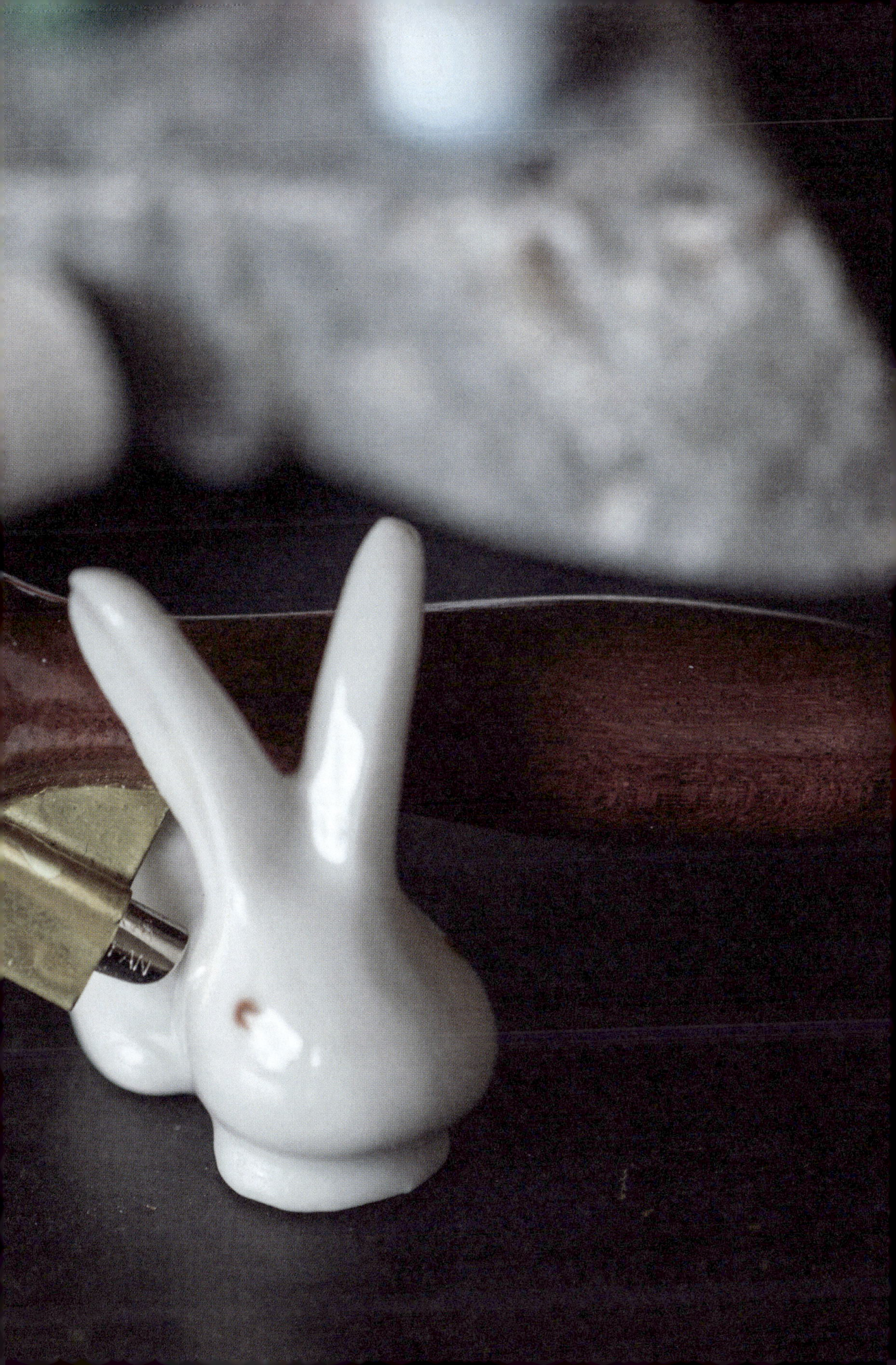

Die Begriffe Lettering, Kalligrafie und Typografie werden heutzutage gerne synonym verwendet, obwohl sie sehr unterschiedliche Dinge beschreiben. Auch wenn sich dieses Buch nur zweien davon widmet – der Kalligrafie und dem Lettering – ist es sinnvoll, dass du weißt, was hinter den Begriffen steckt. Die Unterscheidung ist aber sehr simpel und du kannst sie dir leicht merken, wenn du sie erstmal verstanden hast.

1.1 Lettering

Unter Lettering versteht man das schrittweise Zeichnen von Buchstaben. Hier wird der Buchstabe nicht in einem Schwung geschrieben, sondern ausgetüftelt, mit einzelnen separaten Strichen nach und nach zu Papier gebracht und dann verfeinert. Man kann nachbessern, ausradieren und so lange an einem Buchstaben feilen, bis er perfekt ist.

Der Begriff des Lettering wird heutzutage sehr lose verwendet. Sobald eine Schrift etwas hübscher aussieht, wird sie als Handlettering (= analoges Lettering, im Gegensatz zu digitalem Lettering am Computer) bezeichnet. Zig Alphabete, die eigentlich geschrieben werden (und somit Kalligrafie oder einfach schönere Handschrift sind), sind unter dem Begriff des (Hand-)Letterings zusammengefasst. Ich möchte, dass du den Unterschied kennst, auch wenn du dich dafür entscheidest, die Begriffe synonym zu verwenden. Beim Lettering kannst du jede Art von Schrift zeichnen, sowohl Schreib- als auch Druckschriften.

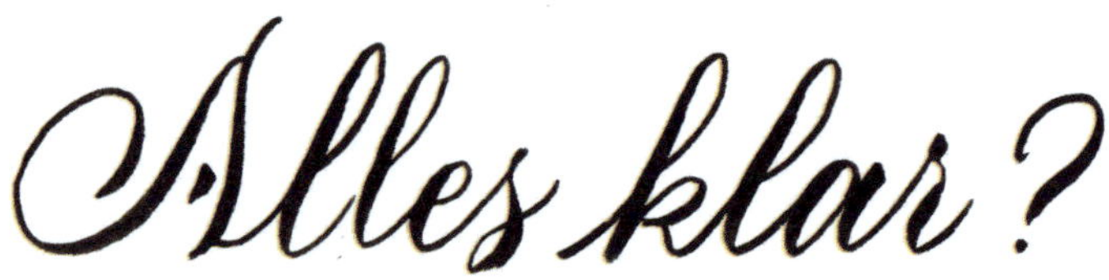

Mit dem Brush Pen geschrieben.

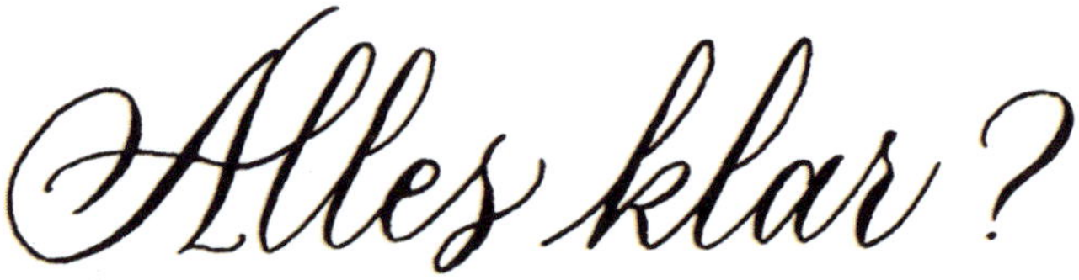

Mit der Spitzfeder geschrieben.

Beim Vergleich wird schnell klar, dass die Grundprinzipien der beiden Werkzeuge dieselben sind: Dicke und dünne Striche entstehen durch Druckausübung auf das Schreibwerkzeug.

1.2 Kalligrafie

Kalligrafie ist die Kunst des schönen Schreibens. Das heißt, die Buchstaben werden mit einem beliebigen Werkzeug geschrieben: mit einer Feder, mit einem Pinsel, mit einer Füllfeder oder mit einem Bleistift... Das Ziel ist es, schon beim Schreiben, also ohne nachzubessern, direkt perfekte Buchstaben zu formen. Deshalb ist die Kalligrafie nur durch viel Übung zu meistern, denn dann gelingt es dir, dass die Buchstaben ins Muskelgedächtnis übergehen. In **Kapitel 3** lernst du das Schreiben einer kalligrafischen Schrift mit der Spitzfeder, nämlich der sogenannten Copperplate.

Die Kalligrafie kann mit verschiedensten Arten von Stiften umgesetzt werden. Je nach Werkzeug erhältst du ein unterschiedliches Schriftbild und kannst entsprechend unterschiedliche Schriften umsetzen. Mehr dazu findest du beim Material. Für die Kalligrafie-Schriften in diesem Buch kannst du Blei- oder Buntstifte und eine Spitzfeder verwenden.

Wichtig

Lettering baut auf Kalligrafie auf. Um Buchstaben zeichnen zu können, musst du wissen, wie sie aussehen. Und wie sie aussehen, wird auch vom Schreibwerkzeug diktiert – also von der Kalligrafie.

Wenn du z.B. einen Schriftzug im Fraktur-Stil lettern möchtest, dann musst du im Vorhinein wissen, wie diese Schrift eigentlich aussieht. Nur so wird dein Lettering in sich stimmig.

Brush Lettering

Beim Brush Lettering schreibst du die Buchstaben mit einem Brush Pen, Pinsel oder Schriftenpinsel. Auch Brush Lettering ist technisch gesehen Kalligrafie, da man auch hier die Buchstaben schreibt und nicht zeichnet. Viele Brush Lettering-Schriften orientieren sich an der Copperplate-Kalligrafie, die auch in diesem Buch behandelt wird.

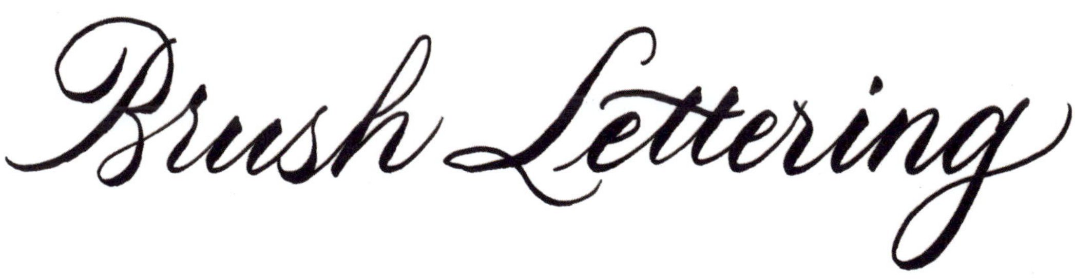

1.3 Hybridform

Faux Calligraphy

Die Faux Calligraphy ist eine Hybridform aus Kalligrafie und Lettering. Dabei geht es darum, Buchstaben so zu zeichnen, wie sie mit der Spitzfeder oder dem Brush Pen geschrieben aussehen würden, nur verwendest du dafür keine Spitzfeder oder Brush Pen. Zuerst schreibst du sie mit einem Stift, bei dem sich die Strichsträke nicht ändert, danach zeichnest du die Stellen noch einmal nach, die beim Schreiben mit der Spitzfeder oder dem Brush Pen als dickere Striche entstanden wären.

Beispiel

Manchmal ist der Unterschied gar nicht so leicht zu erkennen, ob eine Schrift geschrieben, also kalligrafiert, oder gezeichnet wurde, also per Handlettering entstanden ist.

In diesem Beispiel rechts ist das obere Bild kalligrafiert und das untere gelettert. Alles klar? Nein? Hier die Erklärung.

Das erste Wort habe ich nur geschrieben. Die dicken und dünnen Linien sind zustande gekommen, indem ich während des Schreibens Druck auf meinen Buntstift ausgeübt habe. Somit ist das Wort kalligrafiert.

Das zweite Wort habe ich mit sogenannter Faux Calligraphy gestaltet. Ich habe zuerst das Wort, wie bei Beispiel 1, geschrieben, ohne dass dabei jedoch dicke und dünne Striche entstanden sind. Dann habe ich aber die Abstriche (die dicken Linien, bei denen der Strich abwärts geführt wird), noch einmal nachgezeichnet und verstärkt. Somit ist es eine Hybrid-Form.

Beim dritten Wort habe ich die Form gänzlich Strich für Strich gezeichnet. Somit ist es Lettering.

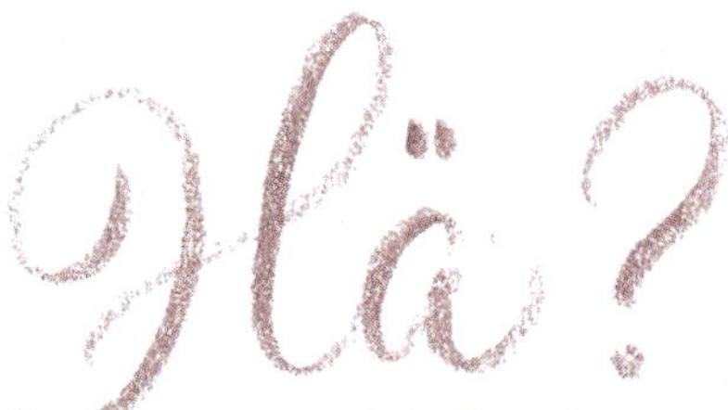

1. Kalligrafie

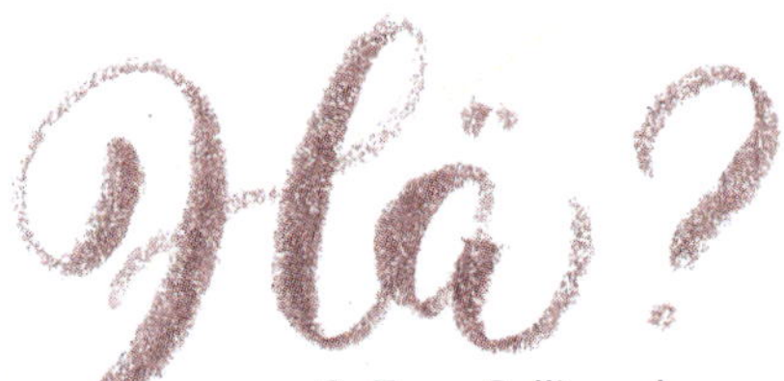

2. Faux Calligraphy

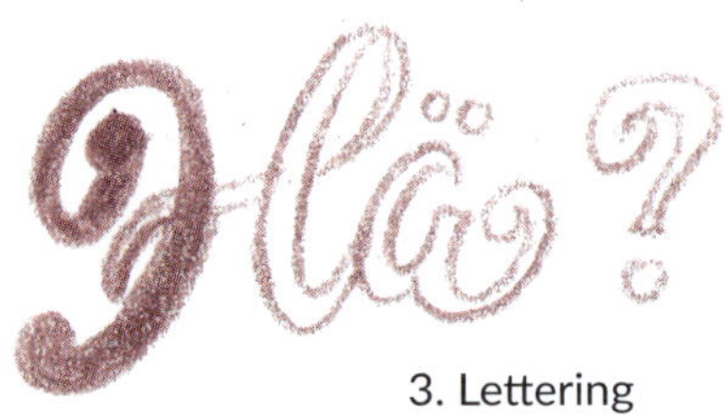

3. Lettering

1.4 Typografie

Typografie ist ursprünglich der Satz von Buchstaben mit beweglichen Lettern für den Druck, früher mit Bleilettern, aus denen man die Texte zusammengesetzt hat, heute aber ebenso am Computer. Typographische Gestaltung ist somit die Verwendung von Schrift zu gestalterischen Zwecken. Hier werden die Buchstaben aber nicht gezeichnet oder geschrieben, sondern es werden bereits vorhandene Schriften verwendet.

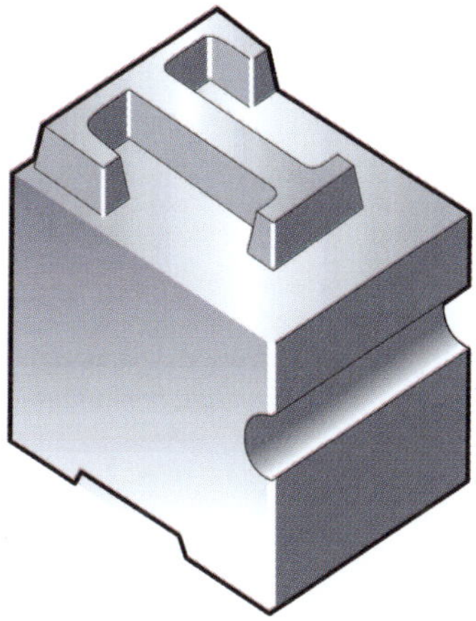

Bleiletter, Wikimedia Commons

1.5 Type Design

Font- oder Type-Designer vereinen oft alle oben genannten Skills, um eine Schrift zu entwerfen, die man schließlich am Computer verwenden kann. Oft werden die Buchstaben dazu erst geschrieben (→ Kalligrafie), digital verfeinert (→ Lettering) und anschließend zu einer Schrift zusammengesetzt. Dieser Prozess ist ein unglaublicher Aufwand und ich ziehe meinen Hut vor allen Menschen, die hierfür Geduld und Muße haben.

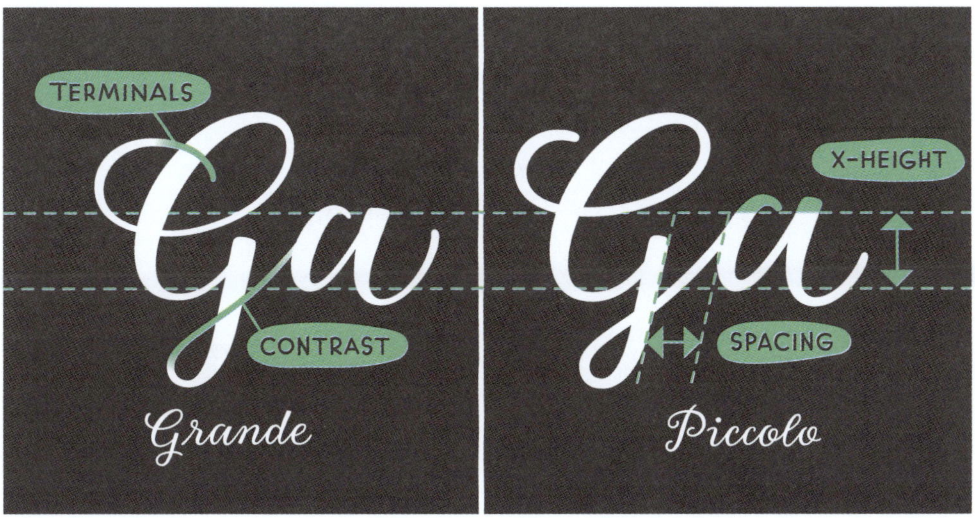

1.6 Material: Kalligrafie-Federn

Auf der Suche nach der richtigen Feder oder beim Stöbern im Künstlerbedarf sind dir bestimmt schon einige Federn und Schreibwerkzeuge untergekommen. Ich stelle dir kurz die gängigsten vor und erläutere dir, was du mit ihnen machen kannst.

Spitzfeder

Diese Feder heißt so, weil sie vorne spitz zuläuft. Mit ihr schreibst du Schriften, deren Strichstärkenkontrast sich aus dem Druck auf die Feder ergibt. Drückst du auf, entsteht ein dicker Strich; ohne Druck entsteht ein dünner Strich. Mit der Spitzfeder werden z.B. die Copperplate und Spencerian geschrieben, aber auch viele moderne Kalligrafie-Schriften.

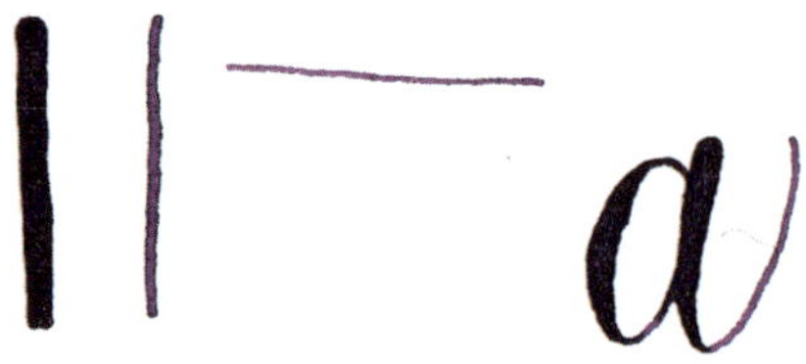

Mit der Spitzfeder geschrieben

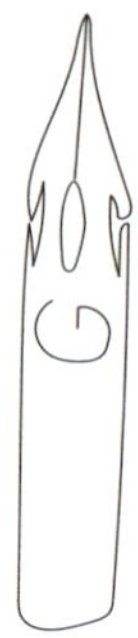

Bandzugfeder

Eine Bandzugfeder wird für gänzlich andere kalligraphische Schriften verwendet als die Spitzfeder. Sie läuft vorne nicht spitz zu, sondern hat eine breite Kante. Diese kann auch sehr fein sein, trotzdem bleibt es eine Kante. Hier wird die Linienbreite nicht durch den Druck auf die Feder bestimmt, sondern durch die Drehung des Werkzeugs. Je horizontaler die Feder über das Papier gezogen wird, desto breiter der Strich. Schriftarten, die mit einer Bandzugfeder geschrieben werden, sind z.B. die humanistische Kursive und die Fraktur.

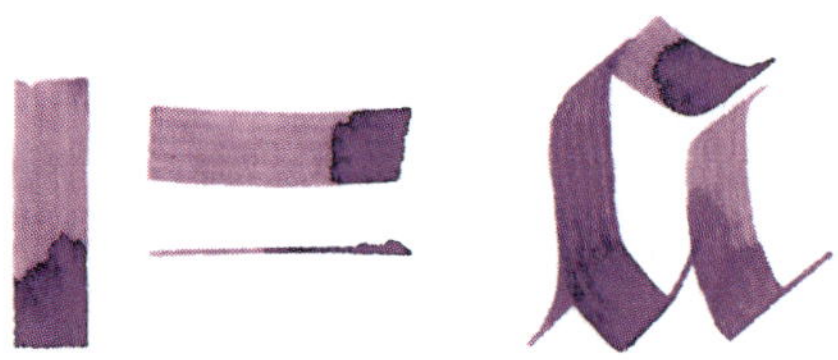

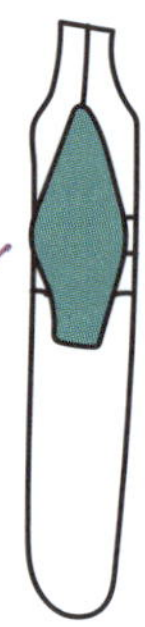

Mit der Bandzugfeder geschrieben

Redisfeder

Diese Feder hat an der Spitze einen kreisrunden Aufsatz. Die Besonderheit ist, dass es keine Strichstärkenvariation gibt – jeder Strich ist gleich breit. Natürlich gibt es hier auch größere und kleinere Varianten. Eine Schrift, die durchgehend eine Breite hat, nennt man übrigens Monoline..

Mit der Redisfeder geschrieben

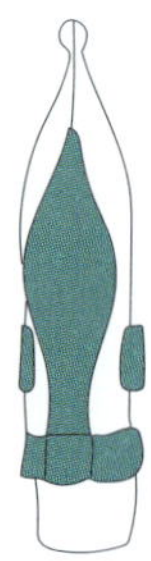

Glasfeder

Glasfedern gibt es einerseits als komplette Schreibwerkzeuge mit Griff und Feder in einem Stück, andererseits auch als Federspitzen für Füllhalter. Wie bei der Redisfeder gibt es auch bei der Glasfeder keine Möglichkeit, die Strichstärke zu variieren. Dieselben Elemente – mit verschiedenen Werkzeugen geschrieben – machen schnell klar, wie viel bei der Kalligrafie vom Werkzeug abhängt.

Um einen Schriftstil zu meistern, musst du das richtige Werkzeug dafür haben. So kannst du z.B. eine Brush Lettering-Schrift nicht mit der Bandzugfeder schreiben, da die Strichstärkenvariation beim Brush Pen durch den Druck auf das Werkzeug entsteht, die Bandzugfeder aber nicht auf Druck reagiert und auch noch eine ganz andere Spitze hat.

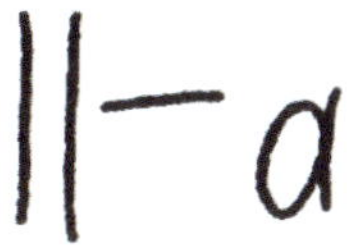
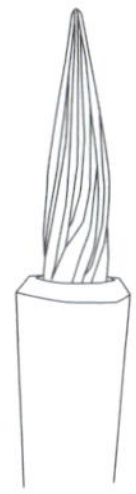

Mit der Glasfeder geschrieben

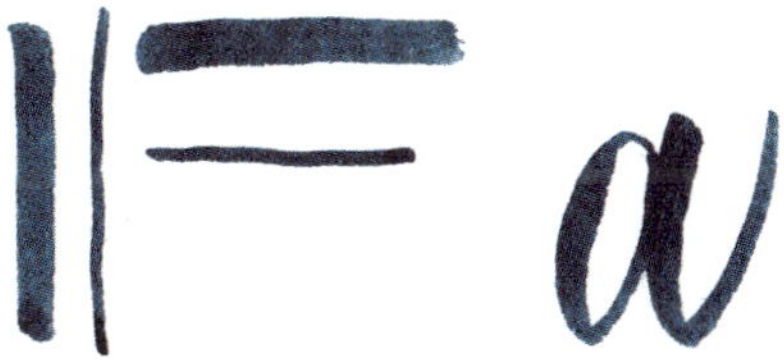
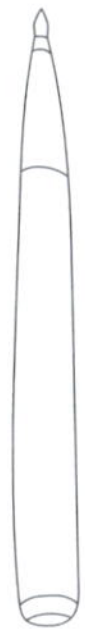

Mit dem Brush Pen geschrieben

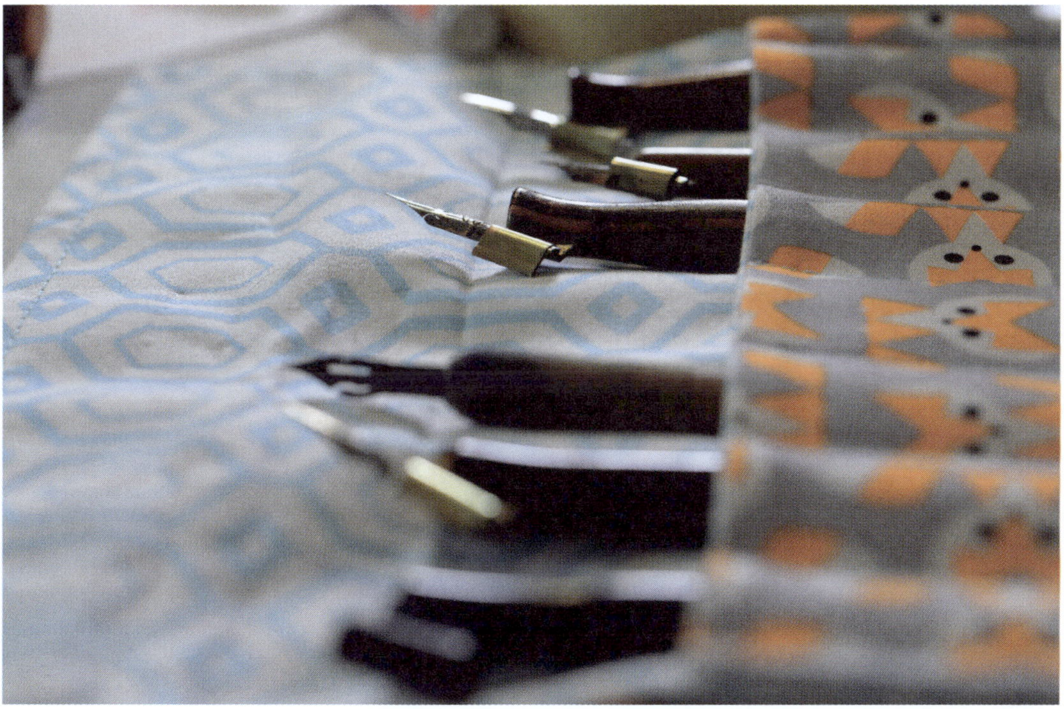

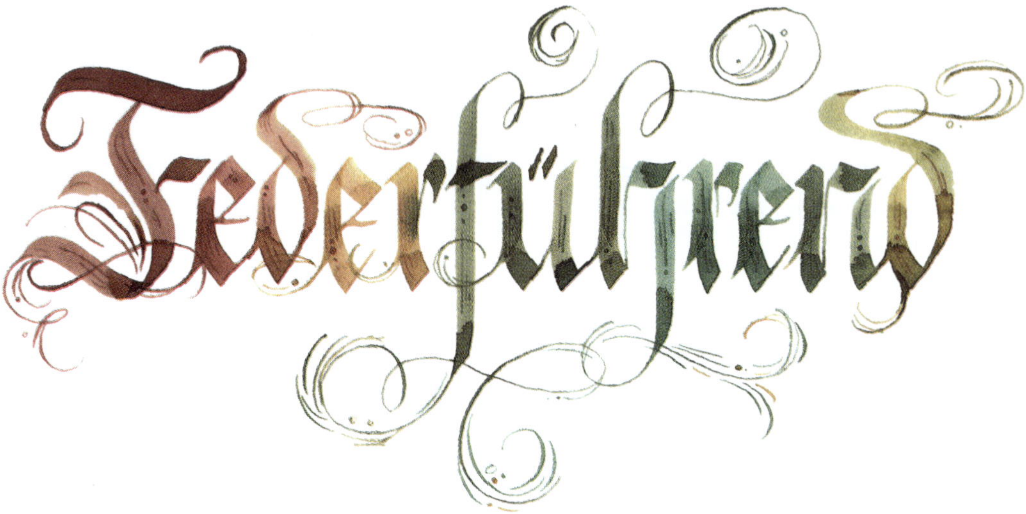

Oben: Diesen Schriftzug habe ich mit der Bandzugfeder kalligrafiert. Das Alphabet, auf dem die Buchstaben basieren, ist die Fraktur, ein Bandzugfeder-Alphabet.

Unten: Diesen Schriftzug habe ich mit der Spitzfeder kalligrafiert. Die Buchstaben basieren auf dem Schriftstil der Copperplate.

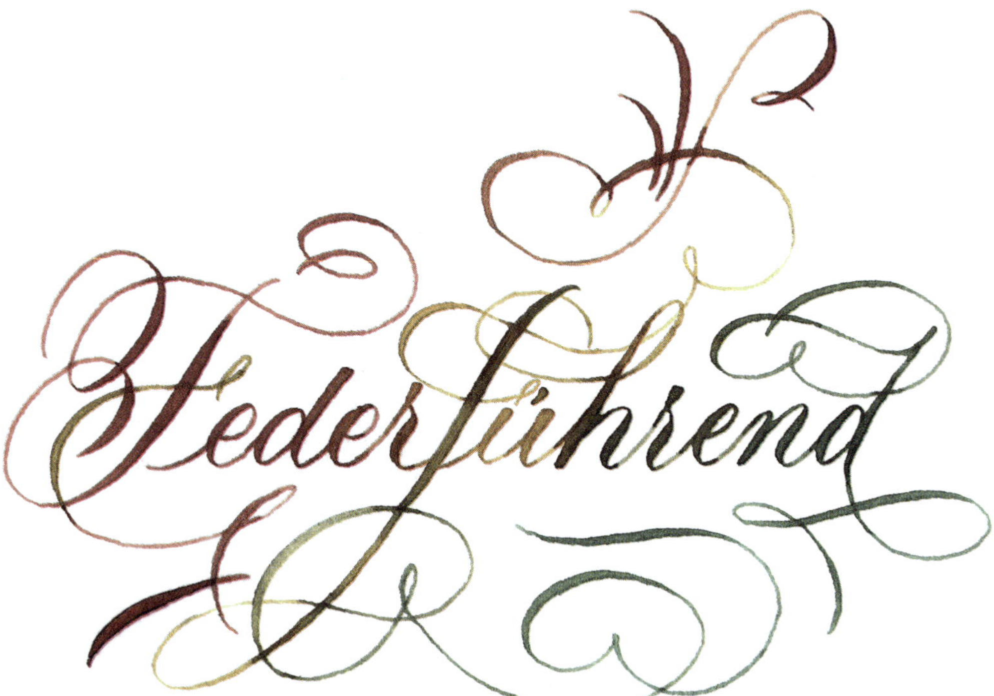

1.7 Schriften

Schreibschriften/Script

Script ist der englische Begriff für Schrift, der heutzutage aber eher synonym für Schreibschrift verwendet wird. Eine Schreibschrift ist eine Schrift, deren Buchstaben miteinander verbunden sind.

Solche Schriften ermöglichen ein flüssigeres Schreiben mit der Hand, sind aber auch einfach schön anzusehen. Ihre Formen ermöglichen es, Details wie Schlaufen und Bögen zu verwenden, und die Buchstaben bieten sich dafür an, Schnörkel anzufügen.

In der Kalligrafie gibt es eine lange Geschichte der Schreibschriften. Im amerikanischen Raum hat sich z.B. die Ornamental Penmanship (eine reich verzierte Schreibschrift mit der Spitzfeder) aus der Spencerian Handschrift entwickelt.

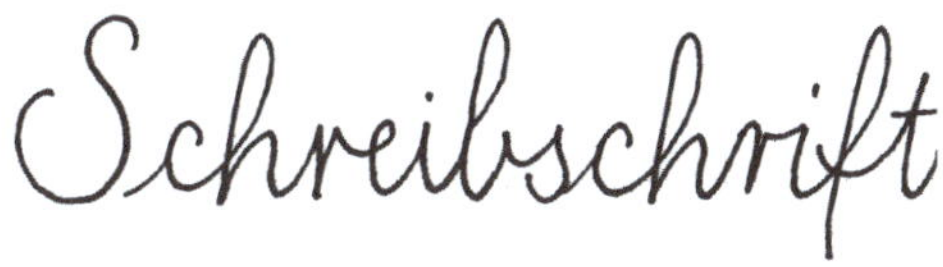

Druckschrift/Druckbuchstaben

Als Druckschrift bezeichnet man Schriften, bei denen die Buchstaben nicht miteinander verbunden sind. Wenn hierfür nur Großbuchstaben verwendet werden, nennt sich das Blockschrift.

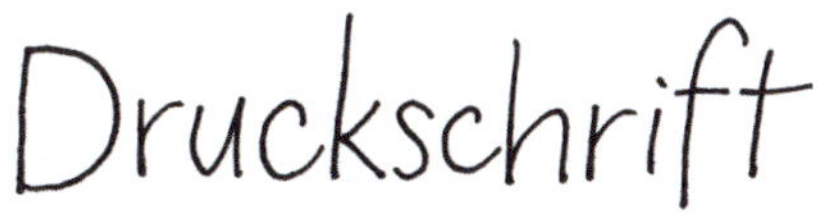

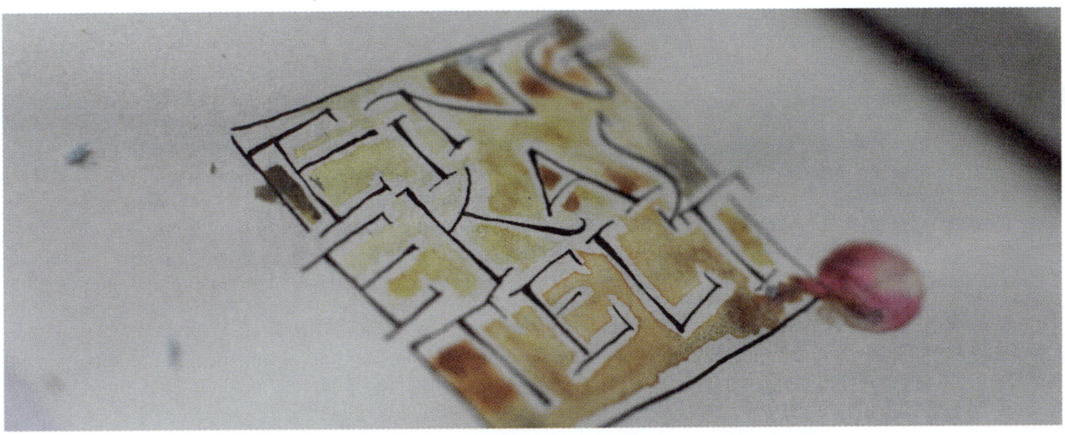

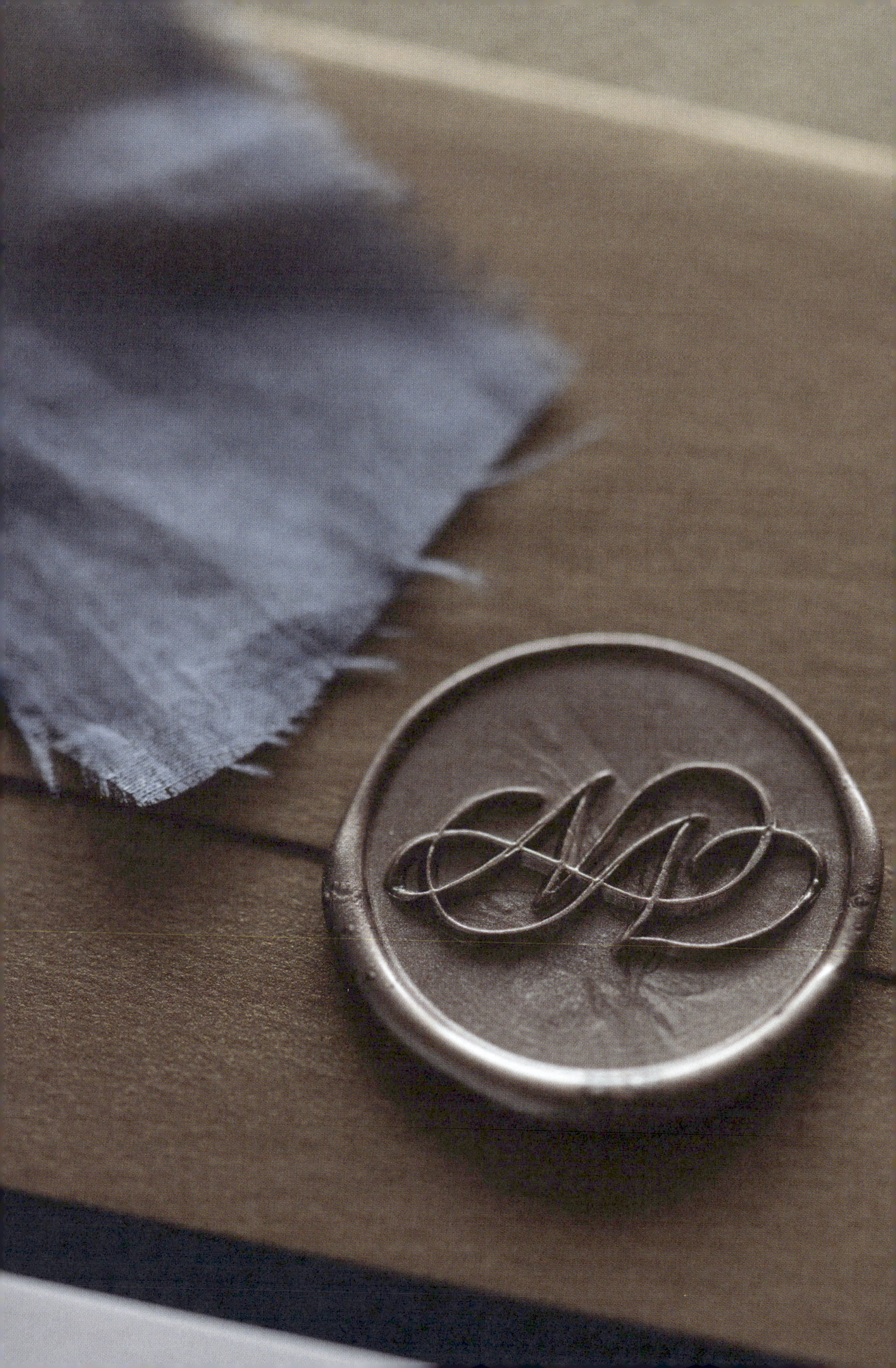

1.8 Die Anatomie der Schrift

Es gibt in der Kalligrafie und im Lettering viele Begriffe, die vielleicht neu für dich sind. Sie werden in diesem Buch oft vorkommen. Vielleicht setzt du dir hier ein Lesezeichen oder du zeichnest sie dir selbst noch einmal auf, um sie im Kopf zu behalten

Linienraster: Wir schreiben grundsätzlich auf einem Raster, damit die Proportionen unserer Buchstaben schön ausgewogen sind. Alle Linien in diesem Raster haben Namen.

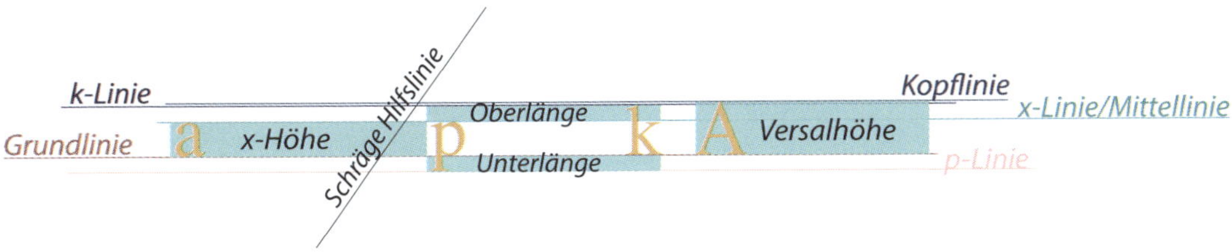

Bevor du loslegst, möchte ich dir ein paar Begriffe vorstellen, die du brauchst, um die Anleitungen in diesem Buch zu verstehen.

Zuerst möchte ich dir etwas genauer die Buchstabenanatomie vorstellen, damit du weißt, wovon ich spreche und du auch selbst eine Idee hast, wie du deine eigenen Werke korrigieren kannst. Wenn ich dann z.B. sage, »Das Auge ist im Vergleich zur Punze zu groß«, dann weißt du gleich, was gemeint ist.

Präge dir die Begriffe gut ein oder schreibe sie dir auf, du wirst sie bald brauchen.

x-Höhe

In diesen Bereich werden die Kleinbuchstaben, auch Minuskeln genannt, geschrieben, die keine Ober- oder Unterlänge haben. Sie sitzen auf der Grundlinie und hören an der Mittellinie auf.

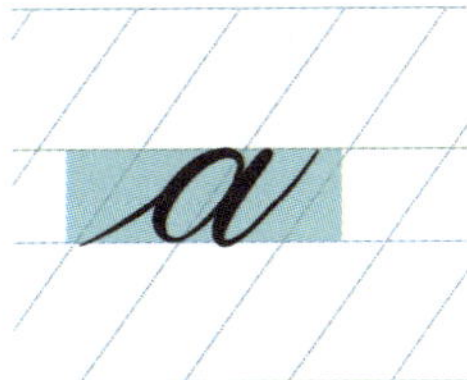

Oberlänge

Hier befinden sich die Bögen von Buchstaben wie l oder h, sowie alle Großbuchstaben, auch Majuskeln genannt. Die Oberlänge endet an der k-Linie.

Unterlänge

Die Bögen nach unten werden hier geschrieben – z.B. bei g, j oder q. Die Linie, auf der diese enden, ist die p-Linie. Die Unterlänge hat die gleichen Ausmaße wie die Oberlänge.

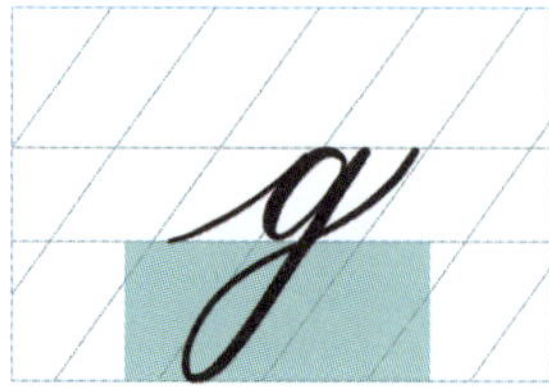

Versalhöhe

Die Versalhöhe ist die Höhe, in die die Versalien, also Großbuchstaben, passen. Sie geht bis zur Kopflinie.

Aufstrich

Unter einem Aufstrich versteht man einen Strich von unten nach oben.

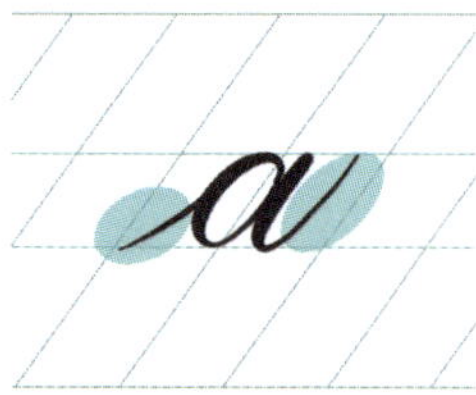

Haarlinie

Haarlinien sind die feinsten Striche, die sich erzielen lassen. Ein Aufstrich ist meistens eine Haarlinie.

Abstrich

Der schattierte (also dickere) Strich wird von oben nach unten geführt. Dabei wird Druck auf das Schreibwerkzeug ausgeübt, so dass er dicker wird, bzw. »zunimmt«.

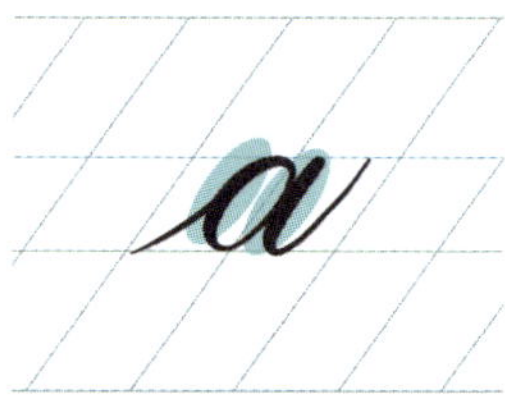

Zu- und Abnehmen

Wenn ein Strich zu- oder abnimmt, heißt das, er wird dicker oder dünner. Diese Striche nennt man auch »Schwellzüge«.

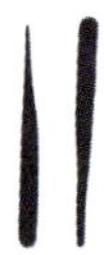

Flourishing

Das englische Wort für »Schnörkel«. Das sind Zierelemente, die an Buchstaben anschließen oder um sie herum gezeichnet werden.

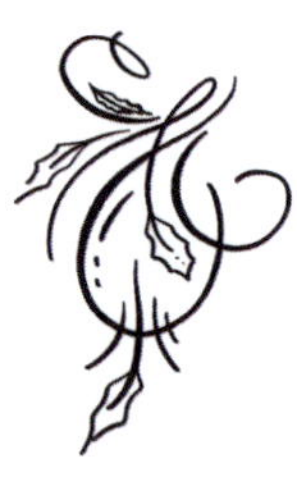

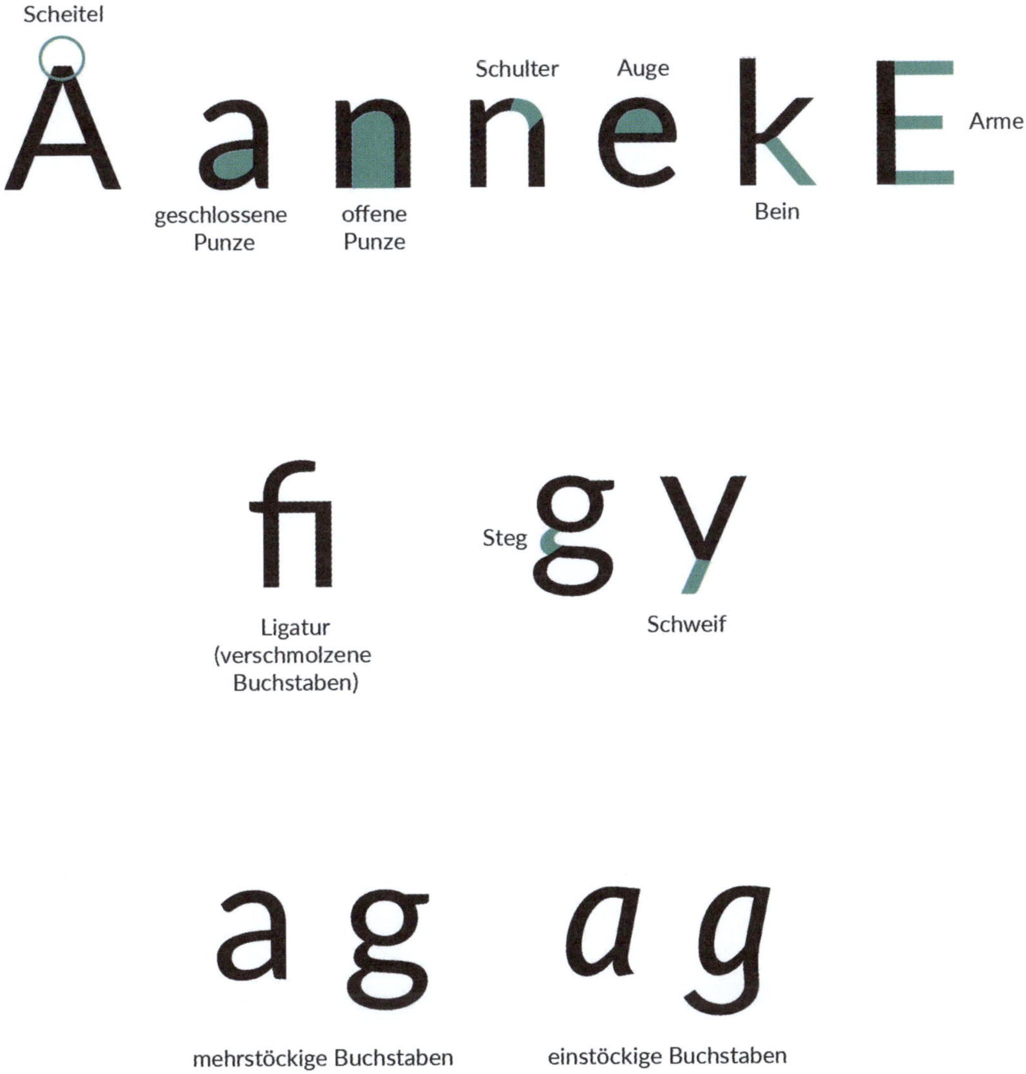
Scheitel
Schulter
Auge
Arme
geschlossene Punze
offene Punze
Bein
Steg
Ligatur (verschmolzene Buchstaben)
Schweif
mehrstöckige Buchstaben
einstöckige Buchstaben

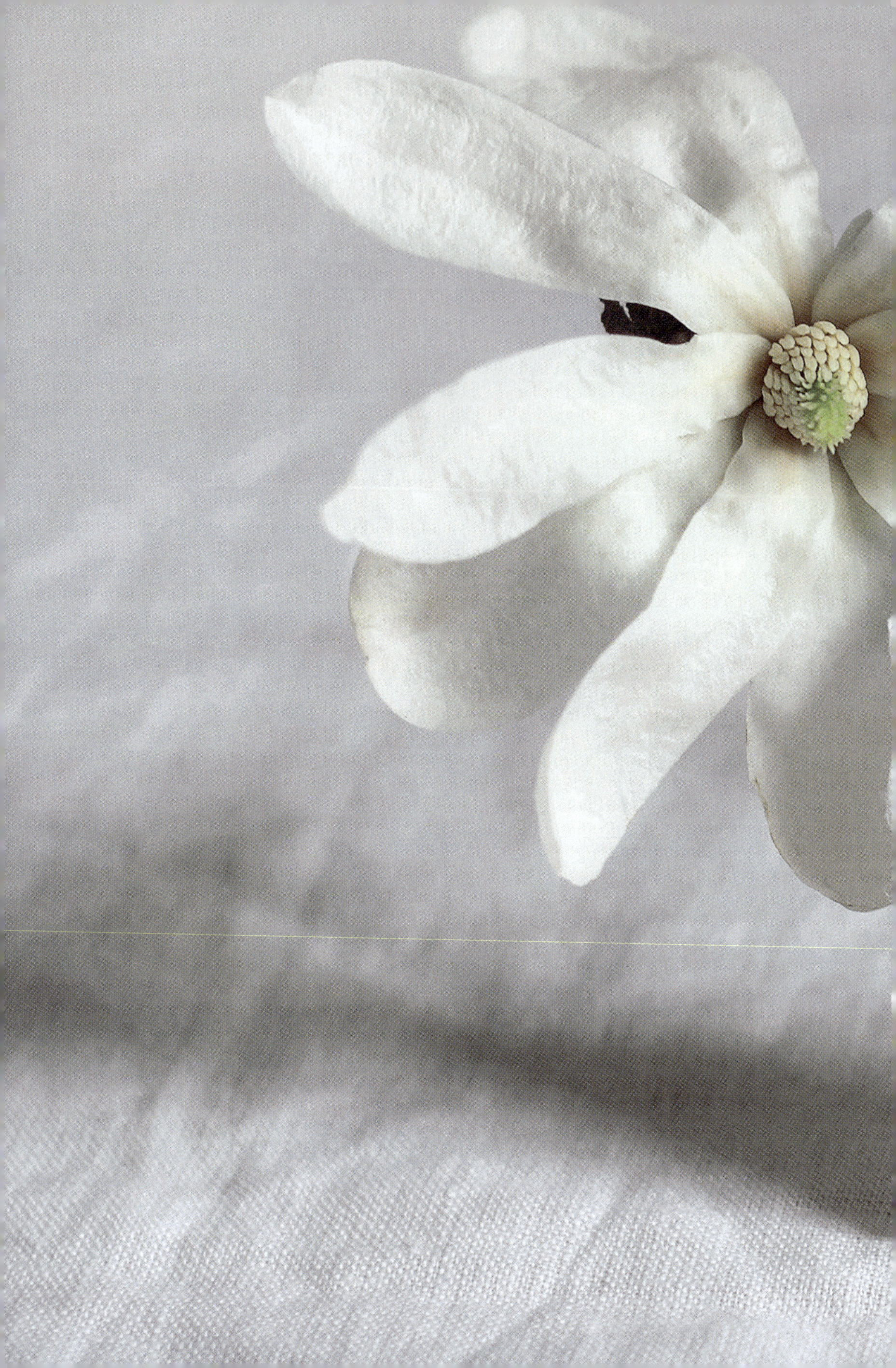

2 Kalligrafie mit dem Buntstift

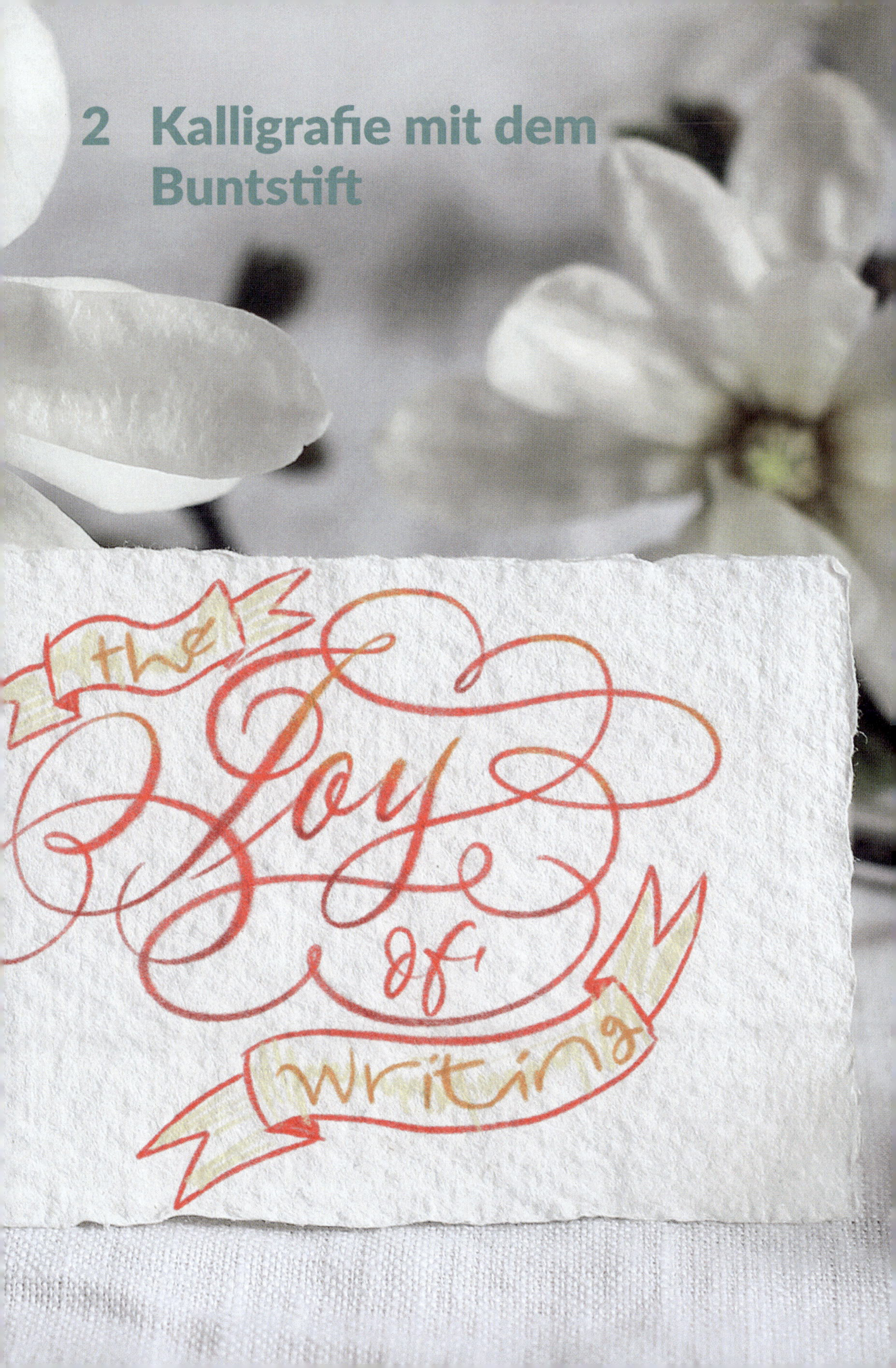

Der Bleistift (oder Buntstift) ist ein Werkzeug, mit dem die meisten Leute vertraut sind. Er eignet sich daher hervorragend dafür, mit der Kalligrafie zu beginnen.

Ein neues Werkzeug, wie z.B. die Spitzfeder, kennenzulernen und gleichzeitig ein neues Alphabet zu schreiben, ist oft herausfordernd. Wenn die Handhabung des Werkzeugs bereits bekannt ist, fällt der Einstieg leichter.

Die Schrift, die du zum Einstieg in diesem Kapitel lernst, kannst du sowohl mit einem Blei- als auch mit einem Buntstift gleichermaßen gut umsetzen, überleg dir einfach, womit du lieber schreiben willst. Im Folgenden findest du einen Überblick über verschiedene Blei- und Buntstifte, die für deine erste Kalligrafie-Schrift gut geeignet sind.

2.1 Material

Bleistifte

Der Bleistift ist ein wunderbares Werkzeug, um mit der Kalligrafie zu beginnen. Du hast bestimmt einen zu Hause und kannst sofort loslegen.

Ein paar Informationen möchte ich dir dennoch mitgeben.

Bleistifte gibt es in den Härtegraden 9H (härteste Mine) bis 9B (weichste Mine). Die Härtegrade entstehen durch die Menge an Graphit, die in der Mine verarbeitet wird. Je mehr Graphit darin enthalten ist, desto weicher ist der Bleistift. Das bedeutet, dass du mit einer weichen Mine beim Schreiben weniger Druck brauchst als mit einer härteren Mine. Härtere Bleistifte lassen sich dafür zu einer feineren Spitze anspitzen, was für unsere Zwecke weniger relevant ist.

Für unsere Zwecke benötigen wir einen weichen Bleistift. Ich empfehle hier einen Härtegrad zwischen 4B und 8B. Falls du normalerweise sehr fest auf den Stift drückst, wenn du schreibst oder zeichnest, kann auch ein etwas härterer Stift wie 2B der Richtige sein.

Produktempfehlungen:

- Faber-Castell Bleistifte in 4B+
- Palomino Blackwing
- Derwent Drawing

Minenhalter/Fallminenstifte

Unter einem Fallminenstift versteht man einen Stift, der aus einer Halterung und einer Mine besteht. Diese Minen lassen sich austauschen und anspitzen. Ihr Minendurchmesser ist meist geringer ist als bei re-

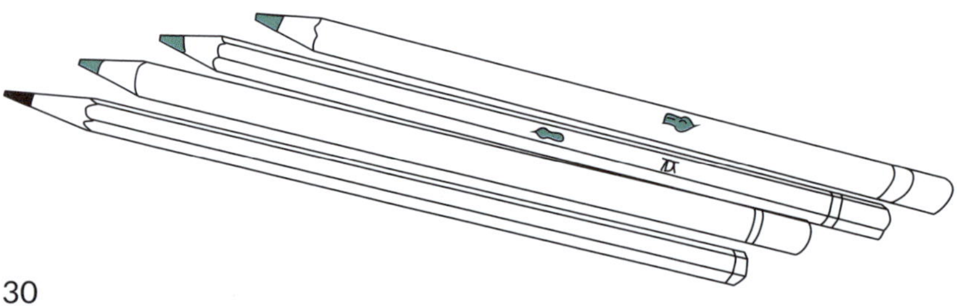

gulären Bleistifte, meist entweder 3,15 mm (weichere Minen) oder 2 mm (härtere Minen).

Für kleinformatige Kalligrafien eignen sich diese Stifte hervorragend.

Produktempfehlung:
- Faber-Castell Fallminenstift TK 9400 in 3,15 mm mit 4B-Mine

Druckbleistifte

Druckbleistifte gibt es mit sehr feinen Minenstärken von bis zu 0,1 mm. Diese Stifte empfehle ich für unsere Zwecke erst ab einem sehr fortgeschrittenen Niveau. Wir üben ziemlich viel Druck auf unsere Stifte aus und die Minen eines Druckbleistifts brechen hier zu leicht ab.

Buntstifte/Farbstifte

Es gibt verschiedenste Arten von Buntstiften, die gängigsten möchte ich dir hier vorstellen.

Teure vs. kostengünstige Stifte

Buntstifte gibt es in verschiedensten Preisklassen. Der Unterschied liegt meist bei den Pigmenten – in günstigeren Stiften befindet sich oft Füllmaterial, sodass der Farbauftrag nicht so satt ist wie bei hochwertigeren Stiften. Das soll aber nicht heißen, dass alle günstigen Stifte schlecht sind!

Die meisten Stifte, die du im Künstlerbedarf unter dem Begriff Bunt- oder Farbstifte finden kannst, haben eine Mine, in der die Farbpigmente mit Wachs oder Öl zusammengehalten werden.

Wachsbasierte Buntstifte sind etwas weicher und verteilen sich besser auf dem Papier. Dadurch erscheinen sie satter und es scheint weniger Papier durch.

Produktempfehlung:
- Tombow Irojiten
- Derwent Artist

Ölbasierte Buntstifte wirken etwas transparenter auf dem Papier, lassen sich aber dadurch auch besser in mehreren Schichten auftragen. Auf dunklem Papier decken sie nicht so gut wie Stifte mit wachsbasiertem Kern.

Produktempfehlung:
- Faber-Castell Polychromos

Wasservermalbare Buntstifte

Die Pigmente in wasservermalbaren Farbstiften werden mit einem wasserlöslichen Bindemittel zusammengehalten. Beim Kontakt mit Wasser lassen sie sich ähnlich wie Aquarellfarbe vermalen.

Diese Stifte sind auch besonders weich und erlauben daher sowohl stark schattierte als auch helle Striche, wodurch sie sich hervorragend für die Kalligrafie eignen.

Produktempfehlung:
- Faber-Castell Albrecht Dürer
- Derwent Inktense

Papier

Hochwertiges Papier ist für Blei- und Buntstifte sehr wichtig. Die Grammatur sollte höher sein – etwa 300 g/m2, um alle Pigmente aufnehmen zu können.

Glatt vs. rau

Ob du Papier mit einer glatten oder rauen Oberfläche aussuchst, hängt vom Look ab, den du erzielen möchtest. Eine glattere Oberfläche ergibt ein ebenmäßigeres Erscheinungsbild und es sind mehr Details möglich. Auch kleinere Zeichnungen lassen sich auf glattem Papier besser umsetzen. Die strukturierte Oberfläche von rauem Papier kann spannende Effekte erzeugen. Diese Papiere können mehr Pigmente halten, es ist dafür aber schwieriger, feine Details zu zeichnen.

8B-Bleistift auf glattem Papier

8B-Bleistift auf rauem Aquarell-papier

Hier siehst du ein paar Scans, auf denen die Struktur des Papiers gut zu erkennen ist.

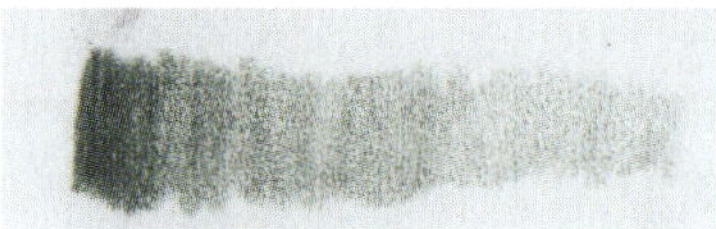
Faber-Castell Polychromos auf glattem Papier

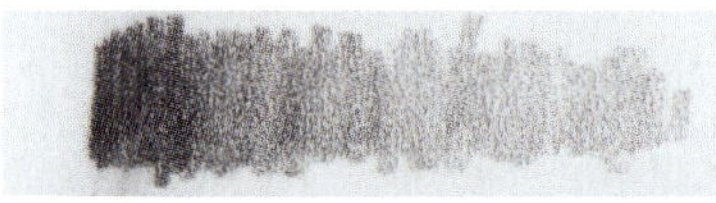
Derwent Inktense auf glattem Papier

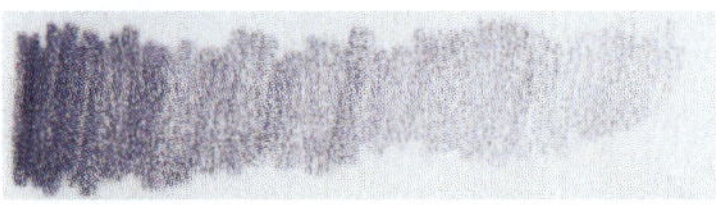
Faber-Castell Albrecht Dürer auf glattem Papier

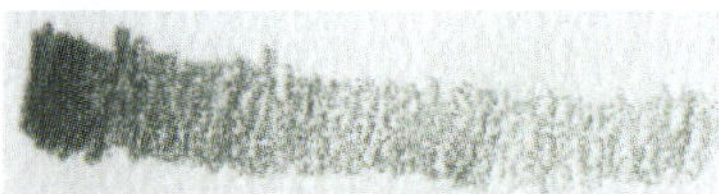
Faber-Castell Polychromos auf rauem Papier

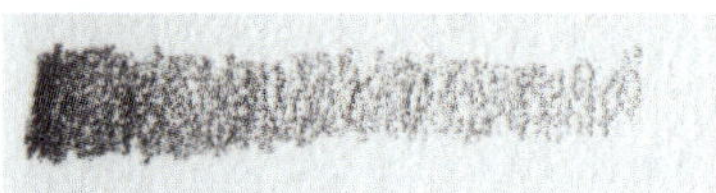
Derwent Inktense auf rauem Papier

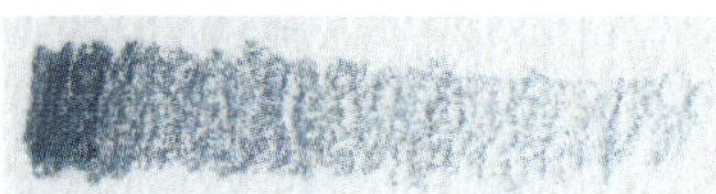
Faber-Castell Albrecht Dürer auf rauem Papier

Produktempfehlung glatte Papiere:
- Satiniertes Aquarellpapier
- Hahnemühle Nostalgie
- Clairefontaine Paint ON
- Rives BFK
- Arches hot-pressed

Produktempfehlung raue Papiere:
- Raues Aquarellpapier, z.B. von Fabriano, Arches oder Canson
- Strathmore cold-pressed

Andere Materialien

Spitzer

Ein Spitzer ist unerlässlich. Ich empfehle hier einen mit austauschbarer Klinge, da du sehr oft anspitzen wirst. Gut geeignet sind auch sogenannte Langkonusspitzer, die eine besonders feine Spitze erzeugen.

Radiergummi

Anfangs wird der Radiergummi ein guter Freund sein. Mit etwas Übung wirst du ihn aber bald nicht mehr benötigen.

Produktempfehlung:
- Faber-Castell Dust Free Radiergummi

Lineal

Um Hilfslinien zu zeichnen, ist ein Lineal unverzichtbar. Besonders auf dickerem Papier wirst du es brauchen.

Lightpad

Ein Lightpad ist ein leuchtendes Tablet, auf das du ein Raster oder eine Skizze und darüber dein Papier legst. So siehst du durch (helles, nicht zu dickes) Papier z.B. Hilfslinien durchscheinen, ohne dass du sie direkt auf das Papier zeichnen musst. Besonders bei der Kalligrafie mit dem Bleistift ist das hilfreich, da du bei direkt auf dein Werk gezeichneten Hilfslinien Gefahr läufst, die Buchstaben mit auszuradieren, wenn du die Hilfslinien ausradierst.

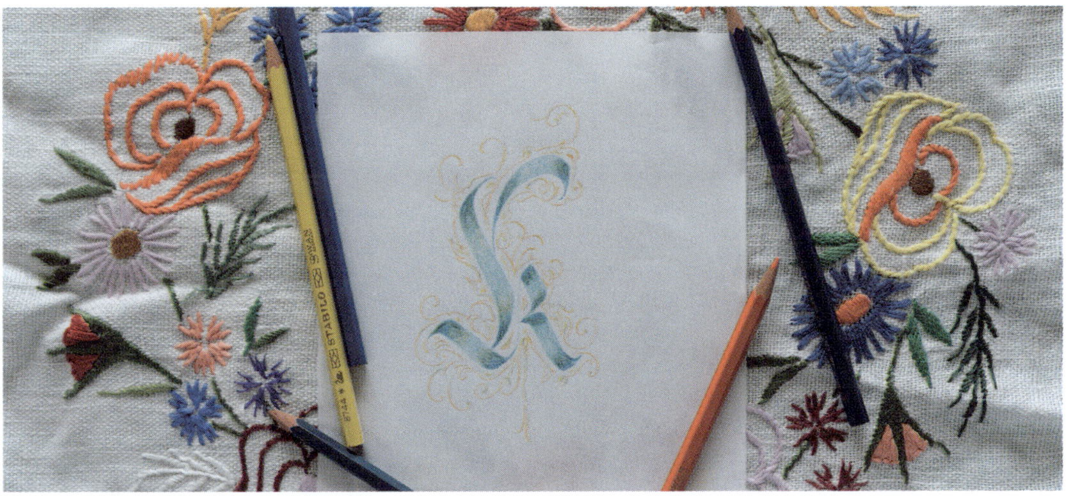

2.2 Erste Schritte

Der erste Schritt ist, wie immer bei neuen Techniken, das Werkzeug kennenzulernen. Die Anleitung kannst du mit all den empfohlenen Stiften nachvollziehen, ich selbst bevorzuge die Albrecht-Dürer-Stifte wegen ihrer wunderbar weichen Mine.

Halte dir einen Spitzer bereit, du wirst ihn oft brauchen. Dadurch, dass die Mine sehr weich ist, reibt sie sich auch schnell ab. Ich spitze die Stifte nicht komplett, sondern ich bevorzuge eine leicht abgeschrägte Spitze, bei der die dicken Striche gut zur Geltung kommen.

Das Grundprinzip der Kalligrafie mit dem Buntstift ist, dass (wie bei der Spitzfeder auch) beim Abstrich mehr Druck auf den Stift ausgeübt wird und dadurch dicke Linien entstehen. Im Gegensatz zur Spitzfeder musst du ihn hier nicht in Tinte tauchen, die Feder reinigen und ein komplett neues Werkzeug kennenlernen. Du kannst dich erst mal nur auf den Druck konzentrieren.

Das Alphabet ist ein Hybrid aus einem modernen Spitzfeder-Alphabet und der deutschen Schreibschrift. Ich habe es entwickelt, damit du einen leichteren Zugang zur Materie hast. Wenn du dieses Alphabet übst, wird dir der Einstieg in die Spitzfeder-Kalligrafie danach leichter fallen, weil du es gewohnt bist, beim Abstrich Druck auszuüben.

Bleistiftmine

Bei der Kalligrafie mit dem Bleistift hängt das Erscheinungsbild auch davon ab, in welchem Zustand deine Mine ist. Es kann auch spannend sein, mit stumpferen Minen zu experimentieren.

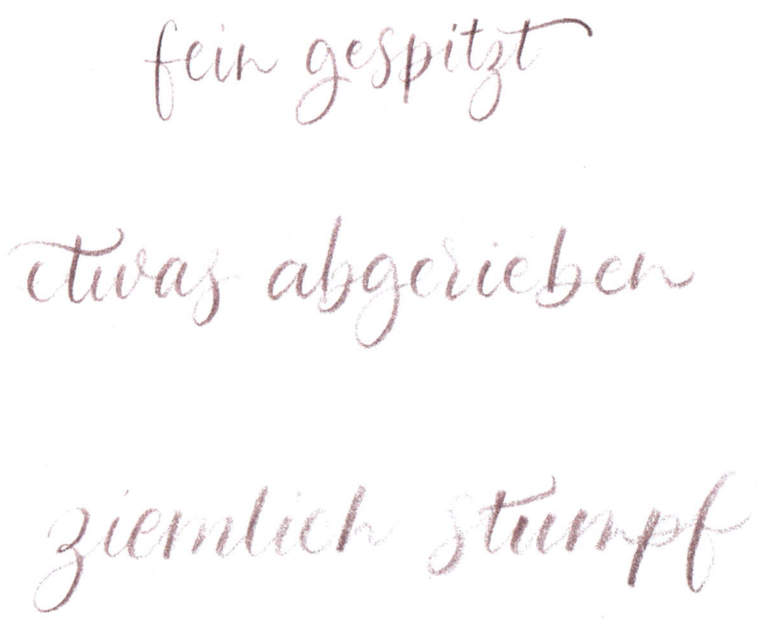

Grundstriche

Zeichne dir auf einem Papier zwei Hilfslinien im Abstand von etwa einem bis eineinhalb Zentimetern ein. Wenn du kleiner arbeitest, ist es schwieriger, die Kontrolle über den Druck zu behalten.

Fülle den Zwischenraum mit Auf- und Abstrichen. Übe am Anfang viel Druck auf den Stift aus und lasse ihn dann nach. Versuche, so fest und auch so zart wie möglich zu drücken, um auszutesten, welcher Spielraum mit deinem Stift möglich ist. Gehe von dunkel zu hell und wieder zu dunkel.

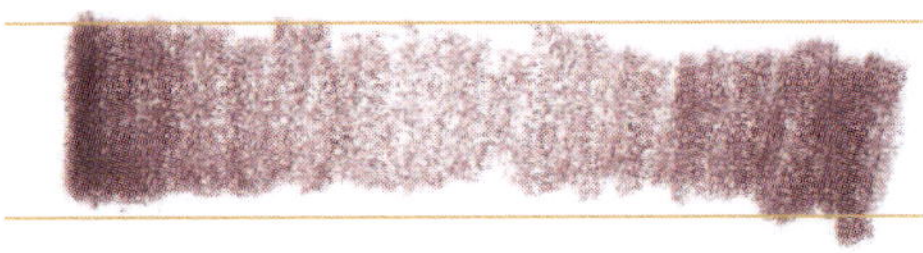

Setze jetzt einzelne Striche. Beginne mit zarten Strichen von oben nach unten, bei denen du etwas weniger aufdrückst, und steigere dann den Druck.

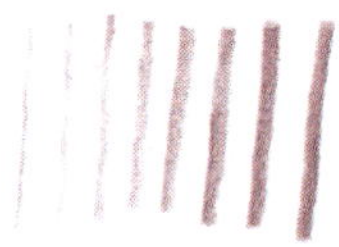

Diese Übung eignet sich hervorragend für die Feinkontrolle. Übe am Anfang des Strichs Druck aus, lasse ihn dann nach und erhöhe ihn am Ende des Strichs wieder.

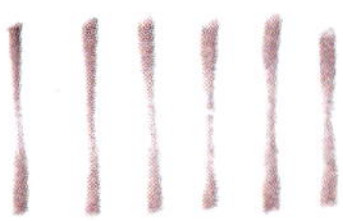

Diese zarten Striche, die sogenannten Aufstriche, sind ein Grundelement von vielen Buchstaben. Sie führst du ohne Druck von unten nach oben.

Der Bogen ist ein zentrales Element vieler Buchstaben. Führe ihn von unten nach oben mit einem Aufstrich ohne Druck, erst beim Abstrich übst du Druck aus.

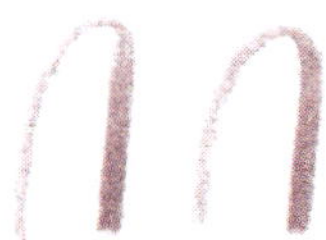

Beginne diesmal mit einem Abstrich mit Druck und führe ihn als Aufstrich ohne Druck nach oben.

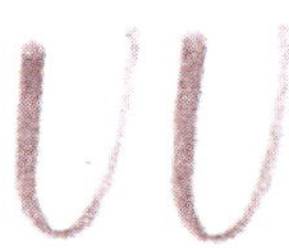

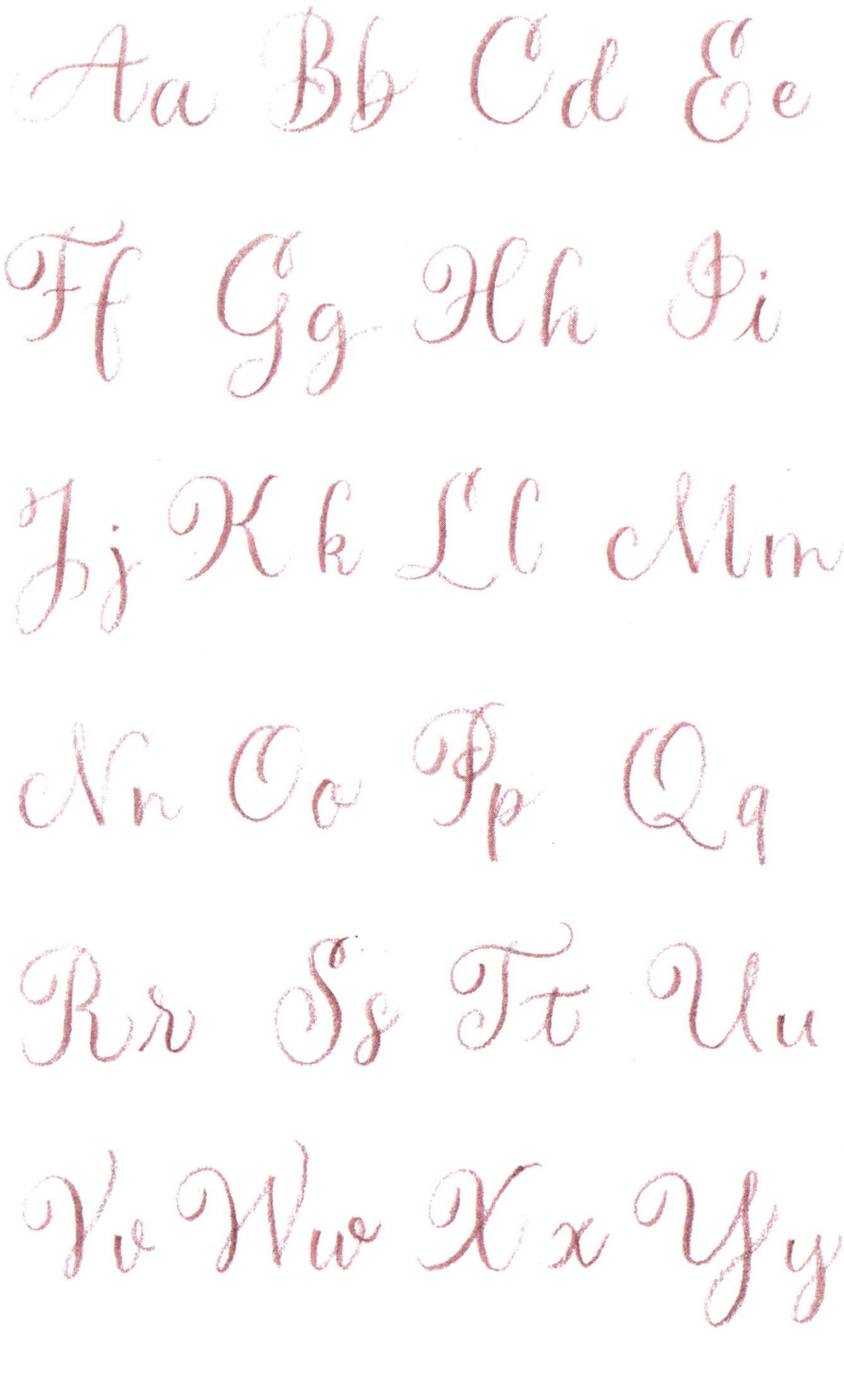
Aa Bb Cd Ee
Ff Gg Hh Ii
Jj Kk Ll Mm
Nn Oo Pp Qq
Rr Ss Tt Uu
Vv Ww Xx Yy
Zz

2.3 Kleinbuchstaben

Gruppe 1: Bögen i n m u v w t

Die Buchstabengruppen sind nach sich wiederholenden Elementen eingeteilt. Die erste Gruppe besteht aus jenen Buchstaben, die auf Bögen basieren.

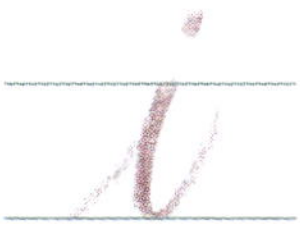

Auf einen simplen Aufstrich folgt ein Abstrich, bei dem du auf den Stift drückst.

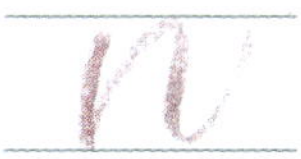

Ein schattierter Abstrich und eine Welle.

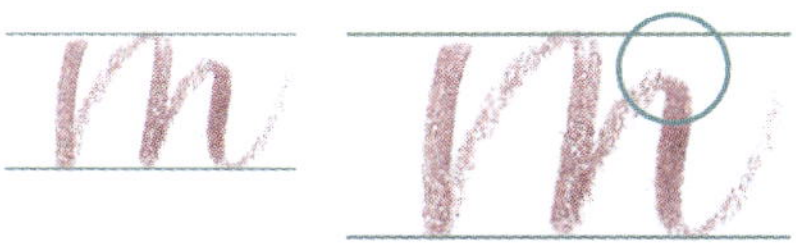

Schreibe hier den zweiten Bogen etwas niedriger als den ersten – das schafft Dynamik.

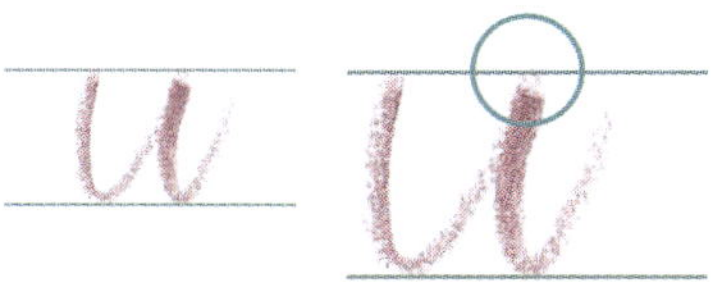

Zwei Bögen, von denen der erste breiter und höher ist. Wie beim m schafft ein kürzerer zweiter Bogen Dynamik.

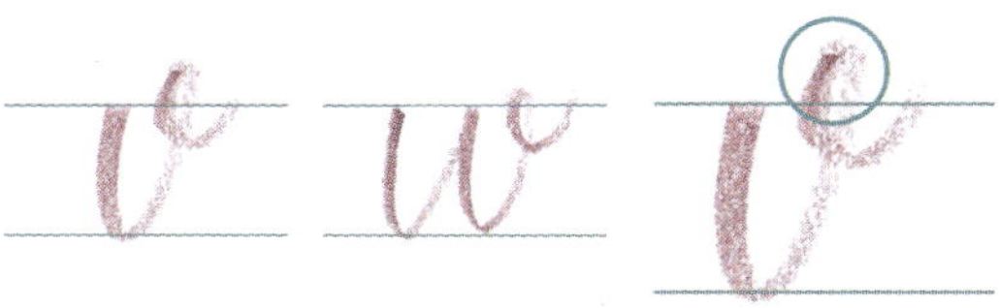

Achte beim v und w darauf, dass die Schlaufe so vertikal steht wie der Buchstabe und etwas über die Mittellinie ragt.

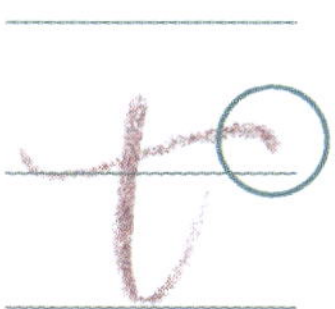

Das t ragt etwas über die Mittellinie, aber nicht ganz bis zur k-Linie. Beim Querstrich kannst du die Enden ein wenig verdicken.

Gruppe 2: Ovale o a d c

Diese Buchstabengruppe beinhaltet die Buchstaben, die quasi aus Ovalen bestehen. Im Prinzip basiert unsere ganze Schrift darauf, aber bei diesen vier Buchstaben ist das extrem offensichtlich.

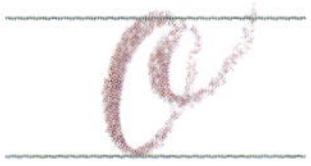

Das o kannst du offen wirken lassen, indem du wie bei v und w eine Schlaufe einsetzt. Bei dieser Variante ziehst du den Buchstaben in einer Bewegung durch. Achte darauf, dass die Schlaufe im gleichen Winkel wie der restliche Buchstabe liegt – und schön oval ist.

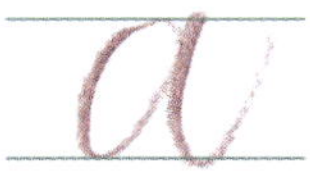

Für einen dynamischen Effekt kannst du mit dem Abstrich zusätzlich ein wenig unter die Grundlinie gehen.

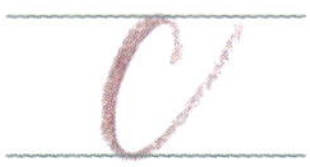

Achte beim c darauf, dass du den Anfang nicht zu sehr eindrehst. Der erste kurze Aufstrich ist nur ganz leicht gewölbt.

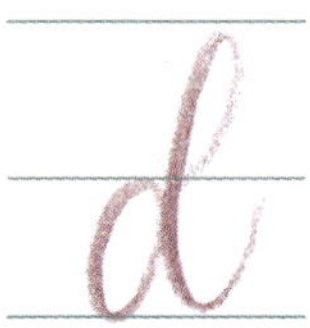

Nachdem du das Oval geformt hast, setze kurz ab und geh etwas nach rechts, um dann oben eine Schlaufe zu setzen. Danach folgt ein regulärer Abstrich. Die Oberlänge des d berührt, wie auch die t-Oberlänge, nicht ganz die Mittellinie.

Gruppe 3: Unterlängen g j q y p

Diese Buchstaben haben alle eine Unterlänge: Sie sind so lang, dass sie die unterste Linie unseres Rasters, die p-Linie, berühren. Dabei werden j, g, und y in ihrer Grundform mit einem ausholenden Bogen geschrieben, der die ganze Länge zwischen p-Linie und Grundlinie ausfüllt. P und q sind etwas kürzer.

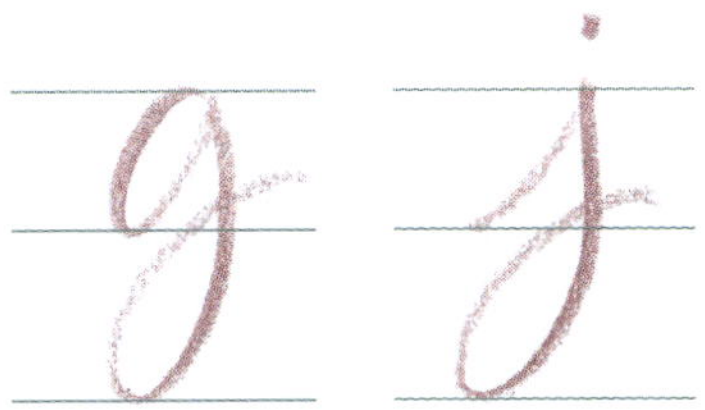

Nach dem Oval bzw. Aufstrich kannst du bei g und j gleich in die Schlaufe übergehen. Achte darauf, dass der Abstrich vom Bogen nicht zu gebogen ist. Kreuze den Abstrich kurz über der Grundlinie mit dem Aufstrich.

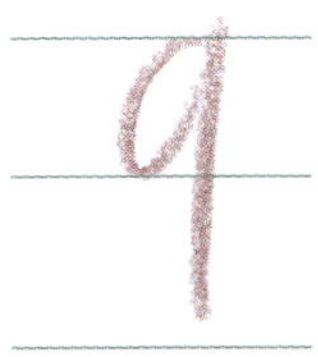

Das q besteht schlicht aus einem Oval mit einem Abstrich, der nicht ganz zur Linie reicht.

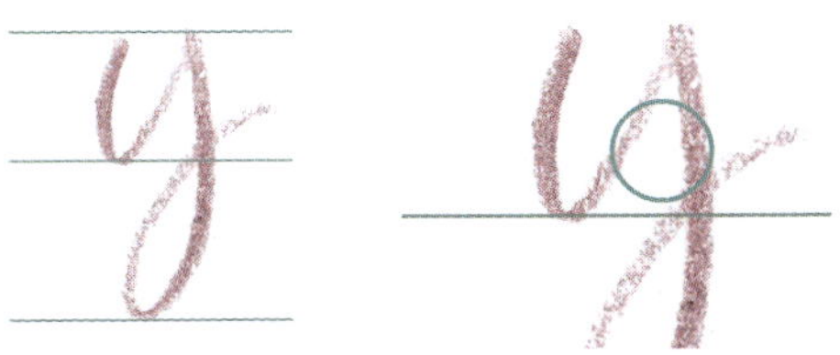

Hole wie bei g und j nach dem Bogen Schwung nach rechts, um eine leicht gebogene Schleife zu formen. Achte auf den Abstand zwischen den beiden Elementen.

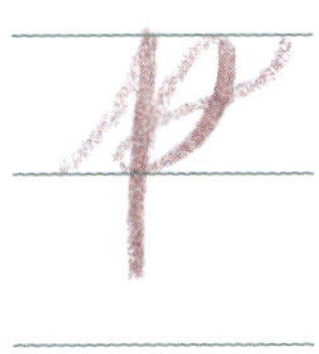

Achte beim p darauf, dass es ausnahmsweise nicht bis zur p-Linie geht. Das ist nicht intuitiv, da die Linie ja schließlich so heißt, aber das ignorieren wir hier.

Gruppe 4: Oberlängen l h b k f

Die Buchstaben, die ich dir hiervorstelle, haben eine Oberlänge, sie reichen also bis zur obersten Linie, der k-Linie.

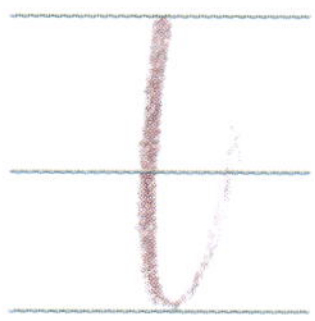

Ein Abstrich mit Druck von der k-Linie bis zur Grundlinie, der in einen Bogen übergeht.

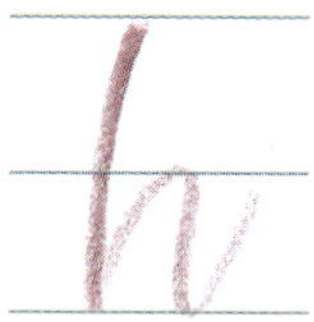

Der erste Abstrich des h ist eine Verlängerung des Abstrichs des n.

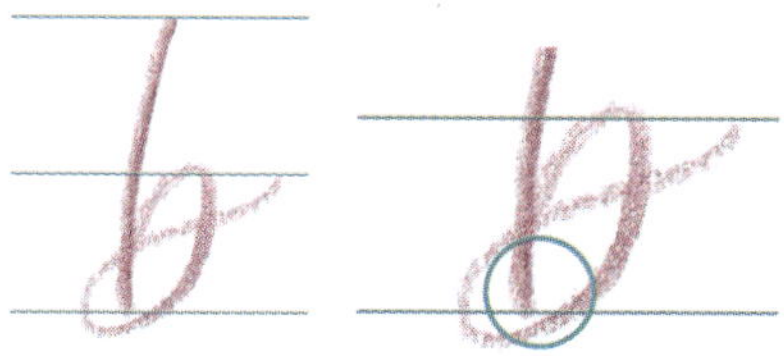

Achte bei der trickreichen Schlaufe darauf, dass du sie unter die Grundlinie führst. Der häufigste Fehler hier ist, dass sie zu klein ist.

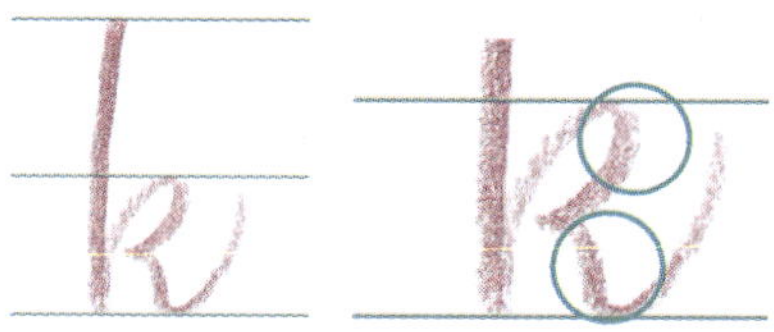

Beim k solltest du darauf achten, dass die Bögen und der Fuß schön gerade stehen.

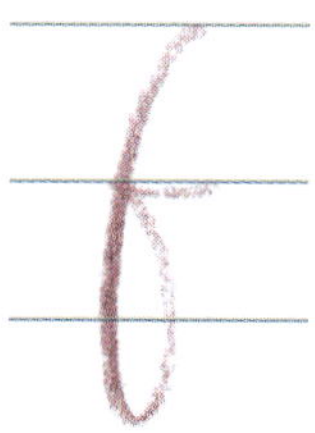

Das f ist ein besonderer Buchstabe, da es eine Ober- und eine Unterlänge hat. Achte nach dem leicht gebogenen Abstrich darauf, dass du die Schlaufe nach rechts formst und nicht wie bei den Buchstaben mit Unterlänge nach links.

Gruppe 5: Spezielle Buchstaben e r s x z

Die letzte Kleinbuchstabengruppe besteht aus jenen Buchstaben, die nicht viel mit den anderen Buchstaben gemeinsam haben.

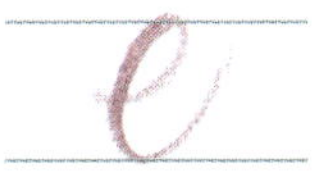

Achte beim Abstrich des e darauf, dass du nicht zu früh beginnst zu drücken, damit die Schlaufe nicht zu fett wirkt.

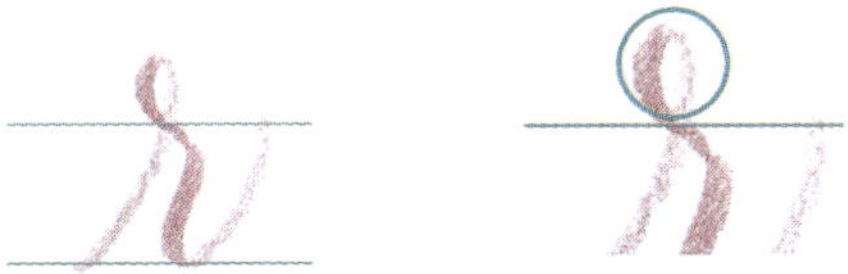

Die Schlaufe des r ist oberhalb der Mittellinie, so ist noch genug Platz für den Abstrich.

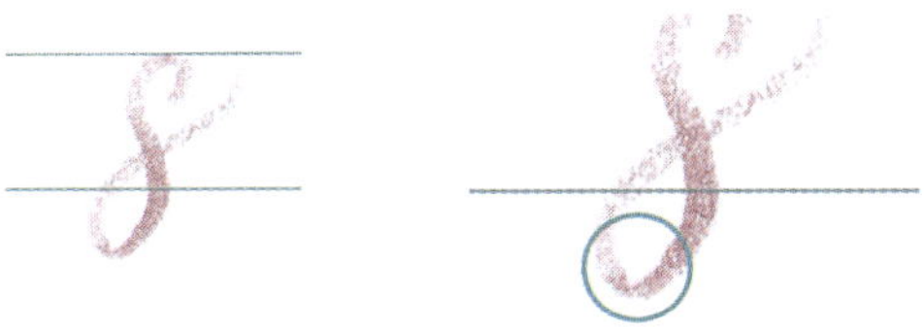

Das s taucht etwas unter die Mittellinie, das gibt ihm einen besonderen Charakter. Achte darauf, dass die s-Kurve nicht zu breit wird und sie eher aussieht wie ein Oval.

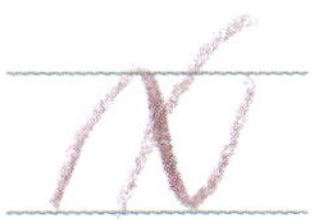

Das x besteht aus zwei Teilen: einer Zickzacklinie und einem über die Mittellinie ragenden Aufstrich nach rechts.

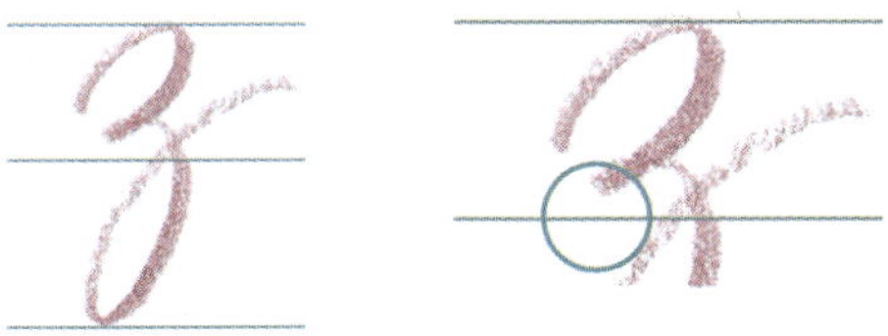

Als z verwenden wir die altmodische Variante, weil diese mehr Spielraum lässt. Der erste Teil endet knapp oberhalb der Mittellinie, danach folgt eine Schlaufe wie bei den Buchstaben mit Unterlänge.

2.4 Großbuchstaben

Großbuchstaben mit vertikaler Basis

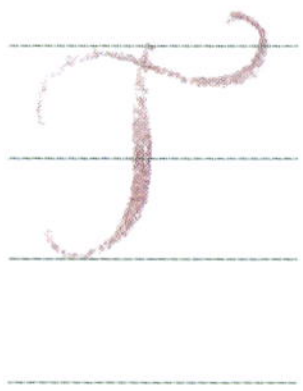

Das T ist der einfachste Großbuchstabe. Führe einen Abstrich mit Druck zur Grundlinie und ende mit einem runden Strich nach oben.

Dann überdachst du das T mit einem Strich, bei dem du rechts beginnst. Denke bei der Form an eine liegende 8.

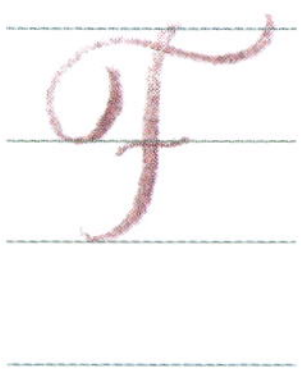

Forme das F gleich wie das T. Du kannst aber beim Dach, wie hier zu sehen, auch einen Schnörkel anfügen. Das gilt für alle Buchstaben auf dieser Seite – der Schnörkel rechts ist immer eine Option.

Der Querstrich des F ist nur leicht gebogen, er befindet sich auf der Grundlinie.

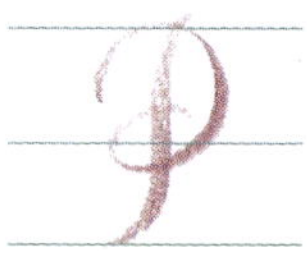

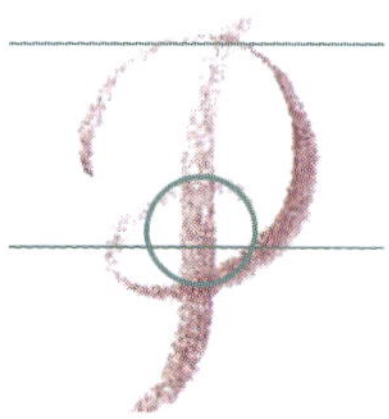

Das Besondere an diesem P ist, dass es eine Schlaufe hat, die den Stamm mit dem Bogen verbindet. Diese Schlaufe umarmt sozusagen die Mittellinie.

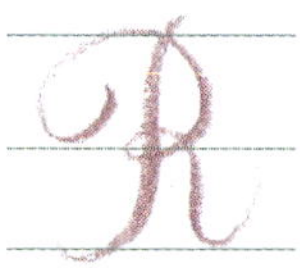

Beim R ist die Schlaufe des P etwas kleiner und endet in einem geraden Abstrich, der anschließend leicht nach oben geht.

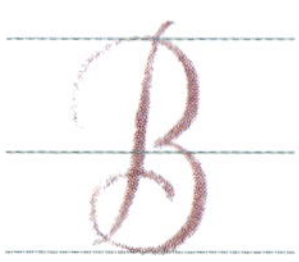

Denke beim B auch wieder an die Schlaufe beim P – diese ist hier im unteren Bogen.

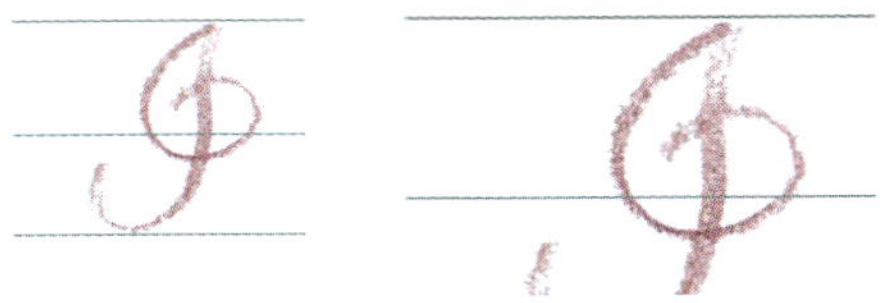

Sowohl bei I als auch bei J werden zuerst der lange Abstrich und dann erst der linke Abstrich geschrieben.

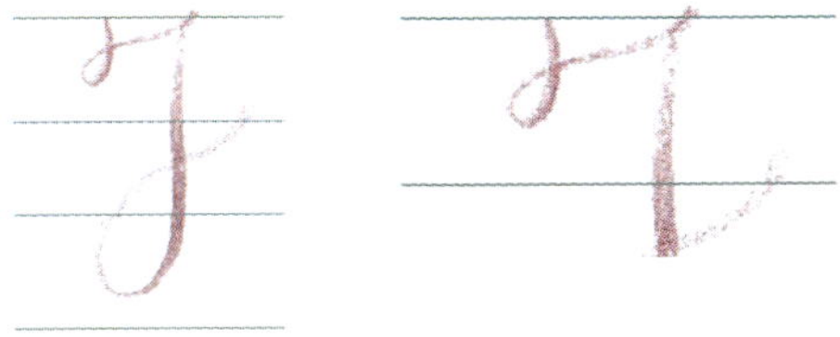

Bei I und J kannst du am Anfang zwischen den beiden Elementen (Kringel und kleine Schlaufe) abwechseln. Ansonsten sind sie sehr ähnlich, nur dass das J noch eine Unterlänge hat.

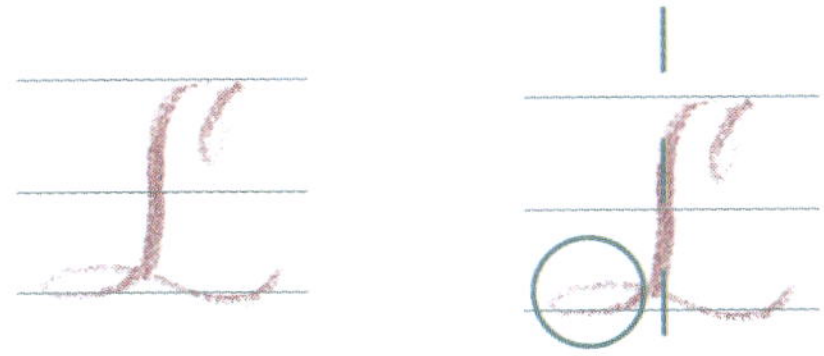

L und D haben denselben Basis-Abstrich und werden beide in einem Zug geformt. Achte darauf, dass das Oval am Ende des Stammes flach und klein ist.

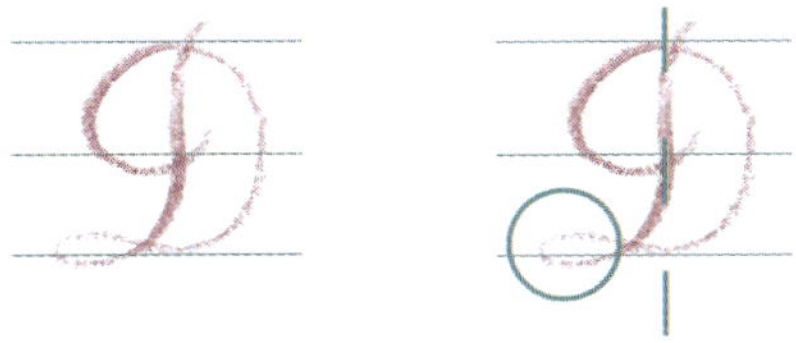

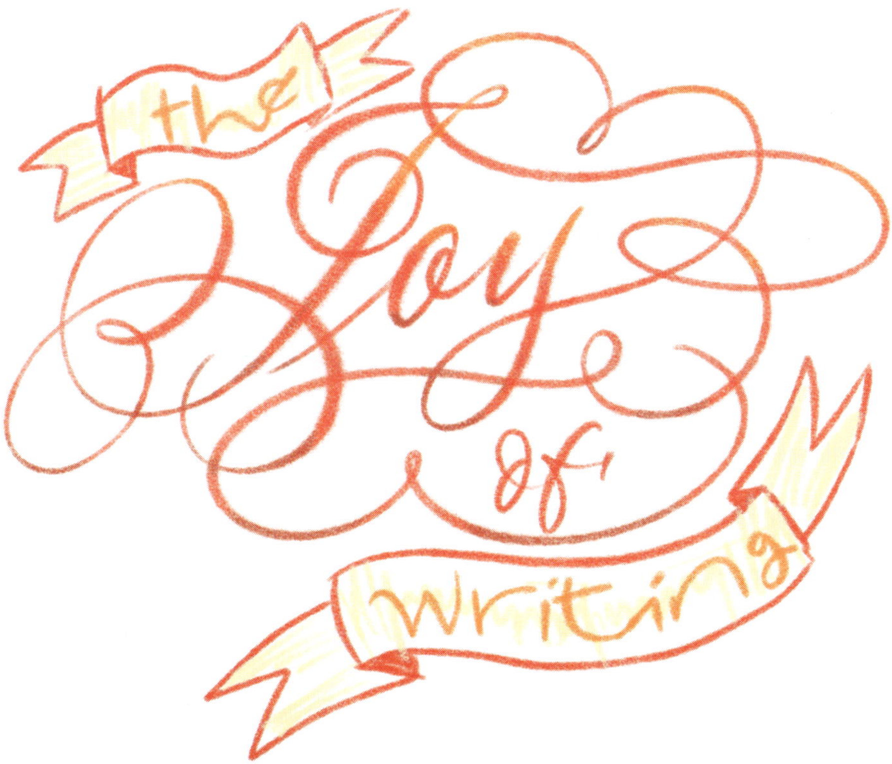

Runde Großbuchstaben

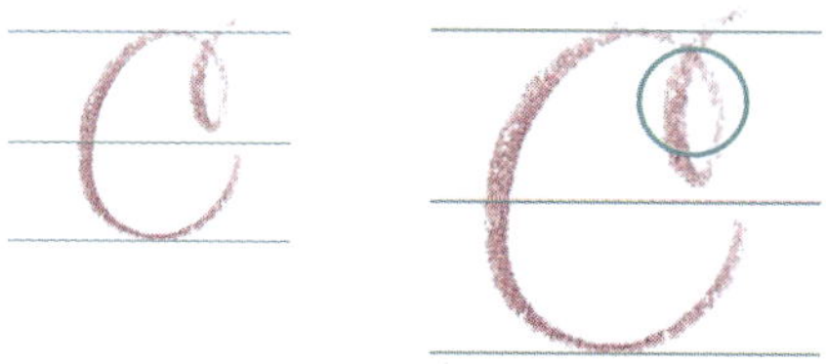

Bei C und G gibt die Schlaufe am Beginn des Buchstabens Dynamik.

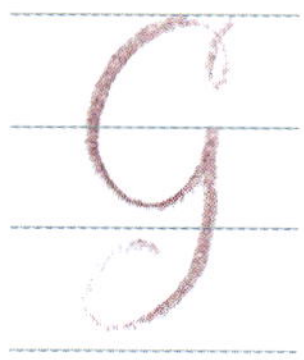

Achte beim G darauf, dass der erste Teil des Abstrichs der Schlaufe noch relativ gerade verläuft.

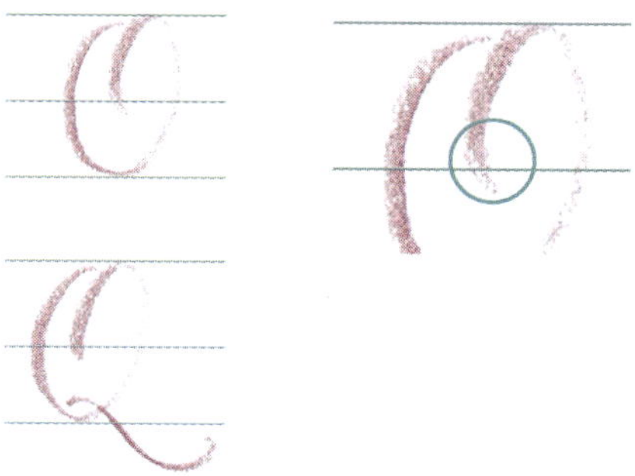

Bei O und Q kannst du das Oval zwar auch ganz schließen, aber es sieht spannender aus, wenn du mit einem Abstrich innerhalb des ersten Ovals endest.

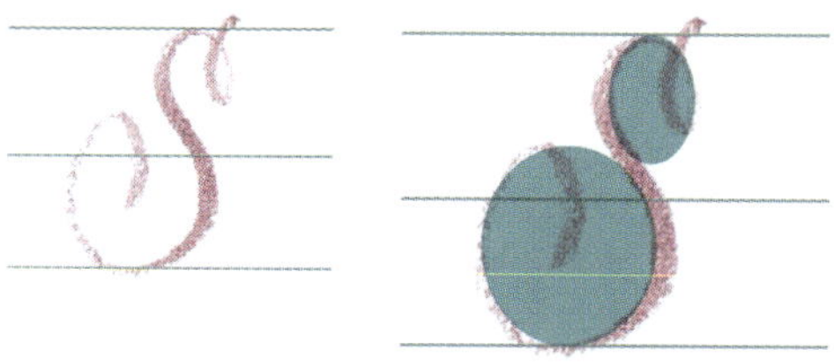

S und E gehören auch zu den runden Buchstaben, allerdings bestehen sie aus zwei runden bzw. ovalen Formen. Bei beiden dieser Buchstaben ist das untere Oval größer als das obere.

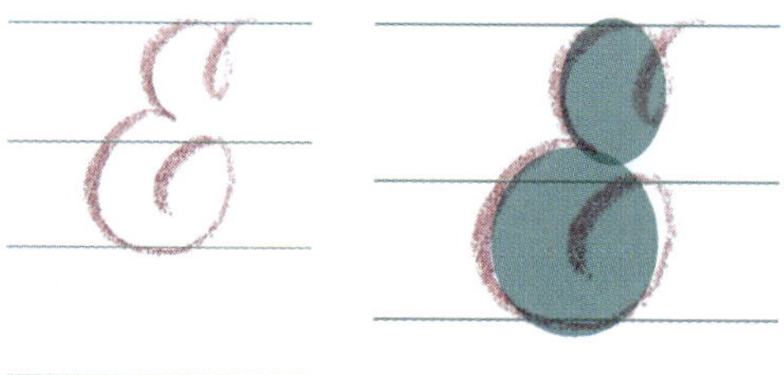

Buchstaben mit Anfangsoval

In dieser Buchstabengruppe beginnen alle Buchstaben mit einem verspielten Kringel. Probiere hier ruhig verschiedene Kringelgrößen aus.

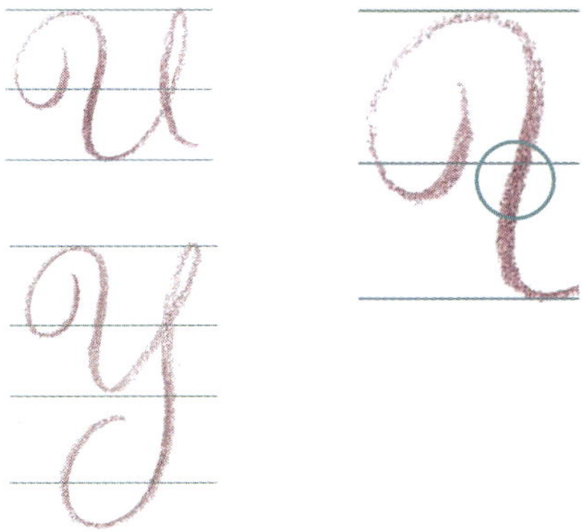

Der Abstrich ist nicht gerade, sondern leicht gebogen.

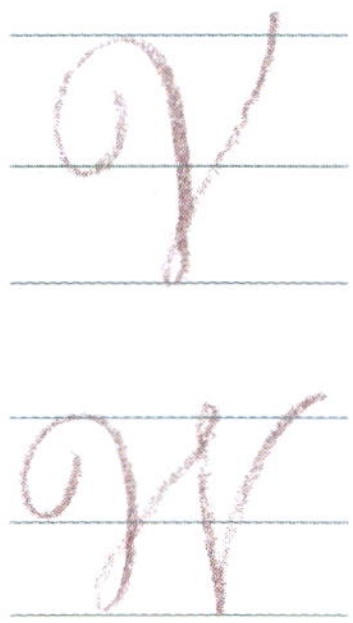

V und W liegt beim Abstrich des Kringels ein Oval zugrunde. Achte darauf, dass du diese beiden Buchstaben nicht zu breit werden lässt.

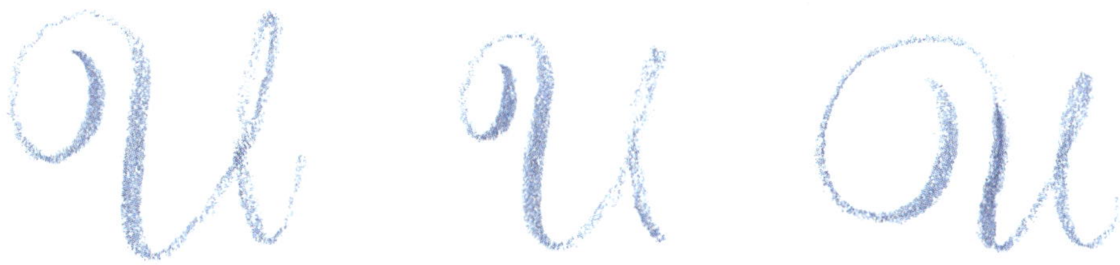

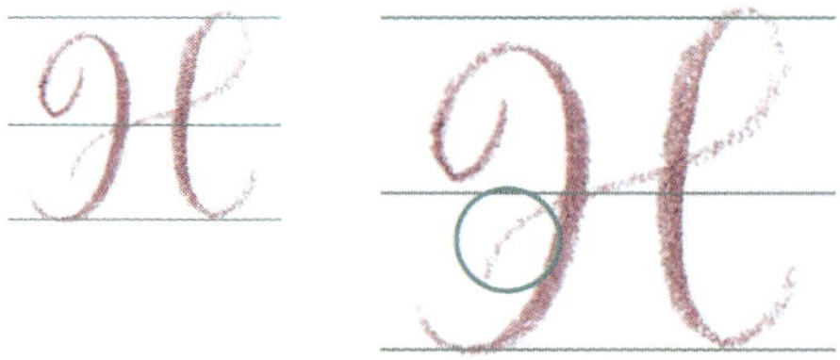

Der Querstrich des H beginnt unterhalb der Mittellinie.

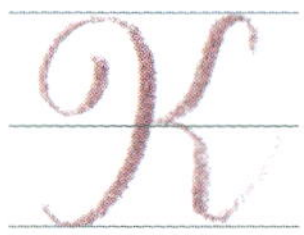

Achte beim K darauf, dass die beiden Schenkel aussehen wie eine Mengenklammer und sich nicht in andere Richtungen verbiegen.

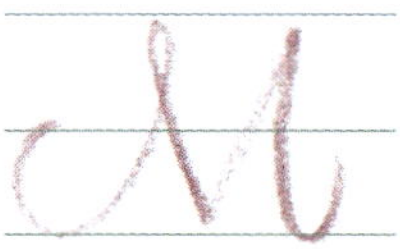

Das M soll nicht zu breit werden. Achte darauf, dass alle Striche steil bleiben.

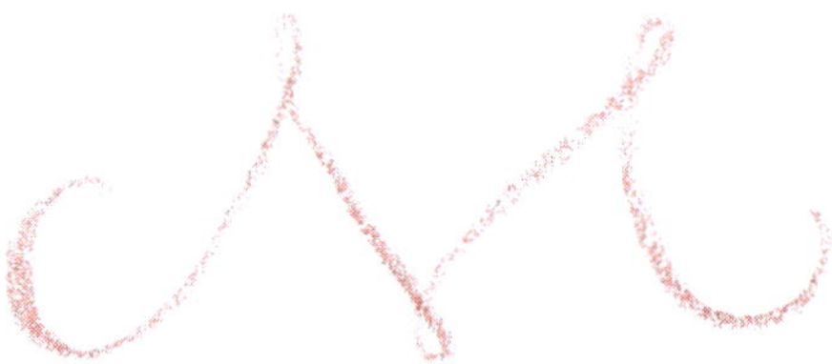

So nicht!

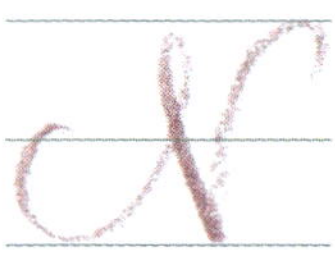

Das N ist kein abgekürztes M – der 3. Strich ist hier deutlich steiler als der 3. Strich des M.

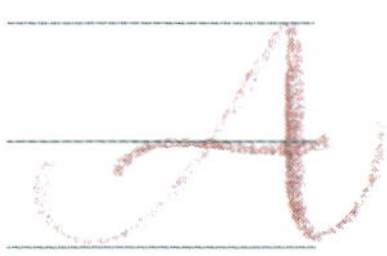

Beim A gilt dasselbe wie bei M und N: Achte darauf, den Buchstaben nicht zu breit werden zu lassen.

Buchstaben mit Diagonalen

Die letzten beiden Buchstaben unseres Buntstift-Alphabets haben diagonale Abstriche als Hauptbestandteil.

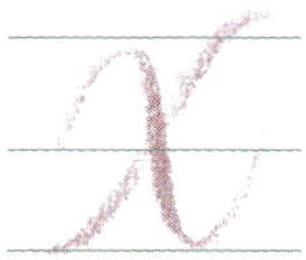

Das X soll nicht zu breit werden, achte darauf, dass die Striche steil genug sind.

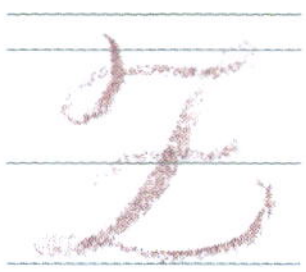

Der mittlere Abstrich des Z ist leicht geschwungen. Übertreibe es aber nicht!

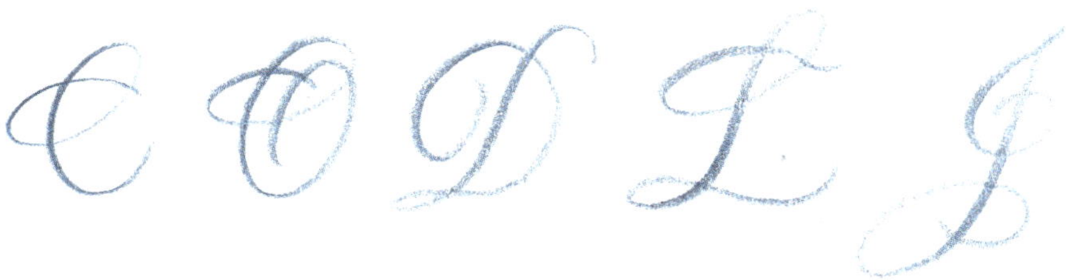

Wenn du das nächste Kapitel durchgearbeitet hast, versuche doch mal, die Spitzfeder-Buchstaben auch mit dem Blei- oder Buntstift zu schreiben!

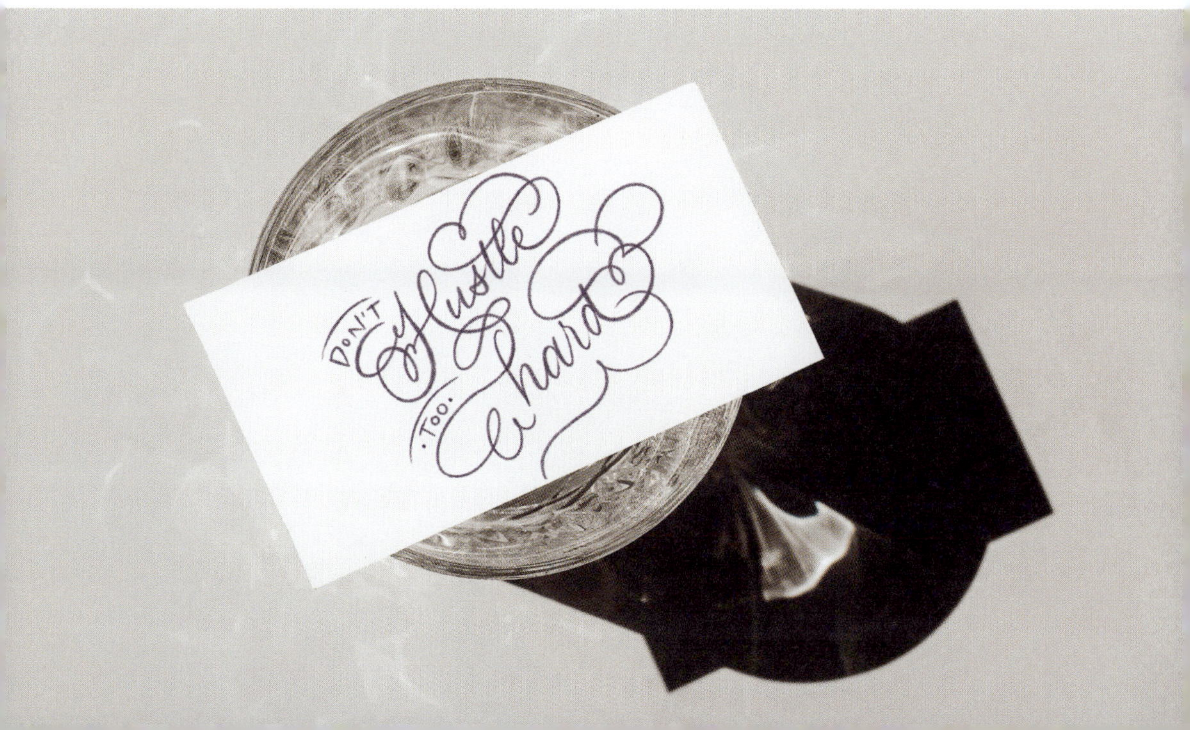

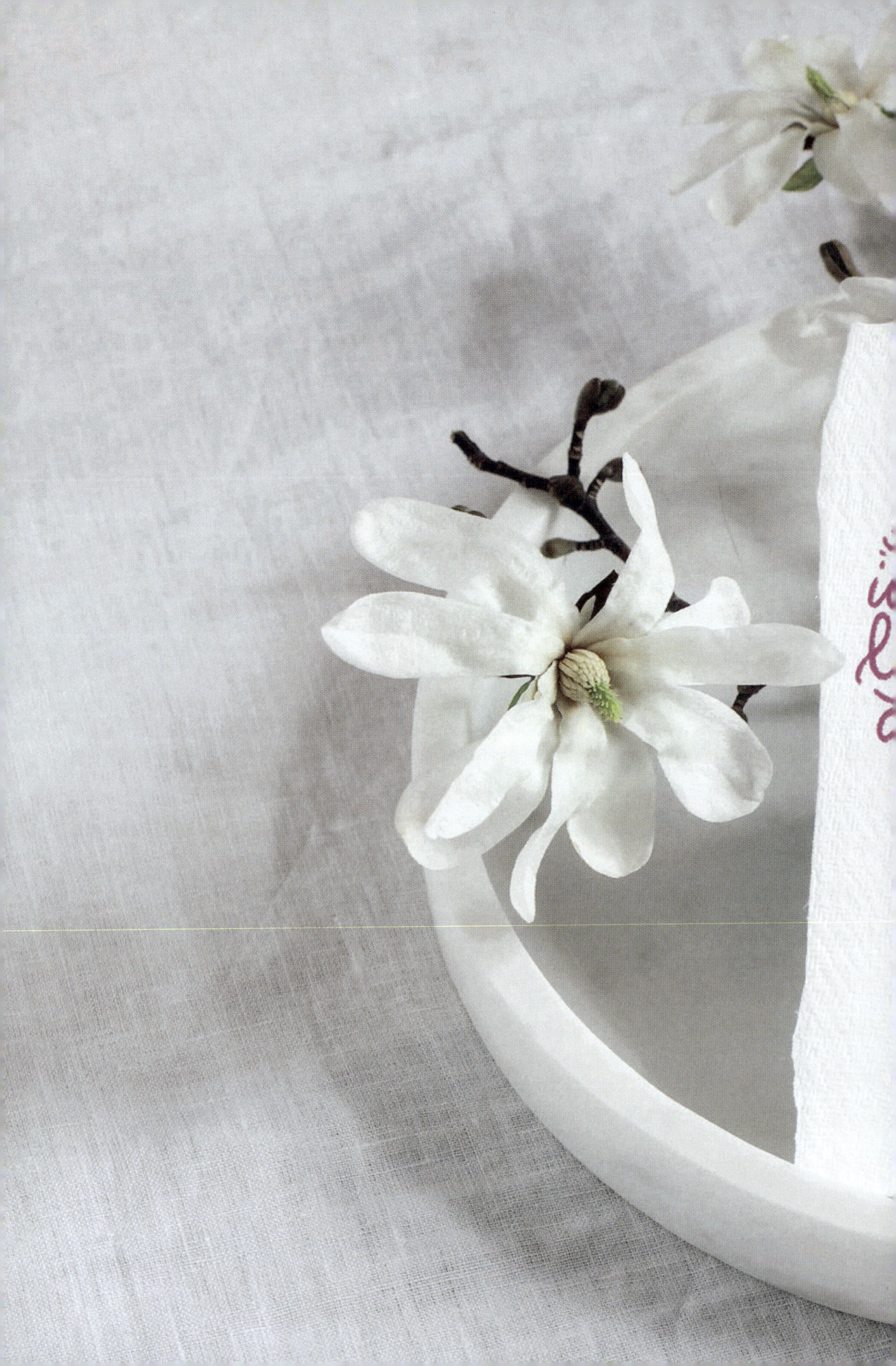

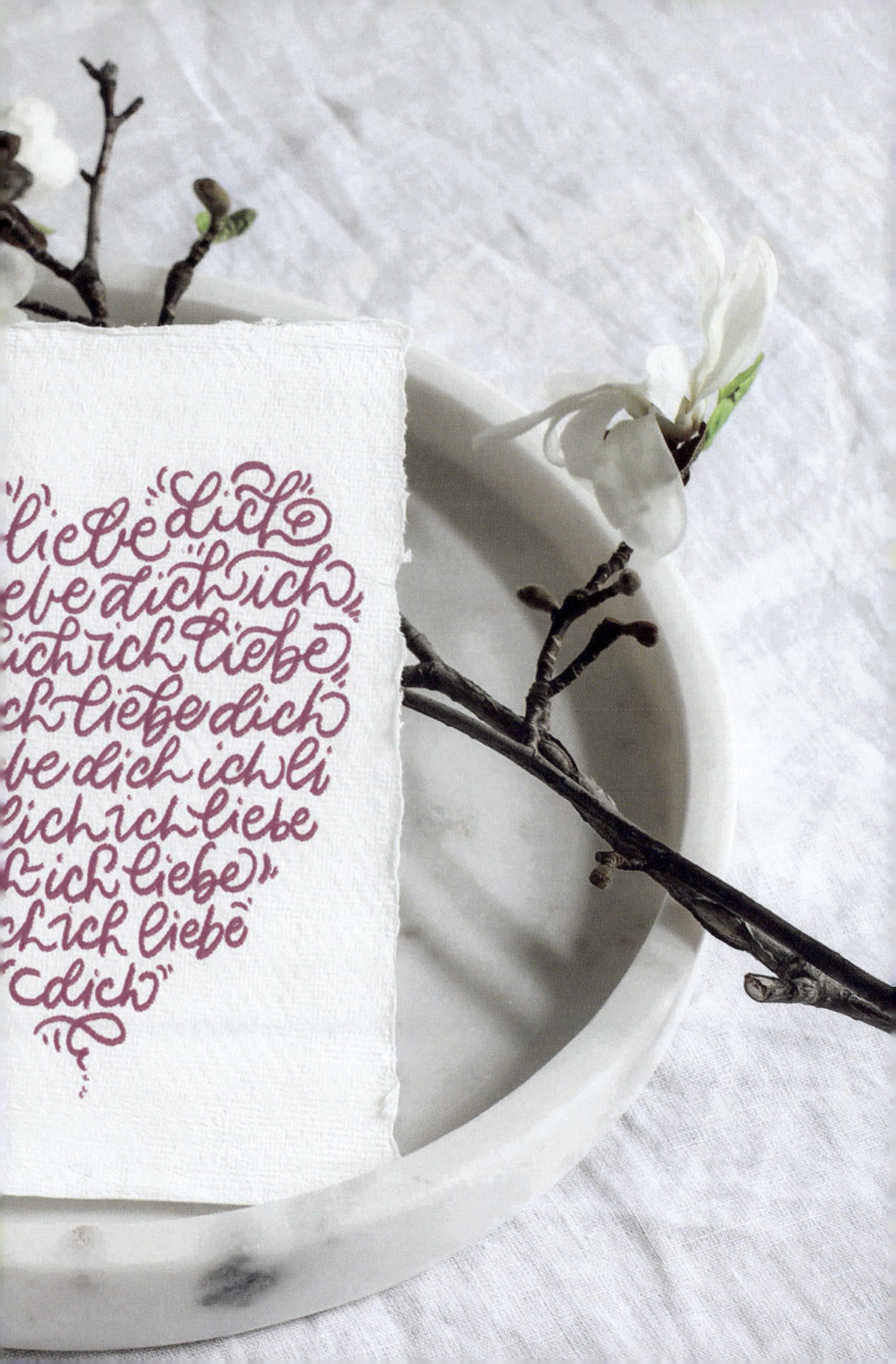
liebe dich
ebe dich ich
ich ich liebe
ch liebe dich
be dich ich li
lich ich liebe
ich liebe
ch ich liebe
dich

2.5 Spielereien

Druck

Eine spannende Möglichkeit, deine Buchstaben zu variieren, besteht auch darin, den Druck zu verändern. Mit der Spitzfeder ist das nicht möglich, daher ist der Blei- oder Buntstift ein wunderbares Werkzeug dafür. Versuche einmal, statt bei den Abstrichen bei den Aufstrichen Druck auf den Bleistift auszuüben.

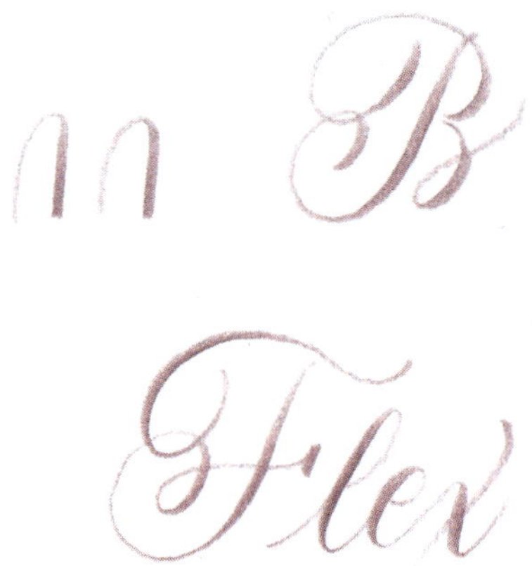

Hier habe ich, wie üblich, beim Abstrich Druck auf den Bleistift ausgeübt.

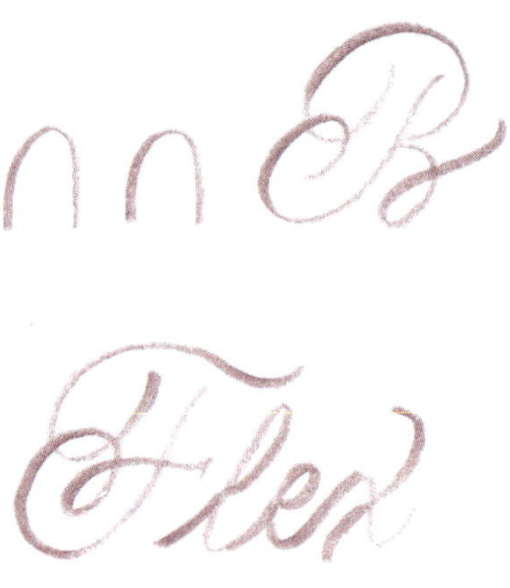

Hier habe ich, entgegen aller bekannten Prinzipien, beim Aufstrich Druck ausgeübt. Sieht spannend aus, oder?

Farbe

Besonders spannend wird es, wenn du mehrere Farben ins Spiel bringst. Achte dabei darauf, dass die Farben gut zusammenpassen.

Dabei hilft dir ein Farbrad. Wähle Farben, die auf gegenüberliegenden Seiten des Farbrads sitzen (Komplementärfarben) oder Farben, die nah beieinander sind.

Layering

Layering bedeutet, mehrere Farben übereinander zu schichten (engl. »layer« = »Ebene«). Schreibe die ersten Buchstaben mit einer Farbe. Gegen Ende des Abschnitts lässt du Druck nach, sodass du heller wirst. Dann nimmst du die zweite Farbe zur Hand und malst vorsichtig, mit wenig Druck, über den helleren Teil des letzten Buchstaben. Du layerst also eine Farbe über die andere. So vermischen sich die beiden Striche und ergeben einen schönen Verlauf.

Am besten geeignet für so einen Farbwechsel sind die Abstriche, da diese breiter sind und die Chance des »Rausmalens« geringer ist.

Du kannst in einem Wort auch mehrmals die Farbe wechseln, indem du die Verbindungsstriche mit der jeweils nächsten Farbe überlagerst.

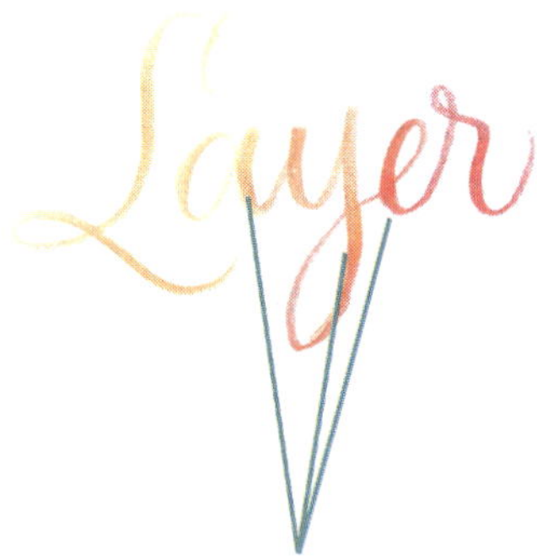

An diesen Stellen vermischen sich die Farben, da sie übereinander gemalt werden. Man nennt das Layering.

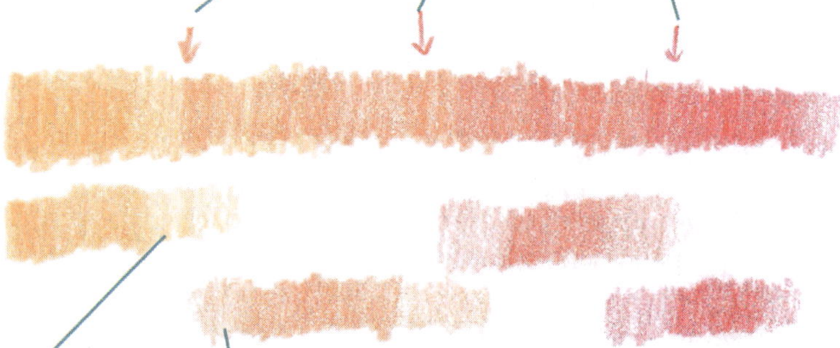

Hier drückst du sanfter auf, damit dir die Überlagerung mit der nächsten Farbe leichter fällt.

Beginne mit wenig Druck und überlagere die vorherige Farbe mit Orange. So vermischen sich die beiden Farben.

Es gibt noch eine weitere Methode, mit Buntstift zu verblenden. Sie wird hauptsächlich beim Colorieren mit Buntstiften verwendet, ist aber für unsere Buntstift-Kalligrafie nicht ganz so geeignet. Trotzdem möchte ich sie dir kurz vorstellen.

Um bei größeren Farbflächen einen satten Farbauftrag zu erhalten, werden mehrere Schichten übereinander aufgetragen. Zum Schluss übst du noch einmal richtig Druck aus, um die Farbschichten ineinander zu verschmelzen. Dafür kannst du auch einen Papierwischer (eine Art Bleistift, der aus Papier besteht) oder ein Lösungsmittel wie z.B. Terpentin verwenden. Danach sind die Farbschichten untrennbar miteinander verbunden.

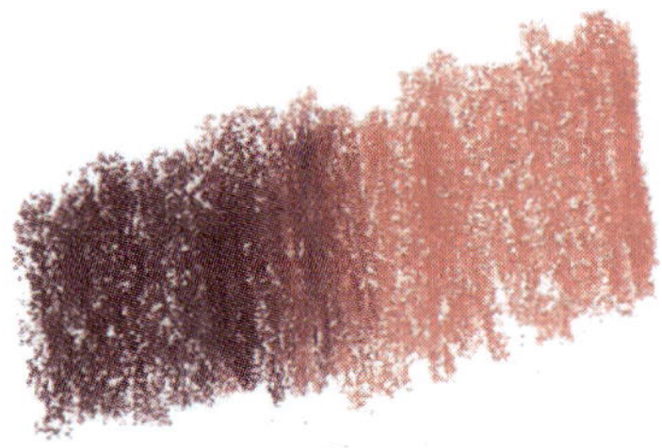

Mit Druck verblendete Farbschichten

Diese Technik ist für Buntstift-Kalligrafie mäßig geeignet, da du hierfür zu oft die Linien überdecken müsstest. Dadurch werden sie zu dick. Im Kapitel »Faux Calligraphy« hingegen sieht es ganz anders aus und du kannst dort auch diese Technik verwenden.

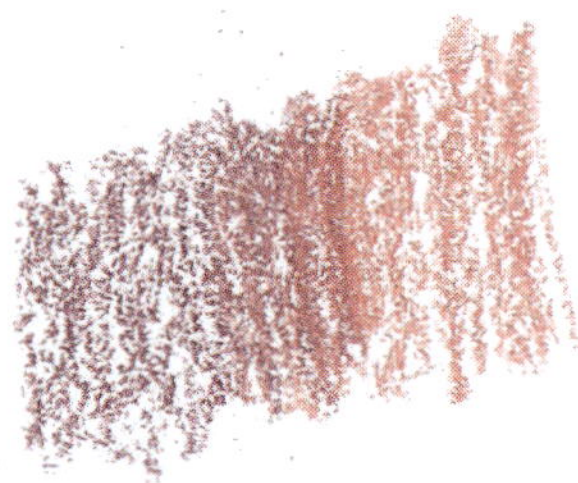

Zartes Layering

Die Technik, die ich dir auf der vorigen Seite vorgestellt habe, ist ist simpler: Mit wenigen Strichen wird ein Verlauf erzielt. Dieser ist nicht so deckend, aber da wir keine großen Farbflächen colorieren, sondern nur Linien zeichnen, macht das nichts.

Schatten

Überlege dir auch, an welchen Stellen ein Teil der Buchstaben Schatten auf einen anderen Buchstaben werfen könnte, und male diese Stellen dunkler – in derselben Farbe, mit einem leicht dunkleren Farbton oder mit einer Komplementärfarbe.

Die Grundlage dieser Technik ist es, auf die Strichreihenfolge zu achten. Immer wenn du beim Schreiben absetzt und einen neuen Strich schreibst, überdeckt dieser den vorigen. Somit ist dieser im Vordergrund und wirft einen Schatten auf den dahinterliegenden Strich.

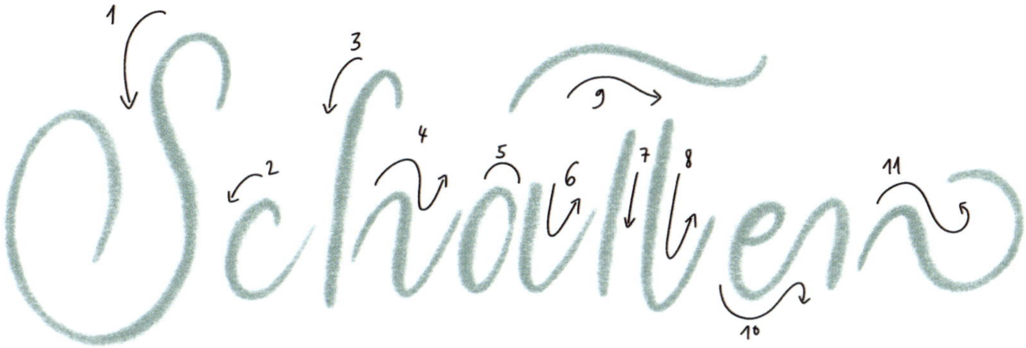

Wenn du dir die Strichreihenfolge genau ansiehst, erkennst du schnell, welche Striche welche überlagern. Die Striche, die weiter vorne sind (also später geschrieben werden), sind die, die Schatten werfen. In manchen Fällen sieht es optisch aber so aus, als wäre ein anderer Strich im Vordergrund, z.B. bei h und n!

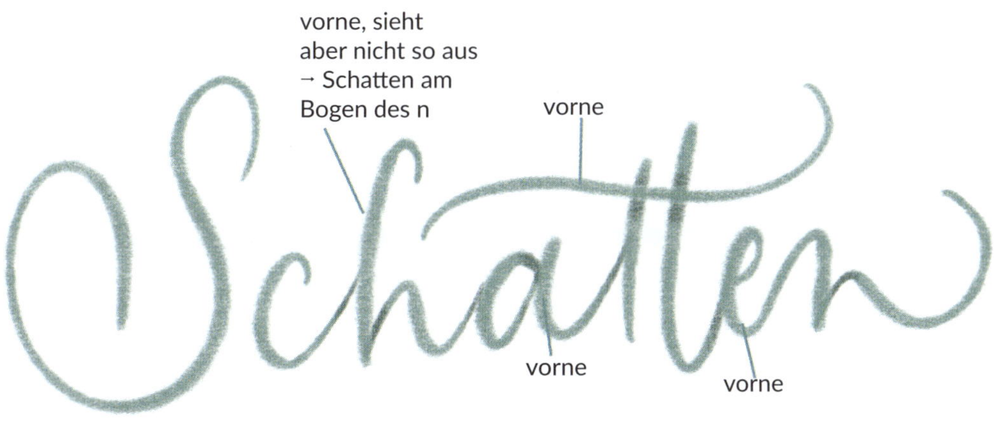

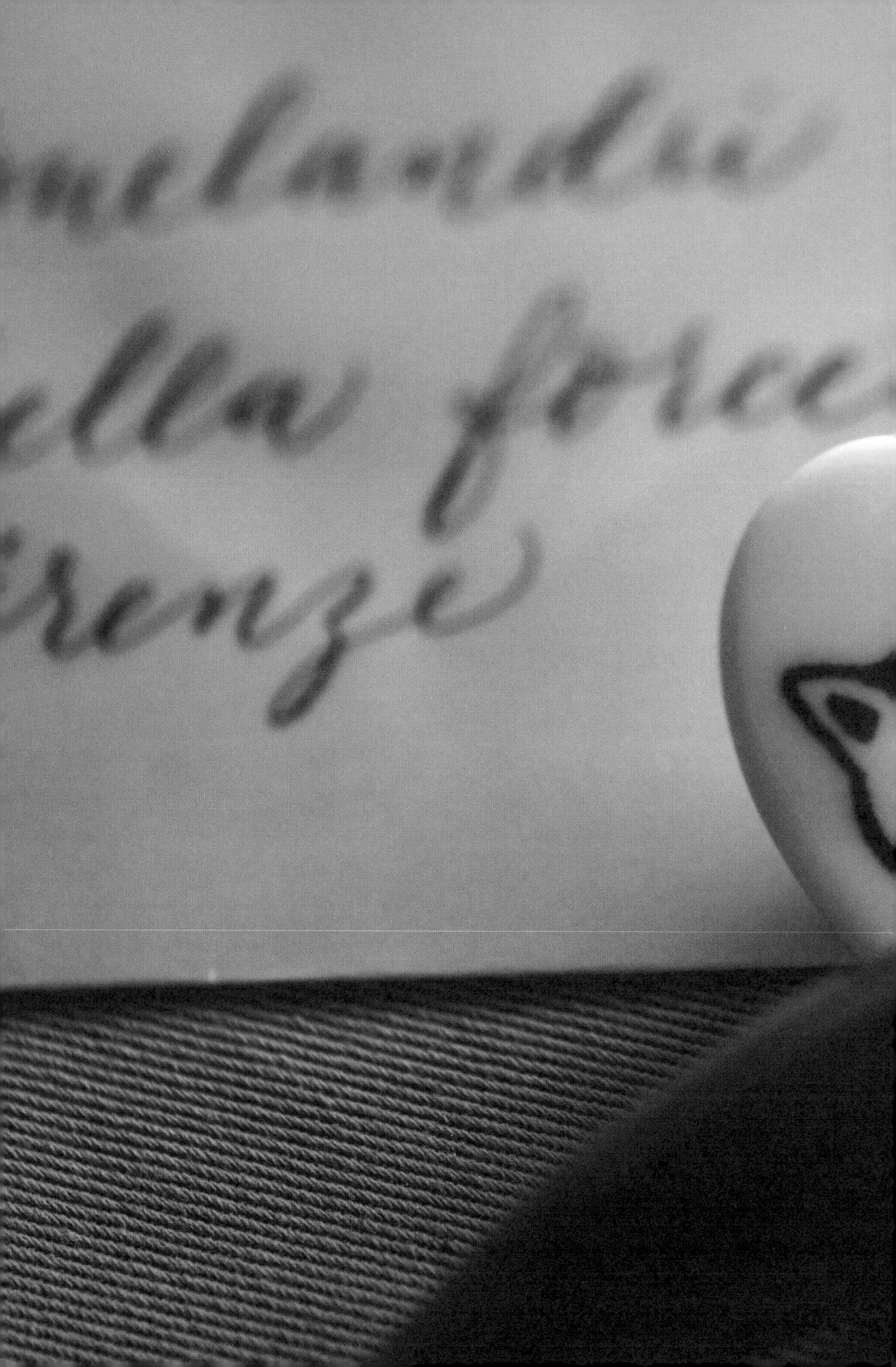

3 Spitzfeder-Kalligrafie

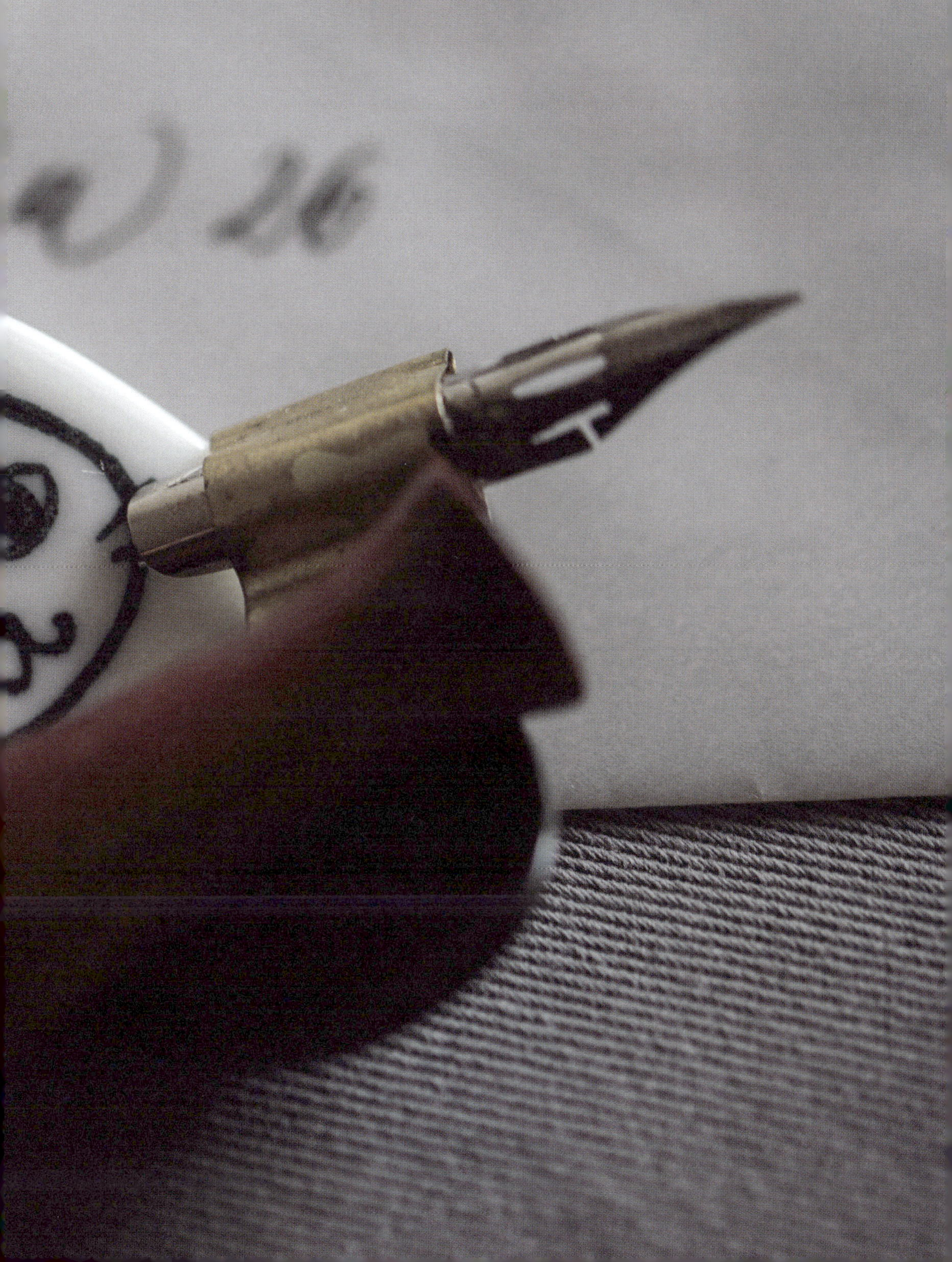

3.1 Einführung

Nachdem du im ersten Kapitel das schöne Schreiben mit einem einfachen Beispiel gelernt hast, bist du nun bestens darauf vorbereitet, eine Spitzeder einzusetzen.

Die Schriftart, die ich in diesem Kapitel vorstelle und die du lernst zu schreiben, ist eine vereinfachte Variante der englischen Schreibschrift, auch Copperplate genannt. Sie fällt in die Kategorie der Script-Schriften. Ich habe diese sehr klassische Schrift ein wenig adaptiert, sodass sie etwas zeitgemäßer wirkt und auch einfacher zu schreiben ist. Ich nenne sie mein »lockeres Copperplate« oder »modernes Copperplate«. Wie das klassische Copperplate wird sie auf einer Schräge von 55° geschrieben. Das macht sie so anders als die Schulschreibschrift und verleiht ihr ihre Eleganz.

Wir schreiben diese sehr elegante Schrift mit einer Spitzfeder. Diese Feder heißt so, weil sie vorne spitz zuläuft. Du hast vielleicht schon einmal einen Kalligrafie-Füller gesehen: Dieser ist vorne meist breit und eignet sich daher nur für Bandzugfeder-Schriften – die Schrift in diesem Kapitel lässt sich damit nicht schreiben. Eine genauere Erklärung zu den Feder-Typen findest du im folgenden Abschnitt 3.2.

Spitzfeder-Schriften zeichnen sich vor allem durch den wunderschönen Kontrast zwischen dicken und dünnen Linien aus. Diese entstehen alleine durch den Druck, der auf die Feder ausgeübt wird. Wenn du einen Strich nach oben führst, drückst du nicht auf die Feder: Sie gleitet ganz von alleine. Die Bewegung ist ein Schieben der Feder, von deinem Körper weg. Allein durch den Papierkontakt entsteht ein dünner Strich. Wenn du jetzt einen Strich nach unten machst, indem du die Feder zu dir ziehst, übst du Druck auf sie aus. Dadurch öffnen sich die beiden Hälften der Feder, wodurch mehr Tinte herausfließen kann und der Strich dicker wird.

Diese Kombination aus Druck geben und nehmen ist das Grundprinzip der Spitzfeder-Kalligrafie (und übrigens auch des Brush Lettering). Auf Englisch nennt man diese Striche »pressure-release-strokes«.

Dicke und dünne Striche gibt es auch bei anderen Schriften, z.B. bei Bandzugfeder-Alphabeten. Dort werden sie jedoch durch die Federdrehung hervorgerufen.

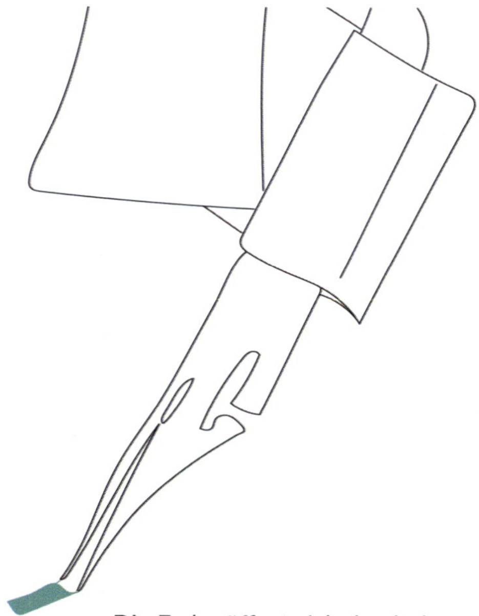

Die Feder öffnet sich durch den Druck, der auf sie ausgeübt wird. Dadurch fließt mehr Tinte heraus, als wenn kein Druck auf sie ausgeübt wird.

3.2 Das Material: Federn

Spitzfedern unterscheidet man anhand zweier Eigenschaften: nach der Breite der Spitze und nach der Flexibilität der Feder, also danach, wie leicht sie auf Druck nachgibt und sich öffnet, wenn man mit ihr schreibt. Jede Feder ist einzigartig und die Auswahl ist riesig.

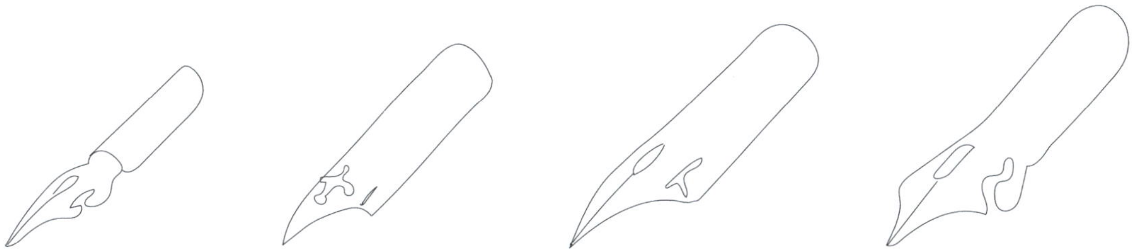

Die Breite der Spitze

Spitzen gibt es in den Varianten EF (extra fine), F (fine) und M (medium). Je feiner die Spitze, desto feinere Linien lassen sich produzieren. Allerdings gehen sehr feine Federn auch schneller kaputt, da sie sich rasch abreiben. Breitere Federn sind generell etwas einfacher zu handhaben, da sie mehr Auflagefläche auf dem Papier haben (das macht sie leichter zu kontrollieren). Meist ist das »EF« im Namen der Feder enthalten. Leider ist die Kategorisierung weltweit nicht vereinheitlicht, sodass etwa eine amerikanische EF-Feder feiner ist als eine europäische.

Die Flexibilität der Feder

Wie flexibel eine Feder ist, sieht man ihr leider nicht auf den ersten Blick an; man muss sie ausprobieren. Wenn du erst anfängst, musst du erst mal ausprobieren, wie fest du aufdrücken musst, um verschiedene Strichstärken zu erzeugen.

Daher empfehle ich dir, mit einer eher festeren Feder wie der Nikko G oder Zebra G zu beginnen. Wenn du merkst, dass du damit keine dicken Striche zustande bringst, weil du zu fest aufdrücken musst, kannst du zu einer flexibleren Feder wechseln.

Hinweis

Andere Werkzeuge funktionieren anders. Bei der Bandzugfeder z.B. entstehen die dicken und dünnen Linien durch eine Drehung der Feder: Der Winkel, in dem sie am Papier aufsitzt, entscheidet bei dieser Art von Feder, wie dick die Striche werden.

Die Pflege der Feder

Damit du deine Feder möglichst lange benutzen kannst, solltest du sie regelmäßig reinigen. Während du schreibst, trocknet immer ein wenig Tinte ein (das ist leider unvermeidlich), sodass die Feder nach und nach verstopft. Dann sind keine feinen Linien mehr möglich. Ich empfehle, die Feder alle paar Zeilen in ein wenig Wasser zu tauchen. Tauche sie aber nur so weit ein, wie du sie auch in die Tinte tauchst. Sollte dabei Wasser zwischen Feder und Halterung kommen, ziehe die Feder aus der Halterung und trockne beides sorgfältig ab, sonst kann es passieren, dass die Feder im Federhalter festrostet; wische sie anschließend mit einem trockenen Tuch ab.

Alternativ kannst du auch ein feuchtes Tuch bereitlegen und deine Feder damit regelmäßig abwischen. Das Tuch sollte nicht fusseln. Küchentücher oder Stofftücher eignen sich hierfür sehr gut.

Die Lebensdauer einer Feder

Spitzfedern halten leider nicht ewig, daher solltest du sie regelmäßig wechseln. Oft merkt man nicht, dass die Feder kaputt ist, weil das ein schleichender Prozess ist. Du kannst dir meist nur sicher sein, ob eine Feder kaputt ist, indem du eine neue Feder ausprobierst. Der Direktvergleich ist dann eindeutig. Ein paar Anhaltspunkte, dass die Feder möglicherweise gewechselt werden muss, gibt es aber:

- Die Striche nach oben werden nicht mehr dünn.
- Die Feder kratzt stark.
- Die Feder bleibt am Papier hängen bzw. springt stellenweise über das Papier.

Anfängerfreundliche Federn

Flexible Federn sind z.B. die Brause 66EF. Mittelflexibel ist die Brause Stenofeder. Wenig flexibel ist die Nikko G oder die Zebra G.

Hinweis

Manchmal verfangen sich Papierfasern in der Feder. Diese wirst du am einfachsten los, indem du einen sehr kurzen Strich nach unten machst: So bleibt das Fusselchen am Papier hängen.

Meine Empfehlungen für Federn

Hier zeige ich dir ein paar meiner Lieblingsfedern. Ich habe sie nach der Schwierigkeit ihrer Handhabung geordnet.

Zebra G & Nikko G

Diese beiden Federn sind meine Empfehlungen für den Anfang, da sie nicht allzu flexibel sind. Dadurch lässt sich der Druck leichter dosieren.

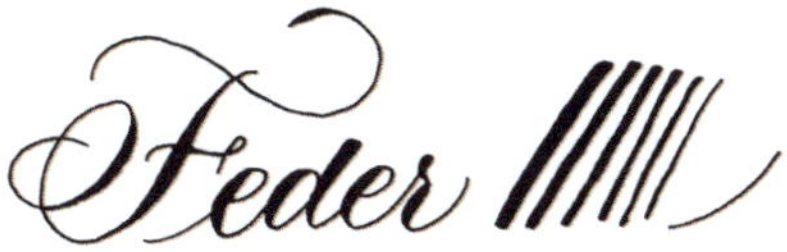

Brause Stenofeder Nr. 361

Die Stenofeder von Brause ist blau gefärbt und wird deshalb auch »Blue Pumpkin« genannt. Entweder man hasst sie oder man liebt sie! Ich persönlich finde sie toll. Sie ist nicht so flexibel wie die Brause 66EF und vorne breiter, und sie eignet sich besonders gut, um Texte für einen späteren Scan zu schreiben.

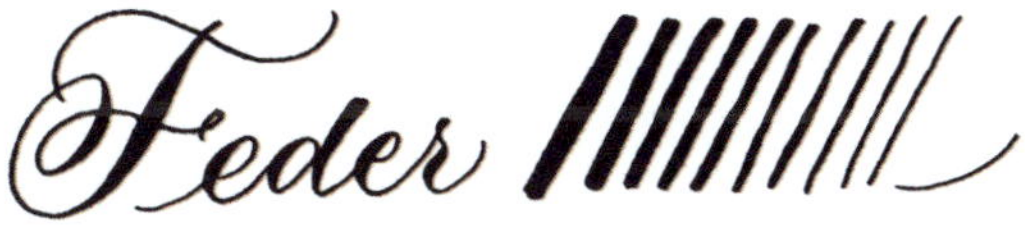

Brause 66EF

Diese Feder ist zwar winzig, hat es aber in sich. Sie hat eine feine Spitze und ist sehr flexibel, wodurch sich sowohl sehr dünne als auch sehr dicke Striche erzeugen lassen. Was ich an ihr besonders mag, ist, dass sie nicht kratzt und schön über das Papier gleitet.

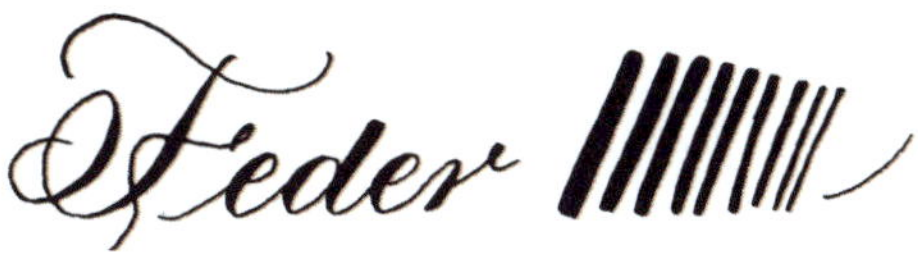

Gillot 303

Aus dem Hause Gillot kommt diese feine Feder. Sie ist noch feiner als die Brause 66EF, aber weniger flexibel. Noch härter ist ihre Schwester, die Gillott 404.

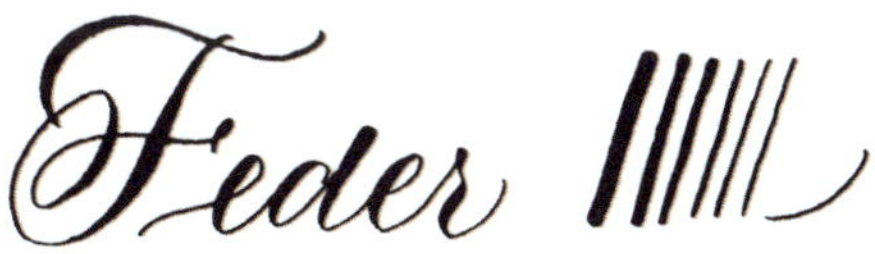

Leonardt Principal EF

Fein – feiner – Leonardt Principal! Für Freunde der feinen Haarlinie ist diese Feder ein wahr gewordener Traum. Zudem ist sie sehr flexibel, somit ist der Kontrast zwischen dicken und dünnen Linien sehr groß. Ich kenne viele Kalligraf:innen, die ausschließlich mit ihr schreiben. Ich selbst empfinde diese Feder als ein wenig zu kratzig und bevorzuge Varianten, die etwas besser gleiten.

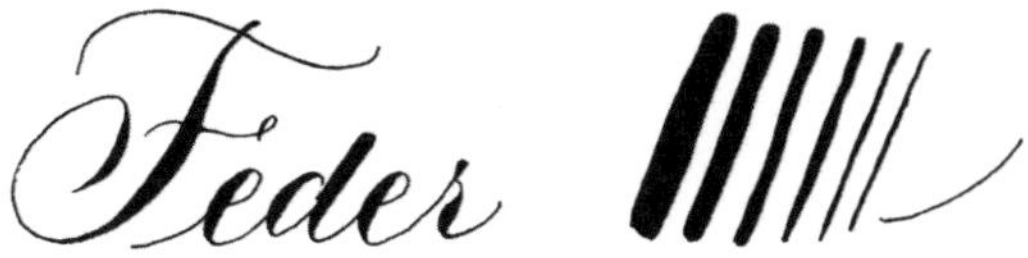

Brause Rose Nr. 76

Die sogenannte Rosenfeder ist eine extrem flexible Feder in der Stärke M. Für Anfänger ist sie meist schwierig zu handhaben, da man kaum Druck ausüben muss, damit sie breitere Striche erzeugt. Für großformatigere Arbeiten ist ihre breite Spitze aber unersetzlich. Zudem ist diese Feder extrem haltbar und wenn man sie gut pflegt, kann man monatelang mit ihr schreiben.

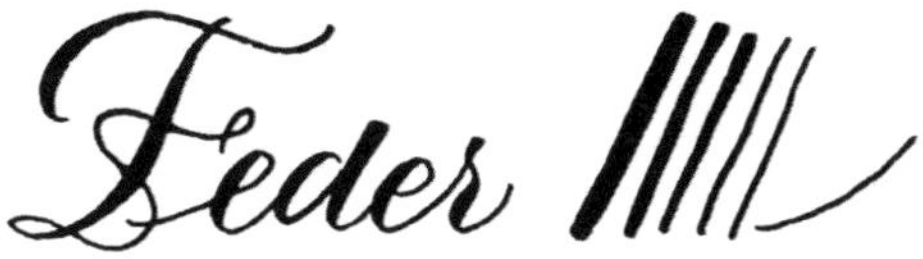

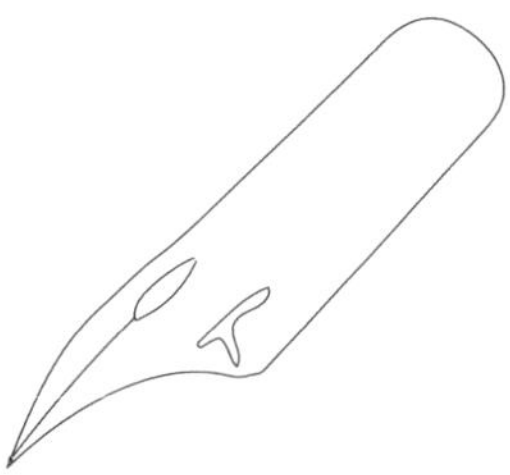

Nikko G

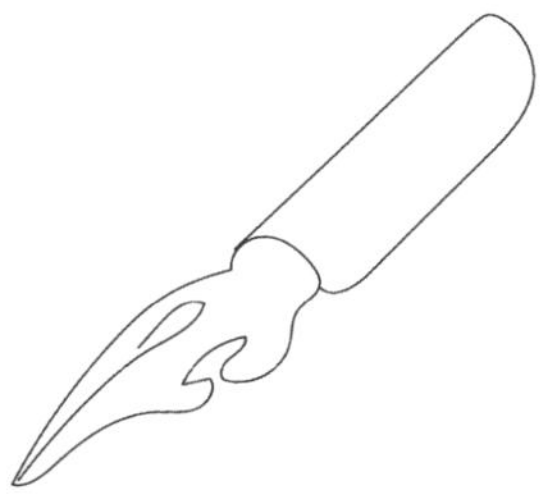

Brause 66EF

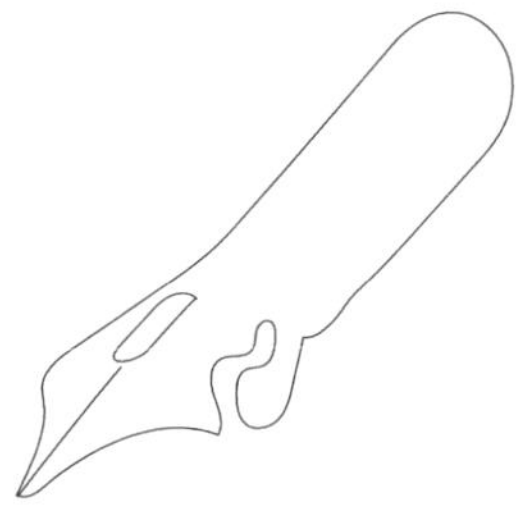

Brause Stenofeder

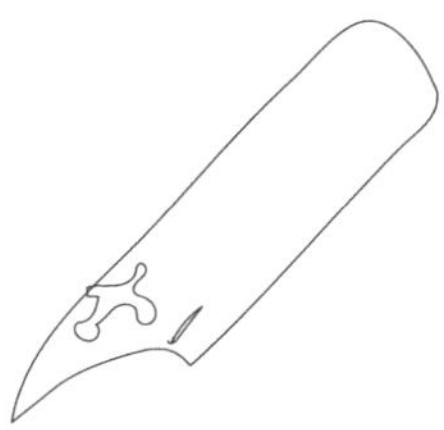

Leonardt Principal EF

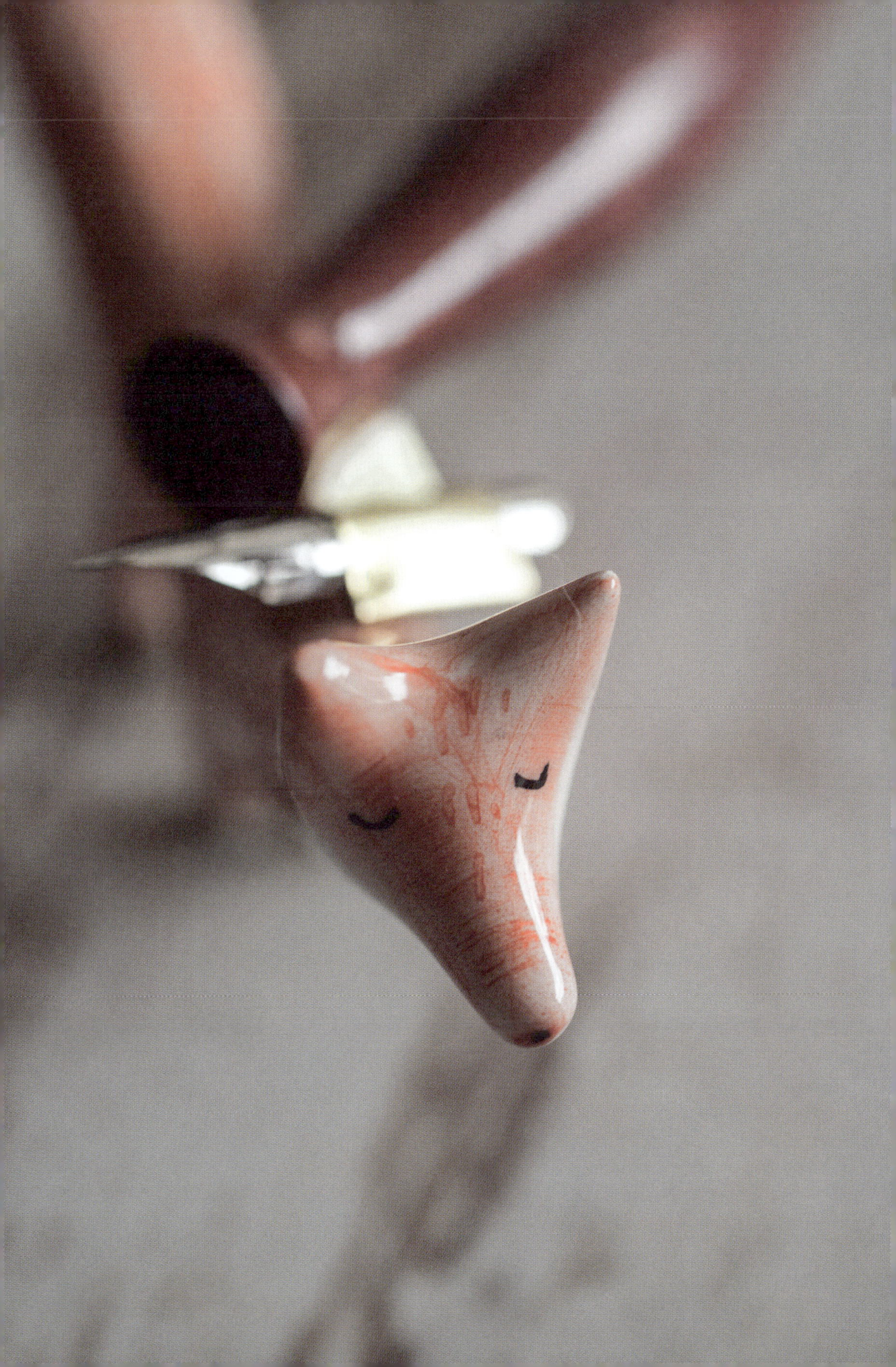

3.3 Das Material: Federhalter

Es gibt verschiedene Arten von Federhaltern. Du hast im Künstlerbedarf bestimmt schon mal einen geraden Federhalter gesehen. Diese werden vor allem zum Zeichnen verwendet. Wir schreiben mit einer besonderen Art von Federhalter, nämlich dem auf Englisch »oblique penholder« genannten. Auf Deutsch bedeutet das so viel wie gekröpfter, schräger oder schräggestellter Federhalter. Inzwischen hat sich aber auch »Oblique Federhalter« eingebürgert. Bist du Linkshänder oder Linkshänderin, siehe Abschnitt „Linkshänder:in" auf Seite 80. Du musst in diesem Fall kein neues Werkzeug kennenlernen.

Beim schrägen Federhalter ist die Feder nicht eine direkte Verlängerung des Griffs, sondern seitlich daran angesteckt. Das wirkt auf den ersten Blick seltsam, es gibt aber mehrere gute Gründe dafür. Die Schräge der Feder erleichtert es, in einem gewissen Winkel zu schreiben, der für schräggestellte Schriften wünschenswert ist. So muss man die Hand und das Papier nicht ganz so extrem verdrehen und die Feder kann genauso auf dem Papier gleiten, wie es gedacht ist. Außerdem ist es damit leichter, den Druck auf die Feder zu dosieren.

Anatomie des Federhalters

Griff

Traditionell ist der Griff sanduhrförmig. Dort hältst du den Federhalter fest. Meist ist es am bequemsten, wenn du die Finger weiter vorne hältst.

Zwinge/Flansch/engl. Flange

Dies ist der Teil des Federhalters, in dem die Feder steckt. Es gibt im Künstlerbedarf mittlerweile kostengünstige Oblique-Federhalter, die gänzlich aus Plastik bestehen (Firma Speedball). Es gibt aber auch solche, die einen Körper aus Holz haben. Höherwertige Federhalter haben eine Zwinge aus Metall. Diese ist flexibler als die Plastikhalterung und damit schreibt es sich gleich viel angenehmer. Außerdem lässt sich das Metallteil verbiegen, damit verschiedene Federn hineinpassen. Zum Ausprobieren, ob Spitzfeder-Kalligrafie überhaupt etwas

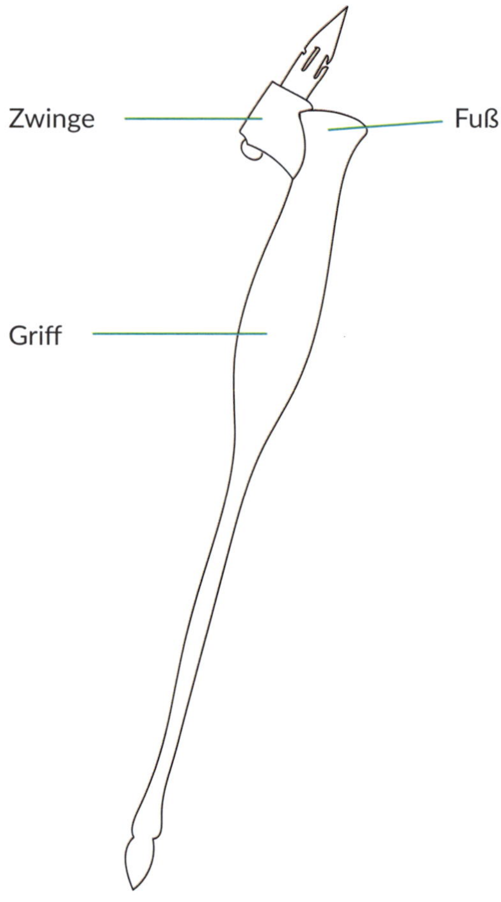

für dich ist, reicht aber auch erst mal die Plastik-Variante.

Wer dann weg vom Plastik möchte, hat mehrere Möglichkeiten. Inzwischen gibt es in der EU einige Shops (s. Kapitel »Bezugsquellen«), aus den USA kann man aber auch bestellen. Wenn es etwas ganz Besonderes sein soll, gibt es noch die Möglichkeit, sich ergonomische Federhalter, Einzelstücke von Künstlern oder Maßanfertigungen zu bestellen.

Wie zuvor kurz angemerkt: Nicht jede Feder passt in jeden Federhalter. Du kannst entweder auf einen Federhalter zurückgreifen, der eine andere Flange hat oder sie selbst verbiegen. Es gibt verschiedene Halterungen zur Auswahl.

Reguläre Zwinge

Die häufigste Variante. Wenn du einen Halter mit einer Metallzwinge hast, lässt sich diese ganz leicht verbiegen. Nimm die Zwinge heraus (ist meist mit einem Ruck nach oben möglich), öffne sie so weit, dass du deine Feder hineinstecken kannst und biege dann mit einer Juwelierzange das Metall so zurecht, dass es sich an die neue Feder anschmiegt. Dann stecke sie zurück in den Federhalter.

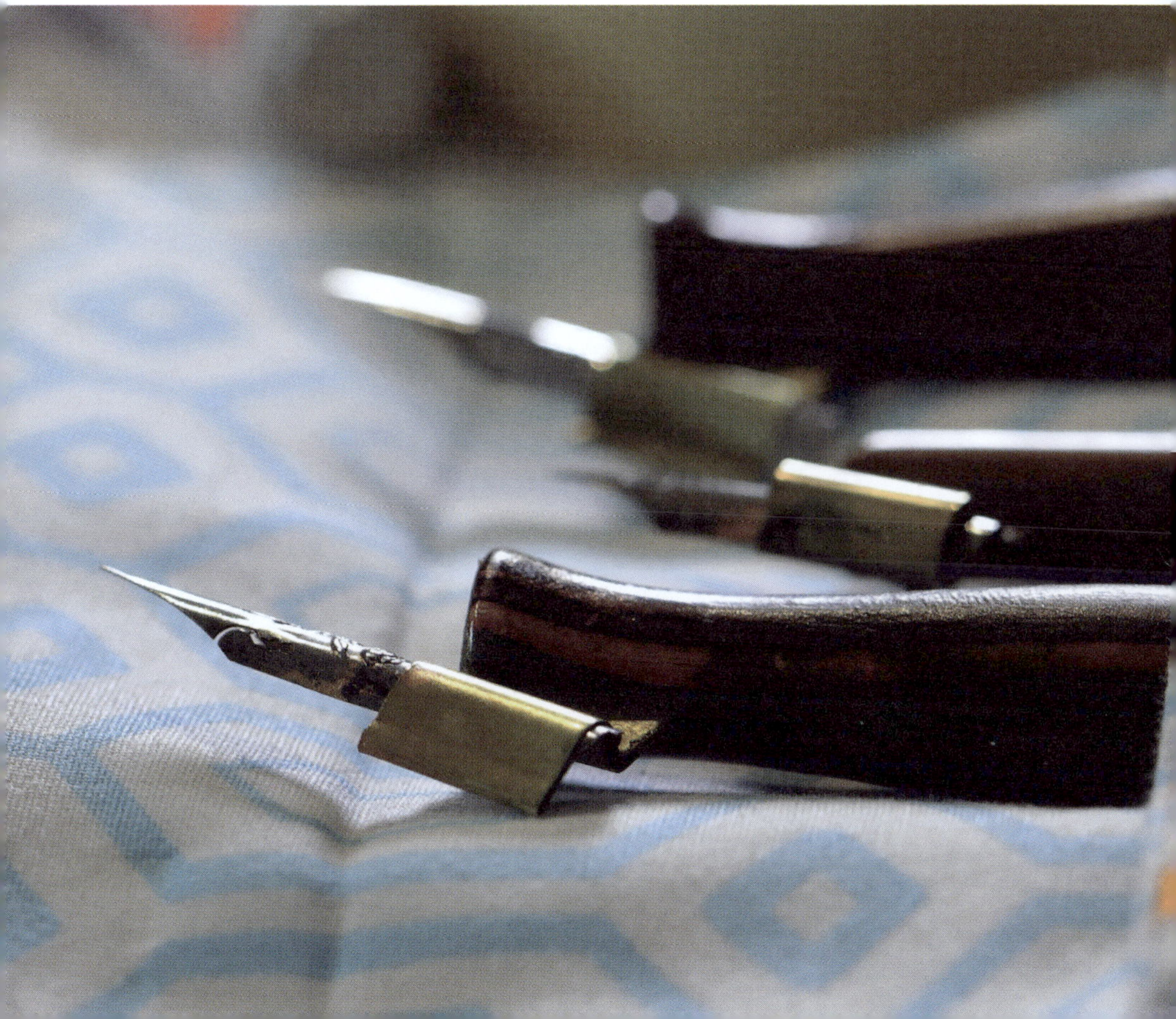

»Bullock-Flange«

Diese Art von Halterung passt für mindestens zwei Federn. Die Flange besteht aus mehreren Schichten aus Metall, in die du verschieden große Federn stecken kannst. Zusätzlich kannst du mit einer Schraube den Druck reduzieren oder verstärken, wodurch du wieder verschiedene Federn hineinstecken kannst.

»Blackwell-Flange«

Auch sehr praktisch ist ein Federhalter mit Blackwell-Flange. Dort wird die Feder mit einer Schraube festgemacht, die sich beliebig verstellen lässt. Somit passt jede Feder dort hinein.

Tipp

Für Fortgeschrittene: Wenn du schon geübt bist und gerne experimentierst, kannst du den Winkel der Feder zum Papier nach deinem Geschmack verändern, indem du die gesamte Halterung im Federhalter nach oben oder unten biegst. So kannst du den Auflagewinkel der Feder auf dem Papier verändern. Das ist aber für den Anfang nicht empfehlenswert.

Leider sind diese Federhalter nicht so leicht zu bekommen wie die anderen Modelle.

Fuß

Der Fuß des Federhalters kann entweder gerade oder schräg abschließen. Ich persönlich mag die schräge Variante lieber, da ich damit weiter in die Tinte tauchen kann.

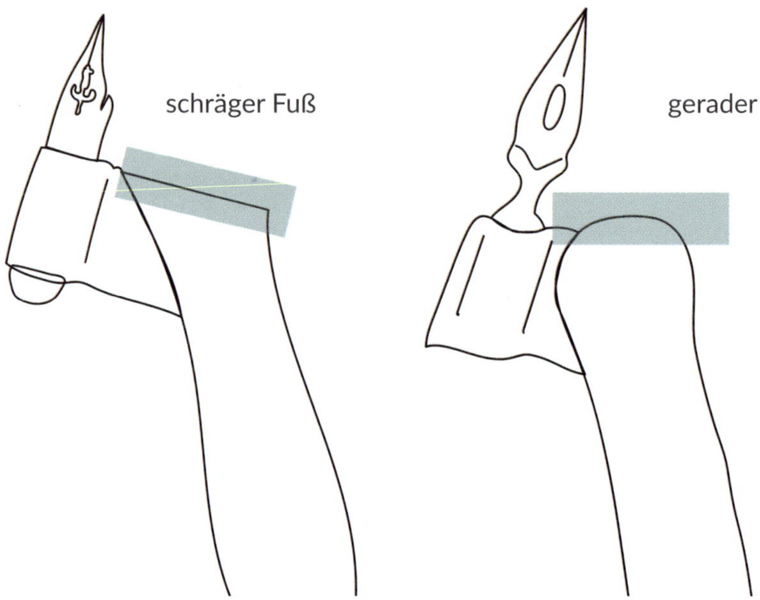

Griffumfang

Angeblich wirken dickere Modelle, wie z.B. ein sogenannter »Carrot holder«, der Müdigkeit der Hand entgegen. Ich persönlich kann das nicht bestätigen, aber schließlich ist jede Hand anders.

Ergonomische Federhalter

Mittlerweile gibt es eine beachtliche Auswahl an Federhaltern, die ergonomisch sein sollen. Diese sind in einer gehobenen Preisklasse und werden teils von sehr namhaften Kalligraf:innen hergestellt. Das Ziel ist es, die richtige Handhaltung zu forcieren und besonders komfortables Schreiben zu ermöglichen. Oft werden diese deiner Hand angepasst: Mit verschiedenen Fragen und Fotos von deiner Handhaltung fertigen die Künstlerinnen und Künstler deinen individuellen Federhalter an. Viele schwören darauf, meiner Erfahrung nach tut es ein regulärer Federhalter in Sanduhrform aber genauso.

Empfehlungen

Moblique

Dieser Federhalter ist 2018 auf den Markt gekommen und ist die günstigste Variante nach dem Plastik-Speedball-Federhalter. Er ist aus einem beschichteten Kunststoff, der sich sehr angenehm anfühlt und vor allem hat er eine Metall-Flange! Weiterhin kann man ihn als geraden und obliquen Federhalter verwenden und auch noch Federn darin aufbewahren.

Bezug: https://www.j-stuff.de
https://www.welovehandmade.at/shop

Century Oblique

Dieser Federhalter ist sehr günstig von paperinkarts.com zu erwerben. Vom Preis-Leistungs-Verhältnis ist er einfach top. Ich habe mehrere solche Modelle und sie haben mich noch nie enttäuscht.

Unique Oblique

Besonders gut in der Hand liegen die Unique-Oblique-Federhalter von Brian, der auch besondere Federhalter nach Wunsch herstellt. Leider sind die Preise in den letzten Jahren sehr gestiegen. Mein Exemplar habe ich damals für etwa 80 US-Dollar bekommen, inzwischen liegen die Spezialanfertigungen bei etwa 200 Dollar. Wer nach etwas ganz Besonderem sucht, ist hier auf jeden Fall richtig. Mein Wunsch war übrigens, den Federhalter wie einen Sonnenuntergang aussehen zu lassen.

Bezug: https://uniqueoblique.com/

Michael Sull

Die Federhalter von Master Penman Michael Sull gehören zu meinen Lieblingen. Sie sind etwas dicker und wahre Arbeitstiere. Simpel, robust, leistbar. Um solch einen zu erwerben, muss man ihn direkt kontaktieren oder einen seiner Kurse besuchen.

3.4 Das Material: Tinte

Tinte ist nicht gleich Tinte und nicht alle Tinten sind auch für die Spitzfeder-Kalligrafie geeignet. Wenn du Tinte kaufst, achte darauf, dass sie auch für die Spitzfeder geeignet ist. Ein guter Anhaltspunkt ist meist, dass die Tinte explizit auch für Füllfedern verwendet werden kann.

Die beste Übungstinte: Walnusstinte

Ich empfehle zum Üben Walnusstinte, da diese wunderbar von der Feder fließt und sich aus der Kleidung und von sämtlichen Oberflächen hervorragend wieder entfernen lässt. Außerdem greift sie die Feder nicht an (im Gegensatz zu beispielsweise Eisengallus- oder Sumi-Tinte) und hat einen wunderschönen braunen Farbton.

Diese Tinte wird aus der Außenhülle von Walnüssen hergestellt. Ist die Nuss jung, ist diese Hülle noch grün, wenn sie zu verrotten beginnt, wird sie aber braun. Zu diesem Zeitpunkt wird die Tinte hergestellt.

Walnusstinte findest du in Granulatform oder flüssig im Künstlerbedarf oder manchmal sogar im Baumarkt auch unter folgenden Namen: Nussbaumtinte, Walnuss-Schalenpulver, Nussschalen-Granulat. Ich beziehe meine von Gerstäcker oder Kalligrafie.ch. Wenn du es als Granulat kaufst (länger haltbar), löst du es einfach in Wasser auf, etwa einen Teelöffel auf 30 ml.

Die besten schwarzen Tinten

Eisengallustinte

Eisengallustinte wurde bereits im Mittelalter für Kalligrafie verwendet. Beim Schreiben ist diese hellgrau, wenn sie jedoch auf dem Papier ist und mit Sauerstoff in Berührung kommt, oxidiert sie zu einem matten Schwarz. Diese Tinte hält sich auf dem Papier sehr lang, da sie sich damit verbindet und nicht auf der Oberfläche sitzen bleibt. Daher sind auch viele historische Dokumente, die mit Eisengallustinte geschrieben wurden, noch erhalten.

Mit dieser Art von Tinte lassen sich die feinsten Haarlinien erzielen. Leider greift Eisengallustinte aber die Federn an, wodurch sie sich sehr schnell abnutzen. In warmem Klima kann sie schnell beginnen zu schimmeln. Meine bevorzugte Marke, wenn ich

Tipp

Der Unterschied zwischen Tinte und Tusche

Tinte basiert auf Wasser, worin die Farbe aufgelöst ist. Tusche ist eine Flüssigkeit, in der mit einem Bindemittel die Farbpigmente halten. Tinte ist daher wasserlöslich und meist nicht deckend, wohingegen Tusche eine höhere Deckkraft und Lichtechtheit aufweist.

richtig feine Striche erzielen möchte, ist McCaffery's. Von dieser Marke, erhältlich z.B. auf paperinkarts.com, gibt es auch andere Farben als Schwarz.

Sumi-Tinte

Sumi-Tinte ist eine tiefschwarze Tinte, die sehr angenehm von der Feder fließt. Es gibt sie fertig abgefüllt zu kaufen, bekannter sind aber wahrscheinlich die festen Blöcke, die man an einem Reibstein erst mit Wasser zu Tinte verarbeiten muss. Ich persönlich verwende die flüssige Tinte von Moon Palace. Besonders toll an Sumi-Tinte ist, dass man sie auch noch mit Wasser strecken kann, ohne dass sie an Deckkraft einbüßt.

Bezug: Amazon, j-stuff.de, paperinkarts.com, johnnealbookseller.com,

Die besten wasserfesten Tinten

Super5 Ink

Super5 Ink ist eine in Deutschland hergestellte wasserfeste und lichtechte Tinte. Es schreibt sich sehr angenehm mit ihr.

Bezug: super5ink.de, Papierfachhandel (Store-Finder auf der Website)

KWZ Calligraphy Ink

Eine tolle, etwas dickflüssige, Tinte, die in Europa hergestellt wird. Es gibt sie in Schwarz und verschiedenen Schimmertönen.

Bezug: Direkt, fountainfeder.de

Die beste weiße Tinte

Weiße Tinten gibt es relativ wenige auf dem Markt. Es ist schwierig, die Konsistenz richtig hinzubekommen. Eine Möglichkeit ist es, weiße Gouache zu verwenden (mehr zu Gouache auf Seite 69). Meine bevorzugte Marke ist jedoch Dr. PH Martin's Bleedproof White. Wie der Name schon sagt, blutet diese Tinte auf keinem Papier aus. Sie ist sehr ausgiebig und ein Fläschchen hält relativ lange. Direkt aus der Dose lässt sie sich jedoch nicht verwenden, du solltest also ein wenig davon in ein anderes Gefäß umfüllen und mit (destilliertem) Wasser vermischen, bis die Flüssigkeit die Konsistenz von Vollmilch hat.

Bezug: j-stuff.de, blotspens.co.uk, paperinkarts.com, johnnealbookseller.com

Farbige Tinten

Farbige Tinten gibt es wie Sand am Meer, aber es sind nicht alle für die Spitzfeder geeignet. Ich stelle dir ein paar Marken vor, mit denen ich gute Erfahrungen gemacht habe. Generell greife ich für Farben aber eher auf Gouache oder Aquarellfarben zurück. Dazu erfährst du ab Seite 68 mehr.

Ziller's Ink

Ziller's ist eine wasserfeste und lichtechte Tinte auf Acrylbasis. Es gibt sie in verschiedensten und untereinander mischbaren Farben.

Bezug: https://blotspens.co.uk

Rohrer & Klingner

R&K stellen verschiedenste Tuschen her, doch nicht alle eignen sich gleich gut für die Spitzfeder-Kalligrafie. Vorsicht ist bei der Zeichentusche geboten. Die Schreibtinte hingegen lässt sich gut verwenden, hervorheben möchte ich hier vor allem die blaue Eisengallus-Tinte Salix und die violette Eisengallus-Tinte Scabiosa. Diese sind direkt schreibfertig, während ich bei anderen Farben wie Scharlach oder Altgoldgrün noch einen Tropfen Gummiarabikum als Bindemittel hinzufüge, da die Tinte sonst verlaufen kann.

Bezug: Kunstfachhandel

De Atramentis

De Atramentis stellt eigentlich Füllfedertinten her, die sich aber teilweise auch für die Spitzfeder eignen. Ich habe gute Erfahrung mit den Dufttinten und einem Tropfen Gummiarabikum gemacht.

Bezug: Schreibwarenhandel

Andere Medien

Nicht nur mit Tinte lässt es sich gut schreiben, auch Aquarellfarben und Gouache eignen sich für die Spitzfeder-Kalligrafie. Wenn du gerne bunt schreibst, kannst du mit den Grundfarben jede Farbe mischen.

Aquarellfarben

Aquarellfarben kommen meist in trockenen Pfännchen daher. Du musst sie erst mit Wasser anrühren, um damit schreiben zu können. Träufle dazu ein paar Tropfen auf die trockene Farbe und rühre sie dann mit dem Pinsel auf, bis sie etwa die Konsistenz von Vollmilch hat. Dann kannst du sie entweder direkt mit dem Pinsel auf die Rückseite der Feder aufstreichen oder du füllst diese Mischung in ein kleineres Gefäß um, damit du nur noch eintunken musst.

Aquarellfarbe kann wunderschön sein, auch weil sie immer ein wenig glänzt. Allerdings ist sie auch transparent, das heißt also, du kannst damit nicht auf dunklem Papier schreiben.

Aquarellfarben gibt es auch in Metallic-Varianten, z.B. von der Firma Finetec oder von Coliro. Sie sind genauso einfach zu verwenden wie herkömmliche Aquarellfarben und auf dunklem Papier auch deckend. Es gibt eine riesige Auswahl und das Schreibgefühl ist toll.

Falls du nicht mischen möchtest, gibt es Aquarellfarben auch in flüssiger Form, z.B. die Fläschchen von Ecoline. Sie sind im Künstlerbedarf erhältlich und es gibt sie in sehr vielen leuchtenden Farben. Ich schreibe sehr gerne damit; es lassen sich wunderbare Farbeffekte damit erzielen und die Leuchtkraft ist phänomenal.

Gouache

Einfacher in größeren Mengen anzurühren ist Gouache. Es gibt sie von verschiedensten Marken, ich würde dir eher zu den hochwertigeren Tuben raten. Die billigen Farben enthalten leider sehr viel Zement – das merkt man dann beim Mischen, wenn der Ton bei jeder Farbkombination doch eher grau wird. Um sie schreibfertig anzumischen, gib sie direkt aus der Tube in ein passendes Gefäß. Dann träufelst du Wasser hinzu und rührst dabei um, bis die Flüssigkeit die Konsistenz von Vollmilch erreicht hat. Probiere dann, ob du damit schreiben kannst. Wenn nicht, gib noch etwas Wasser hinzu.

Gouache hat den Vorteil, dass sie deckend ist. Du kannst damit also auch auf dunklem Papier schreiben. Im Gegensatz zu Tinte, die meist etwas in das Papier einsinkt, sitzt Gouache immer etwas erhaben auf dem Papier. Das kann auch ein sehr schöner Effekt sein.

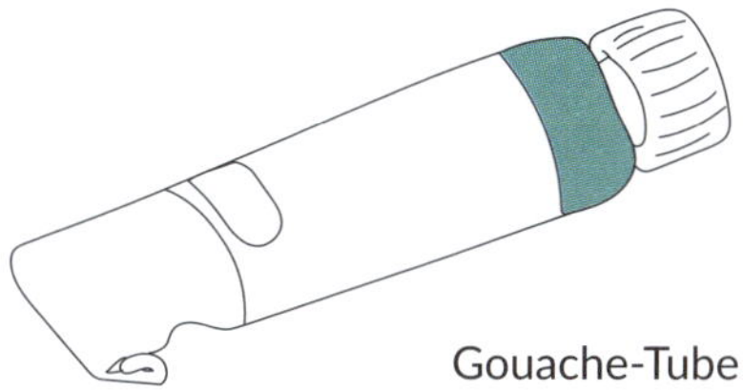

Gouache-Tube

Pigmente

Pigmente selbst anrühren und neue Tintenkreationen zu erschaffen, kann großen Spaß machen. Dazu mischt du feinste Künstlerpigmente 1:4 mit Gummiarabikum und gibst dann Wasser hinzu, bis die Konsistenz von Vollmilch erreicht ist.

Tinten-FAQ

Nicht alle Tinten kann man spitzfedertauglich machen, aber mit diesen Tipps habe ich schon so manche widerspenstige Tinte zum Schreiben gebracht:

- **Meine Tinte blutet/federt/blüht aus, kann ich das verhindern?**

  Entweder ist das Papier nicht geeignet (siehe Abschnitt 3.5) oder die Tinte ist zu flüssig. Gib ein paar Tropfen Gummi Arabicum (ein Bindemittel) hinzu und versuche es noch einmal.

- **Hilfe, meine Tinte rinnt in einem großen Tropfen von der Feder!**

  Die Tinte ist wahrscheinlich zu dick. Gib ein paar Tropfen Wasser hinzu und versuche es noch einmal.

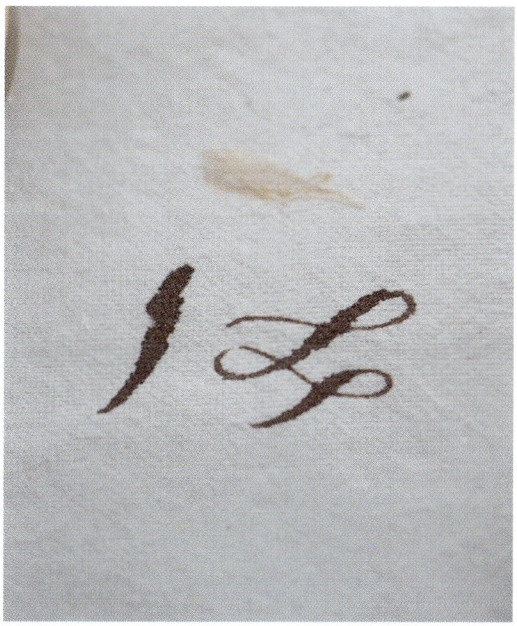

So sieht es aus, wenn die Tinte ausblutet.

3.5 Das Material: Papier

Beim Papier gilt als Anhaltspunkt: Was für die Füllfeder gut funktioniert, ist meist auch für die Spitzfeder geeignet.

Die wichtigste Eigenschaft eines Papiers für die Spitzfeder ist eine glatte, geschlossene, ungestrichene Oberfläche.

Gestrichen bedeutet, dass in einer Streichmaschine noch Pigment, gemischt mit Bindemittel, auf das Papier aufgetragen wird. Daraufhin sind die Papiere besser bedruckbar. Es gibt die Ausführungen matt, seidenmatt und glänzend.

Wichtig

Oft wird geschlossenes und gestrichenes Papier miteinander verwechselt. Gestrichenes Papier ist nicht kalligrafiegeeignet! Die Tinte verläuft darauf.

Geschlossen bedeutet, dass das Papier mit hohem Druck durch Walzen läuft, wodurch die Poren geschlossen werden. Die Oberfläche fühlt sich schön glatt an und ist dennoch nicht gestrichen. Man nennt dieses Papier auch satiniertes Papier – dieses Papier ist es, das wir wollen.

Zusammengefasst:

- ✓ Geschlossene Oberfläche
- ✓ Satiniertes Papier
- ✓ Glatte Oberfläche
- ✗ Gestrichenes Paper (Bilderdruckpapier)
- ✗ Fasern
- ✗ Offene Poren

Schreiben auf strukturiertem Papier

Für strukturiertes Papier verwende ich eine nicht zu feine, eher flexible Feder. Wenn die Feder leicht nachgibt, passt sie sich der Struktur des Papiers einfacher an. Eine breitere Spitze hat zudem noch mehr Auflagefläche auf dem Papier.

Wichtig

Eine geschlossene Oberfläche ist nicht zu verwechseln mit einer unstrukturierten Oberfläche. Auch strukturierte Papiere können so behandelt sein, dass die Poren geschlossen sind.

Schreiben auf handgeschöpftem Papier

Handgeschöpftes Papier kann sehr schwierig zu beschriften sein. Mehrere Faktoren spielen hier eine Rolle.

Fasern

Wenn das Papier sehr fasrig ist, bleiben diese Fasern leicht in der Feder hängen. Wenn du diese schon mit bloßem Auge erkennst, lass lieber die Finger von diesem Papier.

Oberfläche

Besonders bei handgeschöpftem Papier ist die Oberfläche relevant. Schau, ob du die Poren erkennen kannst und streiche mit dem Finger darüber. Ist die Oberfläche glatt, ist das ein gutes Zeichen. Fühlt sie sich mehr wie kuscheliger Stoff an, wird es wahrscheinlich schwierig.

Das beste Übungspapier

Clairefontaine Smart Print Paper 50–70 g/m²

Dieses Papier eignet sich hervorragend als Übungspapier. Mit seiner geringen Grammatur ist es noch transparent genug, dass du die Hilfslinien durchsiehst. Es ist nicht ganz glatt, sondern bietet der Feder einen gewissen Widerstand, der dabei hilft, sie zu kontrollieren. Zusätzlich ist es noch wirklich günstig bei 5 bis 7 Euro für 500 Blatt.

Rhodia Pads/Clairefontaine Pads

Die französische Marke Clairefontaine und ihre Tochtermarke Rhodia sind bekannt für ihr sehr glattes Papier, das ein sehr angenehmes Schreibgefühl ermöglicht. Rhodia-Blöcke gibt es in verschiedensten Größen und Linienspiegeln, wie z.B. Punkteraster, während es Clairefontaine in Heft-, Collegeblock- und Notizbuchform in gängigen Schullineaturen gibt.

HP Color Laserjet Papier

Dieses Papier ist besonders gut dafür geeignet, sich Hilfslinien direkt darauf auszudrucken, da es etwas stärker ist. Es ist eine günstige Variante, wenn man anfangs gerne direkt auf Hilfslinien übt.

Canson XL Markerpapier

Es ist das glatteste Papier, das ich bisher gefunden habe. Die Feder gleitet darauf wie auf Butter. Das Markerpapier ist auch noch hochweiß und halbtransparent, es macht wirklich Spaß, darauf zu arbeiten. Die Hilfslinien sind gut darunter sichtbar.

Das beste Papier für fertige Werke

Satiniertes Aquarellpapier

Bei Aquarellpapier unterscheidet man zwischen satiniertem (»hot pressed«) und gekörntem (»cold pressed«) Papier. Für unsere Zwecke ist das satinierte besser geeignet, da es eine glattere Oberfläche hat. Aquarellpapier ist besonders dick und daher sehr gut für finale Werke geeignet.

Hahnemühle Nostalgie

Dieses Papier gibt es als naturweiße Skizzenblöcke und -bücher. Es hat eine feine Struktur, die genau das richtige Maß an Widerstand für die Feder gibt, und die Haarlinien werden außerordentlich fein. Zusätzlich trocknet die Tinte sehr schnell.

Pergraphica

Pergraphica-Papier gibt es mit sehr glatter (»smooth«) und mit strukturierter Oberfläche (»rough«). Beide sind geschlossene Papiere und die höheren Grammaturen eignen sich sehr gut für finale Werke. Ich persönlich finde die Variante »rough« sehr angenehm, da dieses Papier ein bisschen Widerstand bietet.

Gmund Original & Pur Coton

Beide Papiere bestehen aus 100 % Baumwolle. Besonders im Hochzeitsbereich sind diese sehr beliebt. Von beiden Marken gibt es auch Umschläge, die sich wunderbar beschriften lassen.

Das beste bunte Papier

Clairefontaine Pollen

Die Pollen-Reihe von Clairefontaine besteht aus glattem Papier in den verschiedensten Farben und Formaten. Es gibt sie im Kartenformat komplett mit Umschlägen zu kaufen und sogar in schimmernden Tönen. Perfekt für Weihnachts- und Geburtstagskarten!

Canson Mi-Teintes

Aus dieser Reihe gibt es eine beachtliche Farbauswahl. Das Papier ist strukturiert, was oft gefragt ist und sehr schön aussehen kann. Es gibt Einzelbögen und auch verschiedene Kartenformate.

Spezielle Papiere

Transparentpapier

Ich schreibe sehr gerne auf buntem Transparentpapier. Üblicherweise lässt sich darauf sehr gut mit der Feder schreiben. Besonders bunte Umschläge aus Transparentpapier sind immer ein Hingucker.

Handgeschöpftes Papier

Hier hilft nur eines: ausprobieren. Es gibt eine große Vielfalt an diesen Papieren, beachte beim Kauf die oben erklärten Kriterien. Mit Gouache lässt sich oft besser darauf schreiben als mit Tinte, da diese nicht ins Papier eindringt, sondern vielmehr darauf stehen bleibt. Ich mag die österreichische Marke Hobl & Sohn, international sehr beliebt ist z.B. Fabulous Fancy Pants.

Kraft-Papier

Es macht riesigen Spaß, auf Kraft-Papier zu schreiben. Vielleicht bekommst du irgendwo günstig eine Rolle, mit der du deinen Schreibtisch auskleiden kannst. Das Papier ist perfekt zum Herumkritzeln und die Struktur der glatten Seite eignet sich auch super für die Spitzfeder.

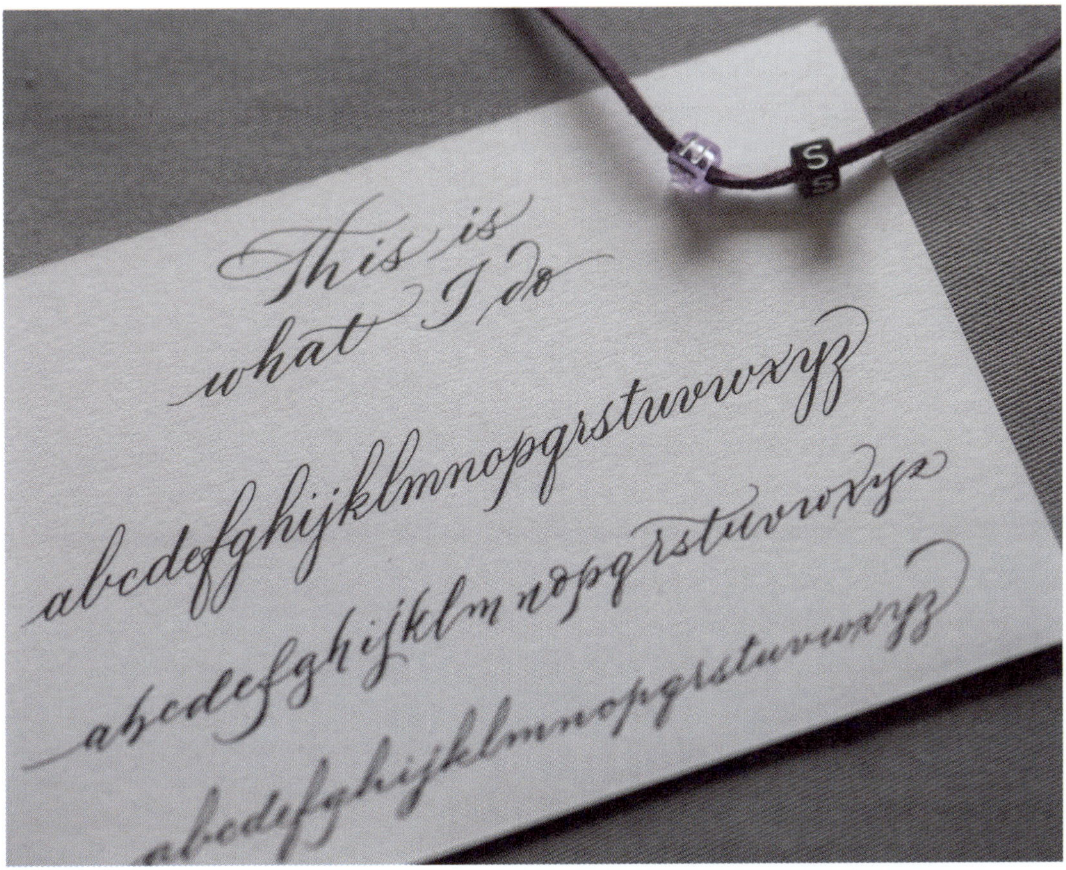

3.6 Material: Weitere nützliche Dinge

Ich möchte hier noch ein paar Dinge vorstellen, die mir das Leben sehr erleichtert haben. Sie sind natürlich kein Muss, aber vielleicht kannst du ja das eine oder andere gebrauchen.

Dinky Dips

Eigentlich sind diese kleinen Gefäße Proben-Phiolen aus dem Laborbedarf, aber Kalligrafen haben sie schnell für sich entdeckt. Unter dem Namen »Dinky Dip« gibt es sie online in Kalligrafie-Shops zu kaufen. Für mich sind sie essenziell: Sie haben genau die richtige Höhe, um eine Feder einzutauchen und ich fülle eigentlich alle meine Tinten dorthin um. Auch wenn ich eine Farbe noch mit Wasser oder Gummiarabikum (Bindemittel) mischen muss, gebe ich sie dazu in so ein kleines Gefäß.

Die Halterungen dafür sind auch online verfügbar, aber auch ganz einfach selbst zu machen. Nimm z.B. einen Geschirrspülschwamm und schneide ein paar Löcher hinein. Schon hast du eine Halterung, die auch noch Patzer aufsaugt! Sonst kannst du Holzreste verwenden und mit einem passenden Bohrer Löcher machen. Holz ist schwerer als ein Schwamm, daher kann so eine Vorrichtung nicht so leicht umfallen. Wenn du es dann auch noch lackierst, kann das sehr hübsch aussehen.

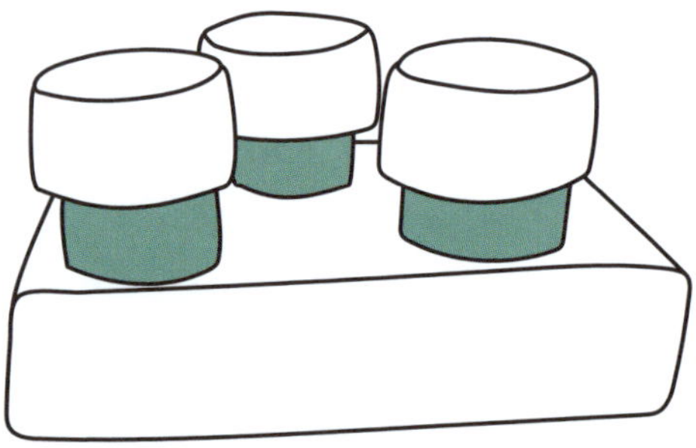

Dinky Dips

Lightpad

Ein Lightpad ist eine flache Unterlage, die leuchtet. Du kannst darauf z.B. eine Skizze platzieren, darüber ein neues Papier legen und diese durchpausen. Ich verwende es hauptsächlich für Hilfslinien. Wenn ich z.B. eine große Menge an Umschlägen zu schreiben habe, kann ich nicht überall Hilfslinien ziehen. Daher fertige ich mir den passenden Linienspiegel für die Größe an und lege ihn und den Umschlag dann auf das Lightpad. Du bekommst so etwas schon ab 25 Euro.

Linienlaser/Laser-Wasserwaage

Wenn das Lightpad nicht funktioniert, wie z.B. bei dickem, dunklem oder gefüttertem Papier, kommt der Linienlaser zum Einsatz. Er wirft einen geraden Strahl auf das Papier, den ich dann als Grundlinie verwende.

Stäbchenhalter

Aus dem Asia-Shop kommen diese oftmals entzückenden Halter, die eigentlich für Essstäbchen gedacht sind. Mir egal – ich verwende sie, um meine Federhalter darauf abzustellen oder Federn zwischenzulagern.

Sandradierer

Wenn ich mal patze, retten mich oftmals die Sandradierer. Sie raspeln Tintenflecke regelrecht weg. Danach lässt sich die aufgeriebene Stelle mit einem Falzbein wieder glätten. Vorsicht: Hierfür muss das Papier eine gewisse Dicke haben.

3.7 Los geht's

Jetzt hast du das Material kennengelernt und kannst mit dem spannenden Teil, dem Schreiben, loslegen!

Die Feder vorbereiten

Bevor du mit dem Schreiben beginnst, musst du erst deine Feder vorbereiten. Wenn sie frisch aus der Packung kommt, ist sie nämlich noch mit einer sehr dünnen (mit bloßem Auge nicht sichtbaren) Ölschicht bedeckt. Dieses Öl wird im Produktionsprozess aufgetragen, damit die Feder bei längerer Lagerung und beim Transport nicht beginnt zu rosten. Allerdings ist Öl auch wasserabweisend und unsere Tinte besteht zu einem Großteil aus Wasser. Deshalb hält die Tinte nicht gleich auf der Feder, sondern perlt ab und muss daher zuvor vom Öl gereinigt werden.

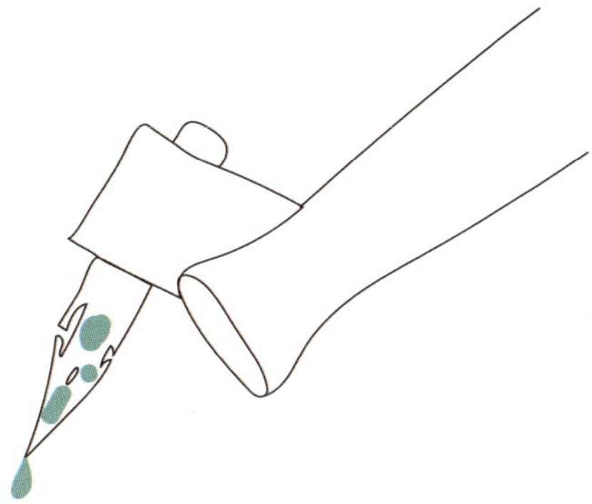

Die Tinte perlt von der neuen Feder ab.

Dafür gibt es mehrere Möglichkeiten. Ich verwende am liebsten eine Kartoffel dafür. Die Stärke darin zersetzt das Öl. Du steckst die Feder beherzt in die Kartoffel, und zwar so weit, bis das Loch in der Mitte der Feder ganz verschwunden ist. Dieses Loch ist dein Tintenspeicher und muss frei von Öl sein.

Die Feder lässt du etwa eine Minute lang in der Kartoffel stecken und reinigst sie dann sanft mit einem feuchten Tuch.

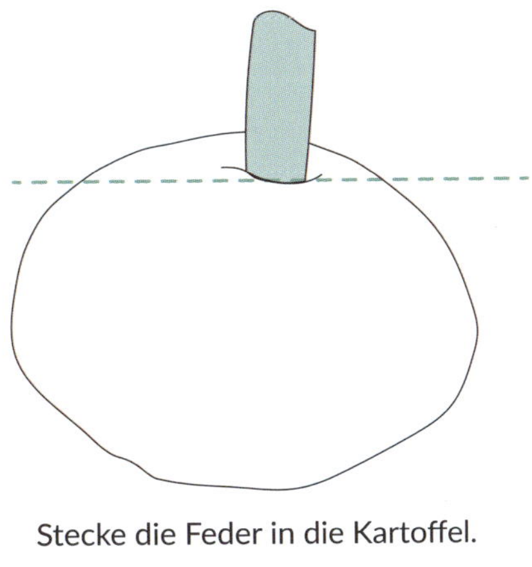

Stecke die Feder in die Kartoffel.

Hinweis

Früher nahmen die Schreiberlinge die Federn in den Mund und lutschten ein paar Minuten daran. Speichel ist nämlich, wie die Kartoffel, stärkehaltig.

Wichtig

Die Feder wird nur beim ersten Mal vorbereitet. Bewahre sie bitte auch nicht in der Kartoffel auf, da sie sonst rostet.

Eine andere Möglichkeit zur Vorbereitung der Feder ist, das Öl abzubrennen. Dazu hältst du die Feder ein paar Sekunden lang über eine Flamme und bewegst sie hin und her, damit auch alle Ölreste entfernt werden.

Eine weitere Technik ist es, die Feder sanft mit Zahnpasta abzuschrubben oder sie mit Glasreiniger zu putzen.

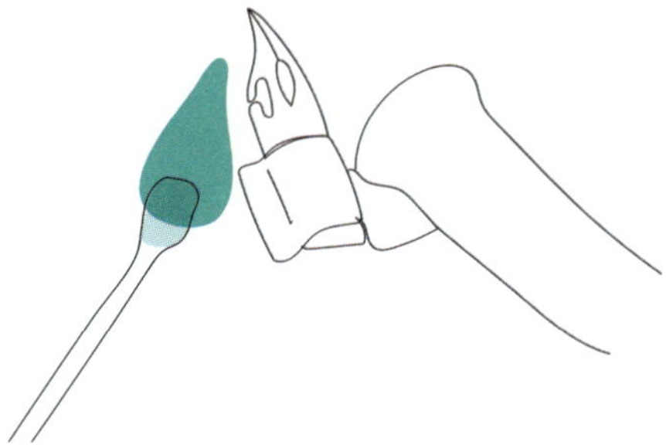

Abbrennen der Feder

Teste jetzt, ob die Tinte an der Feder haftet. Dazu tauchst du sie genau so weit in die Tinte, bis das mittlere Loch ganz gefüllt ist. Dieses Loch ist dein Tintenreservoir.

Die Tinte sollte einen schönen Film (Oberflächenspannung) darüber bilden, das Loch wirkt gefüllt.

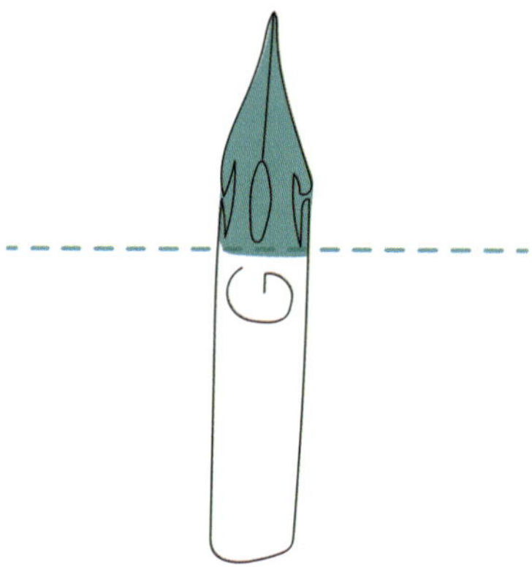

Bis hierhin tauchst du die Feder in die Tinte.

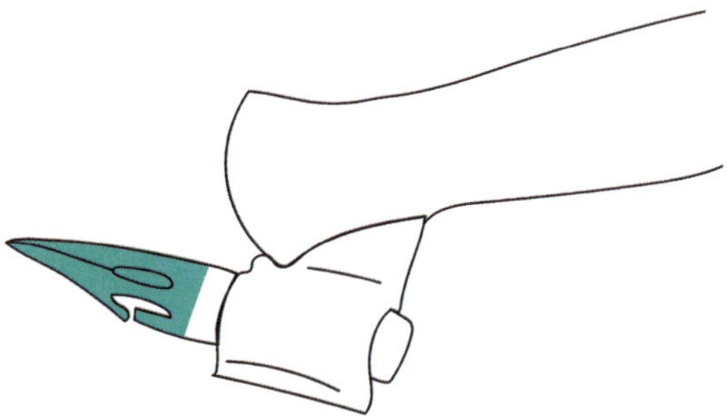

Schreibfertig: Die Tinte benetzt die Feder gleichmäßig.

Wenn die Tinte gut an der Feder haftet, dann wische sie noch einmal ab, denn jetzt kommt sie in den Federhalter.

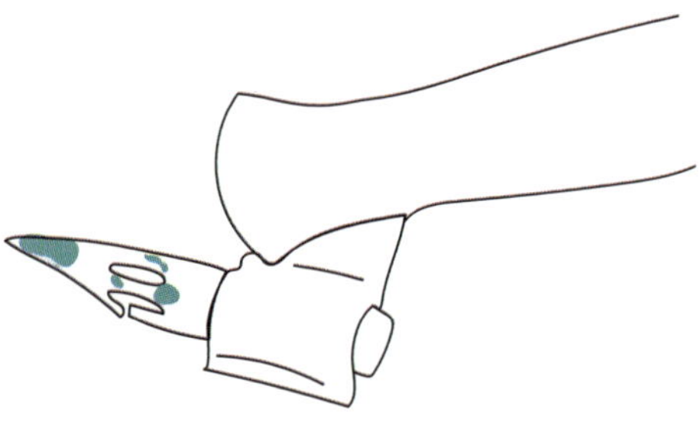

Hier ist noch Öl auf der Feder, die Tinte perlt ab.

Feder in den Federhalter stecken

Jetzt, wo deine Feder gut vorbereitet ist, wird es endlich Zeit, sie in den Federhalter zu stecken. Beim Oblique-Federhalter steckst du die Feder nicht vorne hinein sondern in die seitlich versetzte Zwinge. Dazu hältst du den Federhalter gerade vor dich, sodass die Zwinge nach rechts oben zeigt. Die Federspitze zeigt ebenfalls nach rechts oben und das Loch in der Mitte der Feder schaut zu dir. Dann schiebst du die Feder in den Federhalter. Im Optimalfall ist die Mitte des Federhalters auf der gleichen Höhe wie die Federspitze.

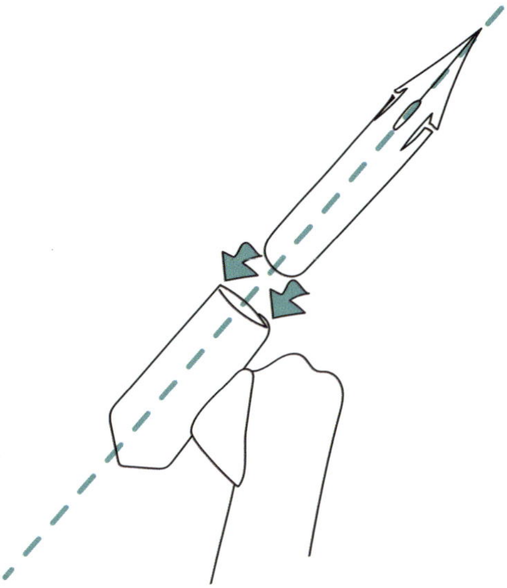

So schiebst du die Feder in die Zwinge.

Tipp

Auch wenn du glaubst, du kannst die Feder nicht weiter hineinschieben: Schiebe sie weiter hinein. Ein klassischer Anfängerfehler ist es, die Feder zu weit herausstehen zu lassen. Das erschwert das Schreiben sehr.

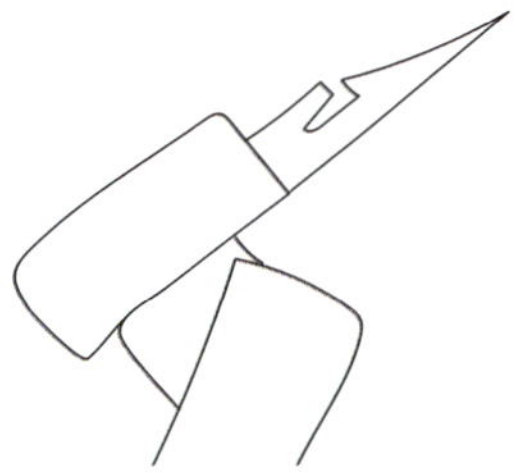

Hier ist die Feder zu weit nach rechts gedreht.

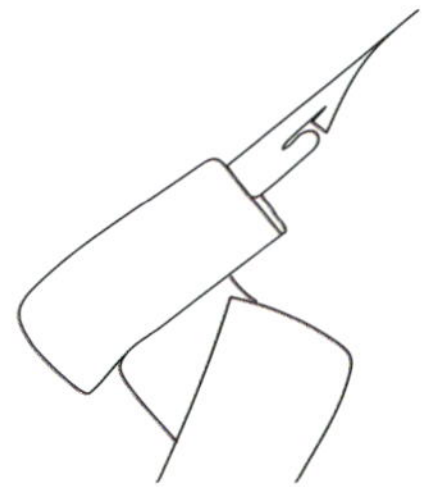

Hier ist die Feder zu weit nach links gedreht.

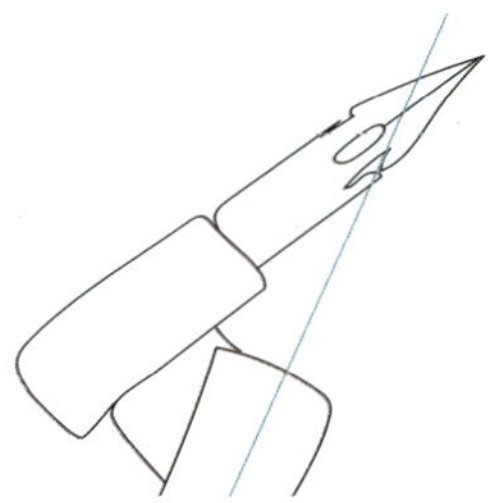

Hier ist die Feder nicht weit genug in der Zwinge.

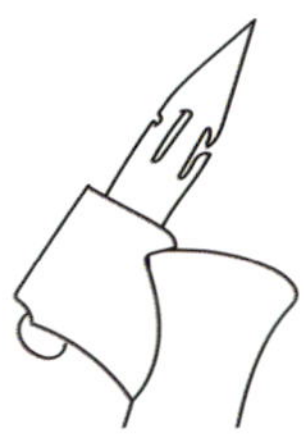

Die korrekte Position der Feder

Als Linkshänder:in verwendest du einen regulären, geraden Federhalter. Die Feder gehört hier nicht in den Ring, sondern zwischen die Metallklemmen und den Rand des Federhalters.

Papier einrichten

Das Schwierigste bei einer schräggestellten Schrift wie unserer lockeren Copperplate ist die richtige Haltung von Papier und Federhalter. Die Ausrichtung des Papiers kann dir das Schreiben sehr schwer machen oder immens erleichtern. Rufe dir daher dieses Kapitel immer wieder ins Gedächtnis und überprüfe anhand der Fotos, ob die Haltung noch so passt.

Die Hilfslinien, die du unter www.mitp.de/0458 downloaden kannst, haben eine x-Höhe von 5 mm und eine Ober- und Unterlänge von je 7,5 mm. Das entspricht einem Verhältnis von 3:2:3. Die Anleitungen in diesem Buch sind etwas vergrößert, damit du die Details gut erkennen kannst.

Ein weiteres gängiges Verhältnis ist 2:1:2 – hierbei sind die Ober- und Unterlängen doppelt so hoch wie die x-Höhe, was das Gesamtbild etwas lang gezogener erscheinen lässt. Aber erst einmal kommen wir zu den Grundlagen.

Du siehst, dass auf den Vorlagen auch schräge Hilfslinien (wer es genau wissen will: 55°) aufgedruckt sind. Auf dieser Diagonale liegt auch unsere Schrift. Die deutschen und österreichischen Schreibschriften sind sehr gerade, deshalb ist das etwas ungewohnt. Aber genau diese Lage verleiht dieser Schrift ihre Eleganz. Der Oblique-Federhalter hilft dir dabei, diesen Winkel zu erreichen.

Um richtig auf dem Papier zu gleiten, muss die Feder in Strichrichtung zu deinem Körper gezogen bzw. weggeschoben werden. Am angenehmsten ist diese Zug- und Schubbewegung, wenn du den Federhalter in Richtung deiner rechten Schulter ziehst. Die Spitze deiner Feder zeigt immer zur oberen Papierkante, und das entlang der schrägen Hilfslinien.

Dein Papier richtest du dir am einfachsten so ein:

Lege dein Papier (entweder mit den aufgedruckten Hilfslinien oder mit einem transparenten Papier, auf dem du schreibst, darüber) vor dich und nimm den Federhalter in die Hand, als wäre er ein herkömmlicher Bleistift. Mach einen Strich, indem du den Federhalter zu dir ziehst, wieder so, als wäre es ein Bleistift.

Dieser Winkel ist der, in dem du normalerweise schreibst.

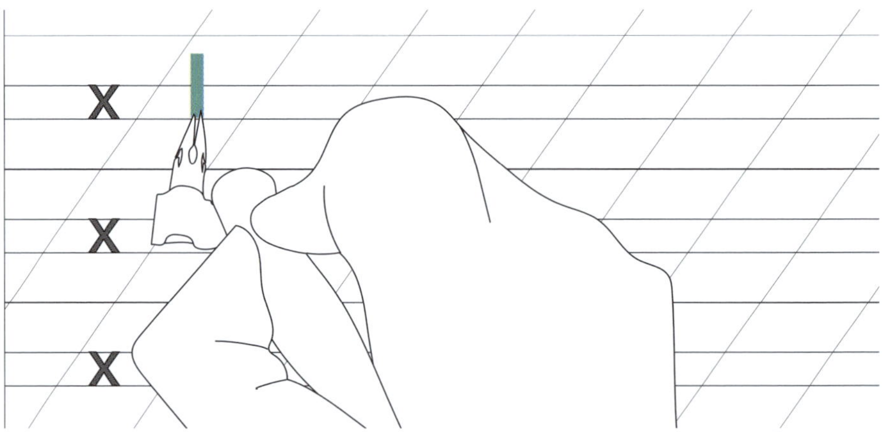

Um den richtigen Schreibwinkel für unsere Schrift zu bekommen, drehst du jetzt das Blatt ein wenig gegen den Uhrzeigersinn und machst wieder denselben Strich, um den Winkel zu überprüfen.

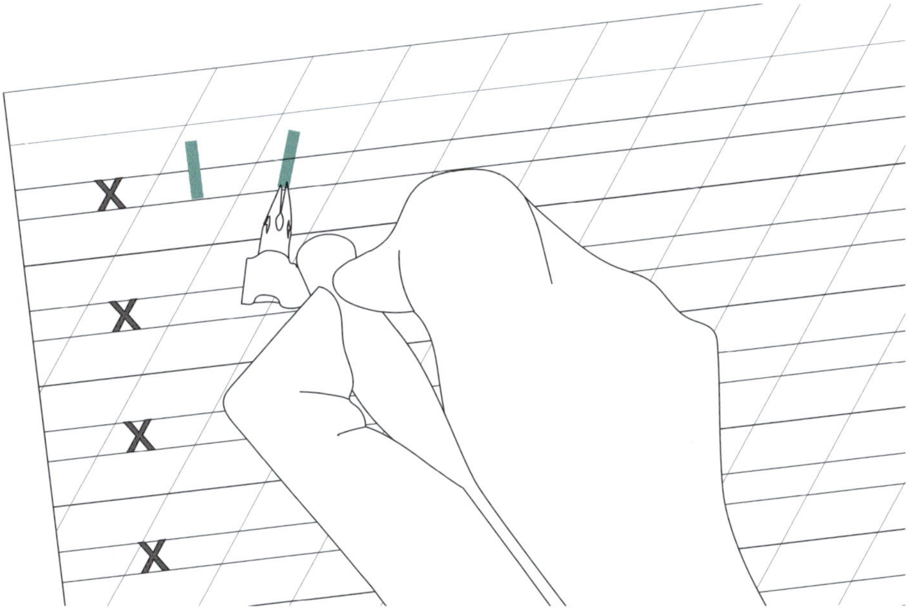

Das wiederholst du so lange, bis der gerade, natürliche Strich sich mit der schrägen Hilfslinie deckt. Das ist dann deine korrekte Papierhaltung.

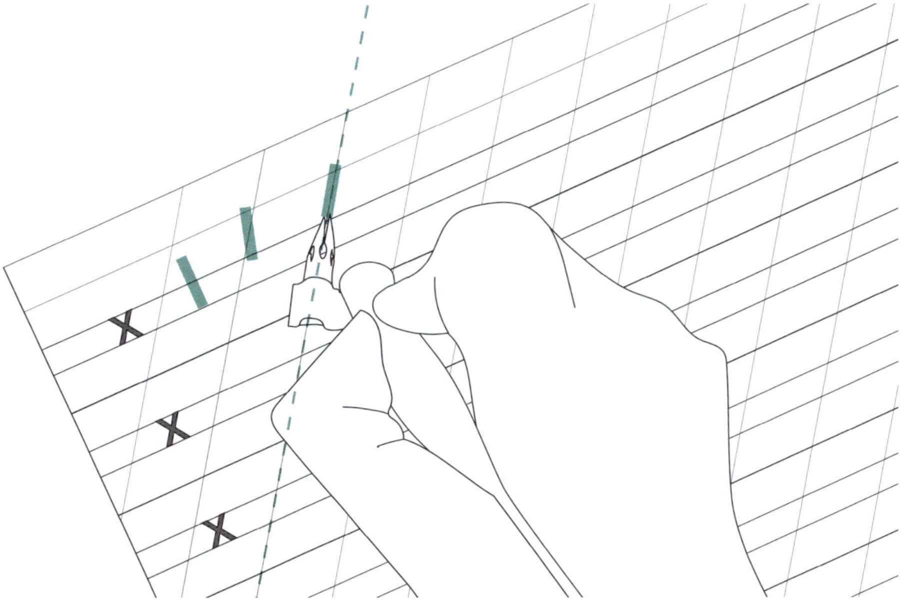

Vielleicht liegt dein Papier jetzt fast oder ganz horizontal, lass dich davon nicht beirren. Du kennst doch bestimmt aus der Schule die Leute, die ihre Hefte auch so gehalten haben. Das ist ganz egal, die Hauptsache ist, dass es sich für dich richtig und gut anfühlt.

Es ist sehr gut möglich, dass du das Blatt anfangs alle paar Striche mal nachdrehen musst. Das ist auch kein Problem, schließlich musst du dich erst mal an die neue Erfahrung gewöhnen.

Du machst jetzt gerade Schreibbewegungen, indem du den Federhalter von dir wegschiebst oder zu dir ziehst, die nur aufgrund der Papierdrehung schräg werden.

Deine Hand und somit auch der Federhalter drehen sich nicht. Die Position deines Handgelenks bleibt immer gleich!

Denke auch immer daran: Beim Strich nach unten soll sich die Feder gleichmäßig öffnen.

Hinweis

Anfangs sieht wahrscheinlich noch jeder Strich unterschiedlich aus, aber das wird sich mit etwas Übung schnell ändern.

Linkshänder:in

Als Linkshänder:in drehst du das Blatt ein wenig nach links und ziehst den Federhalter mit geradem Handgelenk zu deinem Körper (in Richtung der linken Schulter). Beobachte, in welchem Winkel dein Strich steht und drehe das Blatt dann so weit, dass die natürliche Strichrichtung entlang der schrägen Hilfslinie steht.

Wichtig für dich ist, dass du keine eingedrehte Handhaltung verwendest, sondern dein Handgelenk gerade hältst.

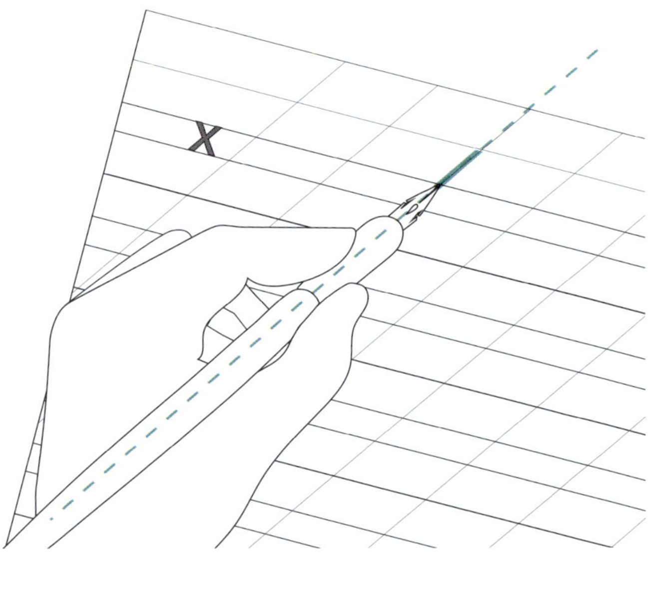

FAQ Papier einrichten

- Warum kann ich nicht einfach den Federhalter drehen?

  Aus der Spitzfeder fließt die Tinte am besten, wenn man sie zum Körper zieht. Wenn man sie nach links oder rechts zieht, dann sperrt sie sich gegen das Papier, und es ist viel schwieriger, einen schattierten Strich zu schreiben. Außerdem nutzt sie sich dann ungleichmäßig ab und das verkürzt ihre Lebensdauer.

- Warum soll ich nicht meine Hand drehen?

  Mit der zu Feder schreiben kann schon mal anstrengend werden, daher möchtest du nicht noch zusätzlichen Druck auf deine Hand ausüben. Wenn du dein Handgelenk auf unnatürliche Art und Weise drehst, wird es dir irgendwann wehtun.

Arbeitsplatz einrichten

Ein paar Kleinigkeiten noch, dann kann es losgehen.

Reinigung

Lege dir noch zwei Stück Küchen- oder Stofftücher bereit. Eines davon legst du unter dein Tintenfass, um mögliche Patzer gleich aufzufangen. Eines benötigst du, um deine Feder zu reinigen.

Tinte

Der beste Platz für die Tinte ist auf der linken Seite, über deinem Papier. So musst du den Arm nicht in die andere Richtung drehen, sondern kannst beim Eintauchen die gleiche Position beibehalten wie beim Schreiben.

Papier

Das Papier liegt direkt vor dir. Je nachdem wie es dir angenehm ist, richtest du es dir nach der Anleitung im vorigen Kapitel ein. Lass dir genug Platz, um dein Papier zu drehen und deinen Schreibarm frei zu bewegen.

Ablage für Federhalter

Wenn du den Federhalter kurz einmal ablegst, z.B. um dein Papier neu einzurichten, ist es praktisch, wenn du eine Ablage hast. Das kann alles sein – von einer Pinselablage über einen Essstäbchenhalter oder eine Keramikfigur.

Sitzposition

Achte darauf, dass du genügend Licht hast und dein Schatten nicht auf das Papier vor dir fällt. Setze dich aufrecht hin, den Arm bequem auf dem Tisch gelegt. Die Füße platzierst du flach auf dem Boden.

Eintauchen – Papier einrichten – los!

Wichtig

Tauche die Feder nun so weit in die Tinte ein, bis das Loch in der Mitte der Feder gefüllt ist. Das ist dein Tintenreservoir. Wenn das Loch leer ist, tauche wieder neu ein. Du musst die Feder nicht abstreifen, im Normalfall hält sie genau die richtige Menge Tinte.

3.8 Die Grundstriche

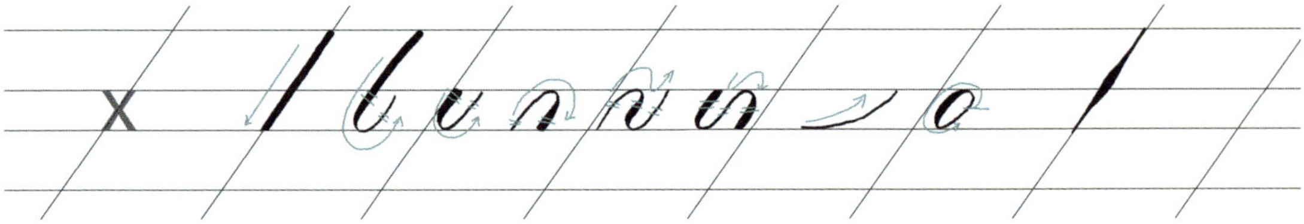

Endlich ist es so weit: Die ersten Striche werden auf das Papier gebracht! Diese ersten Striche sind nicht nur dazu da, dich mit dem neuen Werkzeug vertraut zu machen, sondern dies sind auch die Bestandteile vieler Kleinbuchstaben, die du als Erstes lernen wirst. Indem du also diese Übungen sorgfältig schreibst, übst du schon für später.

Wichtig

Kontrolliere erst noch einmal, ob dein Blatt richtig liegt. Die Zugrichtung der Feder muss mit der Schräge der Hilfslinien übereinstimmen. Dabei bleibt die Halterung der Feder und des Federhalters gleich.

Der Federhalter soll dir bequem in der Hand liegen. Halte ihn so, wie du auch einen Bleistift halten würdest. Dann tauchst du die Feder in die Tinte ein: so weit, dass das Loch in der Mitte der Feder, das Tintenreservoir, komplett gefüllt wird. Ein Abstreifen der Feder ist normalerweise nicht notwendig.

Jetzt setzt du die Feder auf das Papier auf und drückst vorsichtig an. Zur Erinnerung: Dünne Striche werden von unten nach oben ohne Druck gemacht, dicke Striche von oben nach unten mit Druck. Achte darauf, dass die Federspitze mittig auf dem Papier sitzt, damit sich die Feder gleichmäßig öffnen kann. Der Winkel der Feder zum Papier ist unwichtig – nur die Drehung des Papiers zählt.

Hinweis

Geschwindigkeit kommt mit der Übung und Vertrautheit mit dem Werkzeug. Gehe es erst einmal langsam an, denn langsam bedeutet auch präzise. Es ist viel schwerer, die Feder zu kontrollieren, wenn du dich hetzt. Lass dir für diese ersten Übungen pro Strich ruhig zwei Sekunden Zeit.

Übung 1: Gerader Strich mit Druck

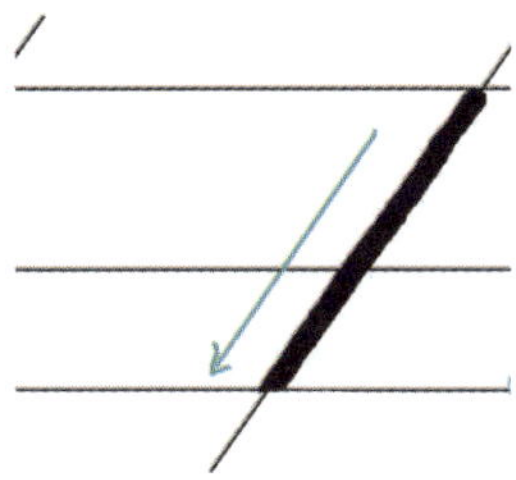

Setze an der obersten Hilfslinie an und ziehe langsam einen Strich nach unten bis zur untersten Hilfslinie. Erst kurz vor der untersten Hilfslinie verringerst du langsam den Druck; während du die Feder nach unten ziehst, behältst du gleichmäßigen Druck bei. Ist unten ein kleiner, dünner Strich entstanden, hast du die Feder zu früh abgehoben.

Übung 2: Schirmgriff

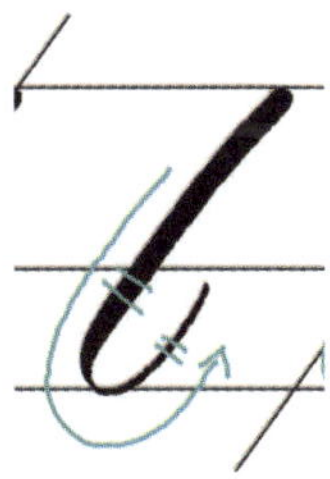

Dieser Strich beginnt wie Übung 1: Du setzt ganz oben an und ziehst mit Druck nach unten. Kurz bevor du an der untersten Hilfslinie angekommen bist, verringerst du den Druck etwas und führst die Feder um die Kurve herum und ohne Druck parallel (!) zum ersten Strich wieder nach oben.

Übung 3: Kleiner Bogen nach unten

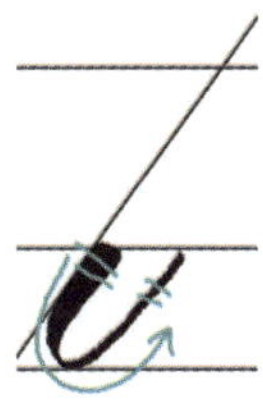

Hier beginnst du an der oberen Linie der x-Höhe und setzt den Bogen gleich fort wie bei Übung 2. Achte wieder auf die Parallelität der Linien!

Übung 4: Kleiner Bogen nach oben

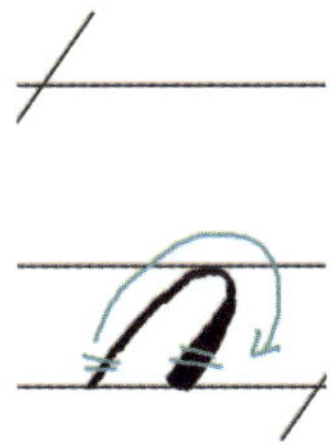

Diesmal beginnst du an der unteren Linie der x-Höhe und führst die Feder ohne Druck nach oben. Erst wenn du den Bogen vollendet hast, beginnst du mit dem schattierten Strich nach unten.

Übung 5: Welle

Diese Übung kombiniert die Nummern 3 und 4. Führe die Feder ohne Druck nach oben bis über den Zenit und mit Druck parallel nach unten, bevor es wieder ohne Druck nach oben geht. Achte darauf, dass die Linien alle parallel zueinander und zur schrägen Hilfslinie sind und dass der Abstand zwischen den Linien gleich groß ist.

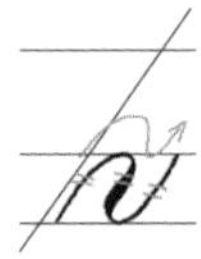

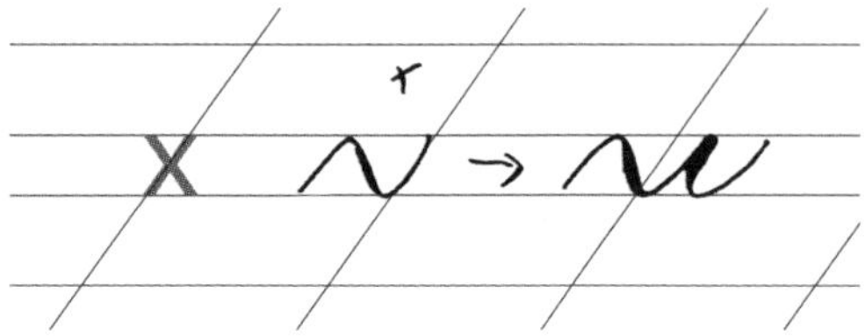

Aufgepasst: Kein Zickzack! Parallelität ist gefragt. Der Grund dafür ist einfach: Aus diesen Formen sollen Buchstaben werden. Vergleiche die beiden u rechts: eins mit Zickzack als Grundform (oben), eins mit Welle (unten).

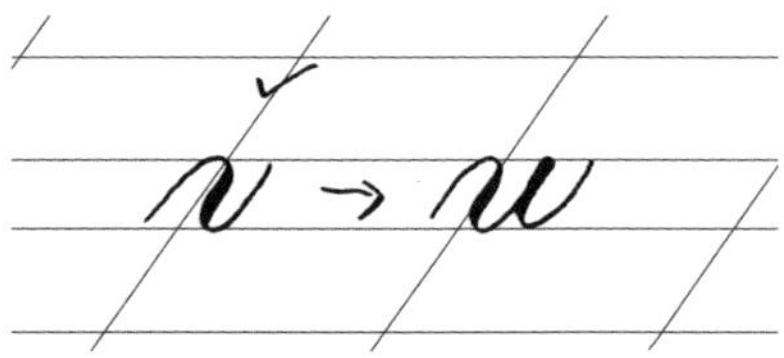

Übung 6: Aufstrich

Dieser Strich heißt so, weil er aufwärts geschrieben wird. Die dünne Linie wird nicht entlang der schrägen Hilfslinie geführt, sondern in einem deutlich flacheren Winkel. Sie ist der erste Strich bei vielen Buchstaben und verbindet auch oft Buchstaben miteinander.

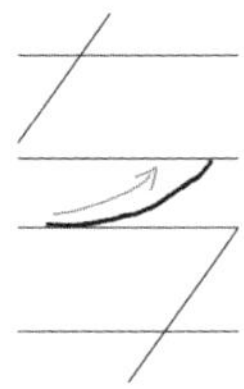

Übung 7: Oval

Das Oval (kein Kreis!) ist die Grundform vieler Spitzfeder-Alphabete und damit eine der wichtigsten Formen. Es liegt auf der schrägen Hilfslinie.

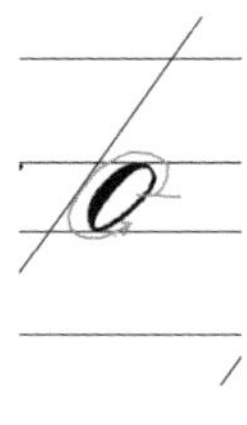

Um es schön schließen zu können, empfehle ich, es dir wie ein Ziffernblatt vorzustellen und dort mit deinem Bogen zu beginnen, wo der Stundenzeiger auf 14:30 Uhr steht, also genau zwischen 14:00 und 15:00 Uhr. Setze dort an und führe die Feder nach oben, um einen Bogen nach links zu erzeugen. In einem Zug führst du von dort den schattierten Strich nach unten hindurch, um

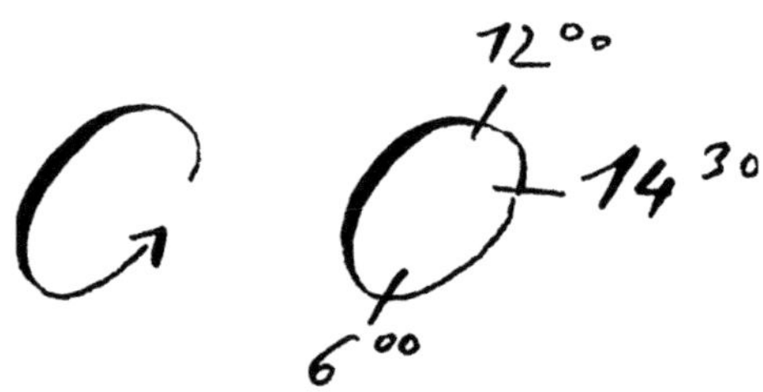

das Oval zu schließen. Würdest du z.B. auf der Mittellinie beginnen, ist es schwieriger, die Form schön zu schließen, da die Breite dabei erst sehr spät vorgegeben wird.

Übung 8: Druck aufbauen

Übe das Aufbauen und Nachlassen des Drucks, indem du mit einem Strich ohne Druck (= dünn) beginnst, dann immer fester drückst (= dick) und dann wieder nachlässt (= dünn). Versuche es ein paar Mal mit dem Ziel, dass die Striche gleichmäßig aussehen.

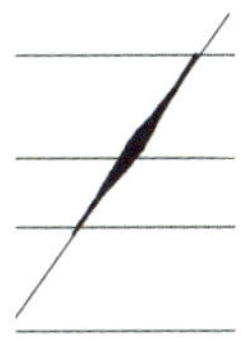

Hinweis

Anfangs sieht wahrscheinlich noch jeder Strich unterschiedlich aus, aber das wird sich mit etwas Übung schnell geben.

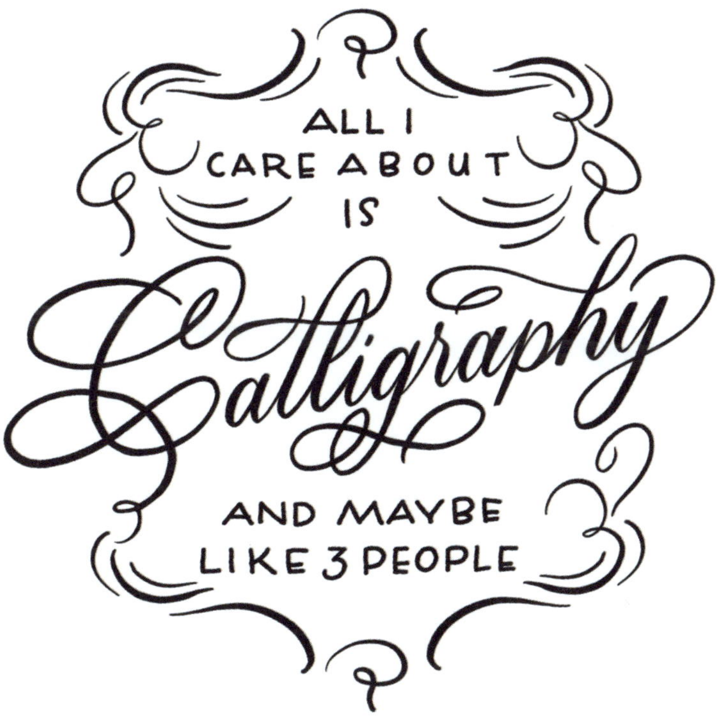

3.9 Kleinbuchstaben

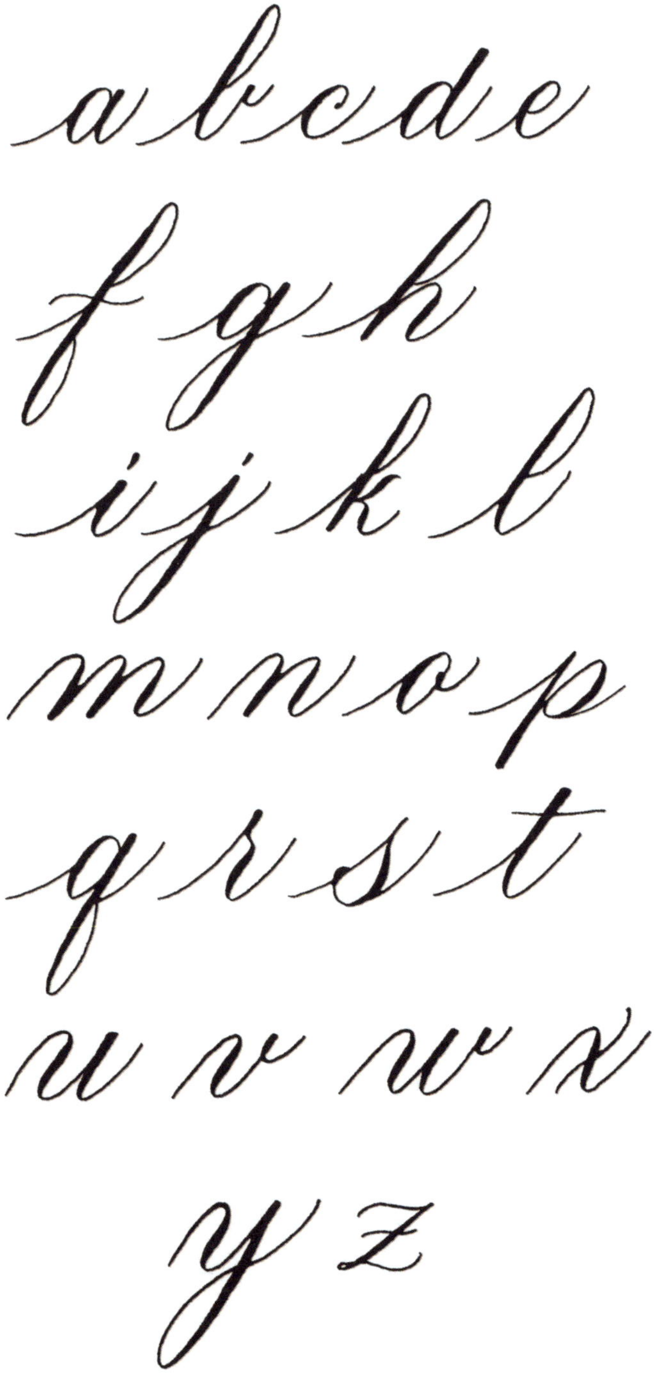

Ich habe die Kleinbuchstaben in Gruppen von ähnlichen Typen eingeteilt: So übst du alle einzelnen Striche der Reihe nach und arbeitest dich von den einfachen Buchstaben zu den schwierigen vor, während du immer wieder dieselben Komponenten schreibst.

Das Stichwort hier ist Muskelgedächtnis: Unser Körper merkt sich Bewegungsabläufe nach einer Weile. Je öfter du eine Bewegung durchführst, desto schneller geht sie in das Muskelgedächtnis über. Dieses Prinzip kennen wir vom Radfahren, vom Spielen eines Instruments oder vom Schwimmen: Irgendwann »weiß« dein Körper, wie es geht.

Besonders wichtig beim Schreiben von Buchstaben ist, dass du es ruhig angehst. Nimm dir Zeit, die Geschwindigkeit kommt später. Erst konzentrieren wir uns auf die Präzision, und die erfordert Geduld. Lass dir ruhig mehrere Sekunden für einen Buchstaben Zeit.

Ich habe die Buchstaben in ihre Einzelteile zerlegt, um dir die Strichabfolge zu verdeutlichen. Nach jedem einzelnen Strich setzt du die Feder ab. Der Grund dafür ist, dass du so immer wieder neu mit dem Druck (oder ohne Druck, je nachdem, ob du nach oben oder nach unten schreibst) beginnen kannst. Es ist schwierig, über einen längeren Zeitraum hinweg gleichmäßig zu drücken und wieder loszulassen. Außerdem hast du so immer wieder Gelegenheit, deine Feder einzurichten. Vergiss dabei nicht den Winkel zur Hilfslinie.

Buchstaben mit Bögen und Wellen: i n m u v w t

i

Das kleine i ist der einfachste Buchstabe. Der erste Strich, der Aufstrich, führt von der Grundlinie zur x-Höhe. Er verläuft nicht parallel zur schrägen Hilfslinie: Der Winkel zur Grundlinie ist viel flacher.

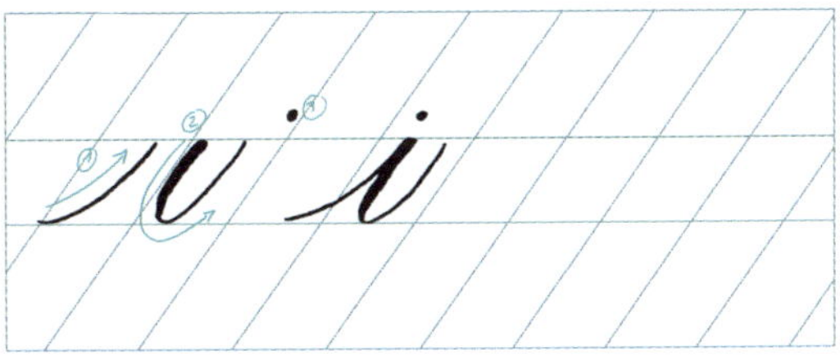

Der zweite Strich führt von der x-Höhe bis zur Grundlinie und geht dann wieder nach oben. Wichtig ist hier, dass die beiden Striche parallel zur schrägen Hilfslinie und zueinander verlaufen.

n

Beim n ist der Bogen nach oben der erste Strich. Danach setzt du weiter unten wieder an (aber nicht ganz an der Grundlinie) und führst den Strich nach oben, um die Wellenform zu schreiben. Achte wieder auf die Parallelität.

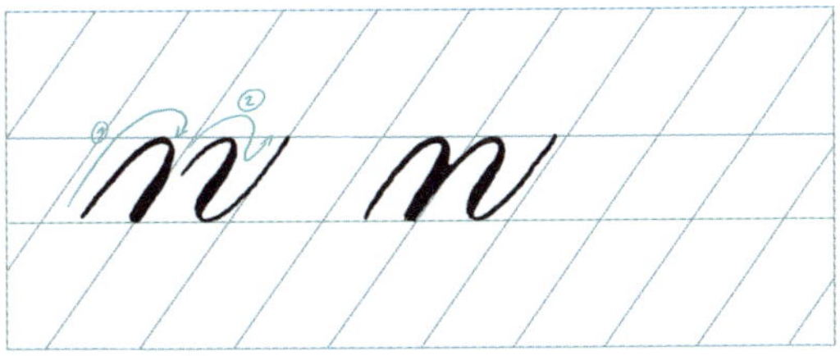

m

Für das m beginnst du wie für das n und machst dann noch einen weiteren Bogen. Du setzt ihn da an, wo du auch beim n mit dem zweiten Strich begonnen hast. Der letzte Strich ist dann wieder die Welle mit ihren parallel verlaufenden Linien (s. Übung 5, S. 84). Im Optimalfall ist der Zwischenraum der Linien gleich groß.

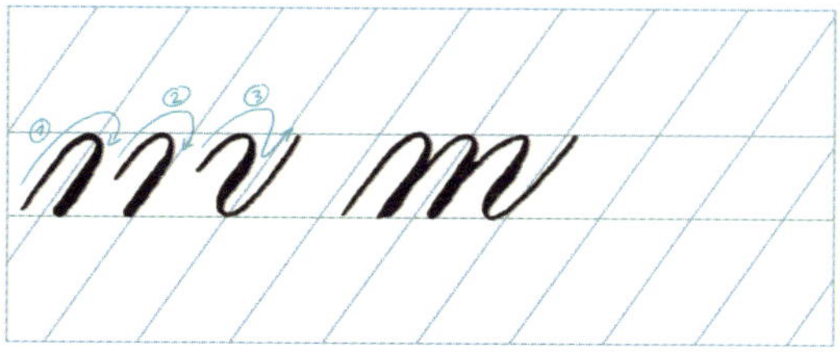

Das kleine m: parallele Linien und gleich große Zwischenräume

u

Das u beginnt mit der mittlerweile vertrauten Welle (s. Übung 5, S. 84), die bis zur x-Höhe nach oben reicht. Dann setzt du an der x-Höhe neu an und überdeckst mit dem Bogen nach unten (s. Übung 3, S. 83) den dünnen Strich, der Teil der Welle ist.

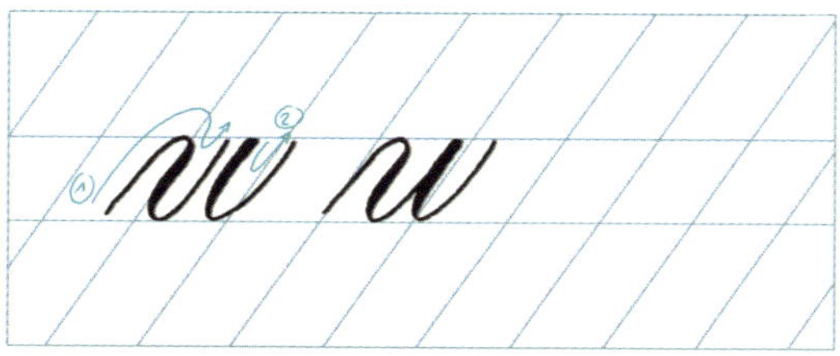

Übung: un

Eine hervorragende Übung ist es, u und n nebeneinanderzuschreiben. Die Abstände und Bogen sollten bei beiden Buchstaben gleich sein. Wenn du das Blatt um 180° drehst, sollte kein Unterschied erkennbar sein.

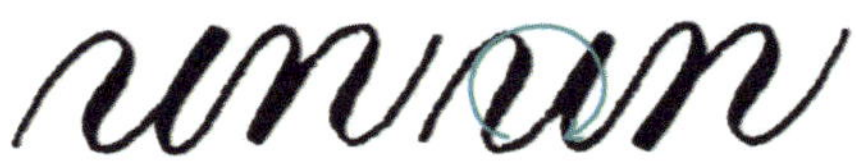

Vorsicht

Die Ausrichtung des Papiers ist das A und O. Fallen dir die Striche schwer, gleitet die Feder nicht gut oder bleibt sie stecken? Dann hast du wahrscheinlich das Papier nicht optimal ausgerichtet.

Übung: Picket Fence

Um Bögen zu üben, eignet sich die Lattenzaun-Übung (auf Englisch »picket fence«), so genannt, weil dabei ein kleiner Zaun entsteht. Nach dem ersten Bogen, den du wie beim n oder m schreibst, setzt du immer wieder an der Dreiviertelhöhe des vorherigen Bogens an und machst einen weiteren Bogen. Ziel ist es, dass alle Bögen des Lattenzauns gleich aussehen und der Abstand zwischen den Strichen regelmäßig ist.

v

Beim v ist der erste Bestandteil wieder die Welle (s. Übung 5, S. 84). Danach kommt ein Element ins Spiel, das bisher noch nicht aufgetaucht ist, nämlich das kleine Häkchen. Dabei handelt es sich im Prinzip um einen kleinen Bogen, der mittig auf dem letzten Strich sitzt.

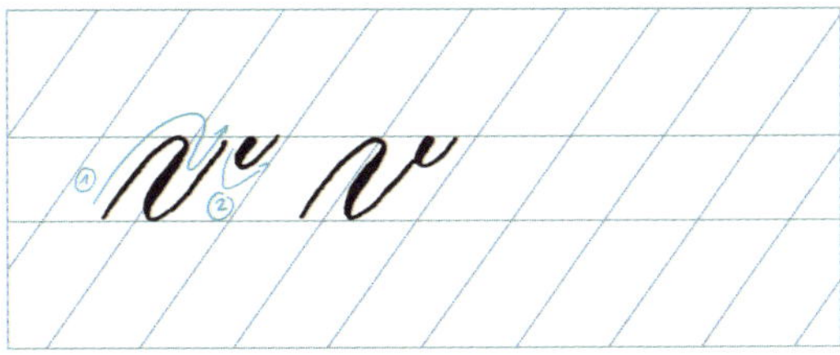

w

Das w ist im Prinzip ein u, an welches das kleine Häkchen vom v angehängt wird. Achte wie schon beim m auf den gleichen Abstand zwischen den Strichen.

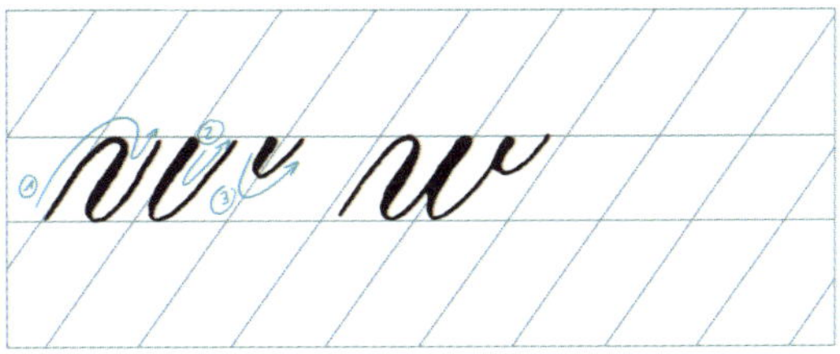

Beim v und auch beim w ist die Verlockung groß, den letzten Strich schwungvoll auslaufen zu lassen. Am Ende eines Worts kann das auch sehr schön aussehen! In der Mitte eines Worts solltest du jedoch nicht zu schwungvoll werden, da danach ja noch andere Buchstaben kommen. Diese sind dann oft schwierig zu verbinden, wie du anhand der Illustration sehen kannst.

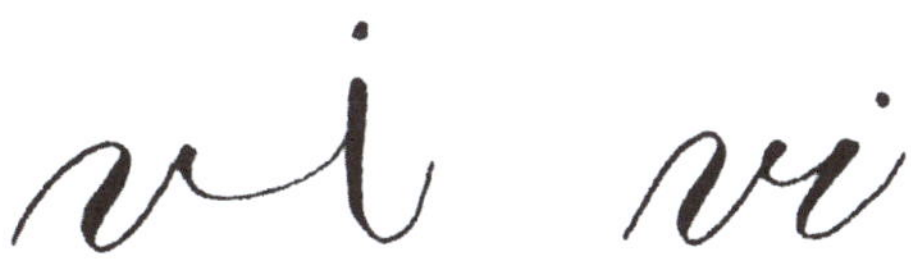

Tipp

Übe die Bögen und Punkte immer wieder separat, um ein Gefühl dafür zu bekommen.

t

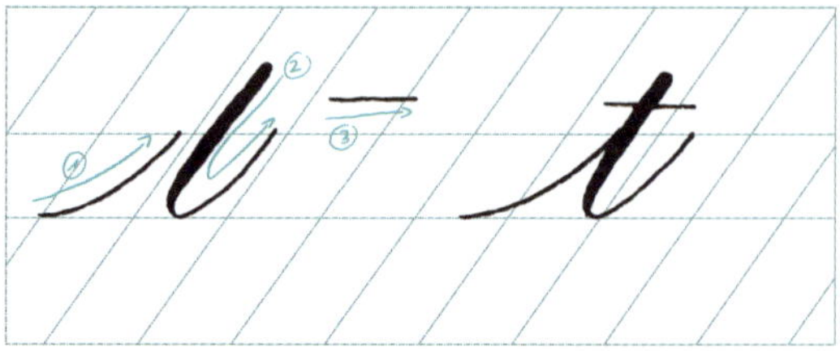

Das kleine d und das kleine t bilden Ausnahmen bei den Kleinbuchstaben: Sie haben zwar Oberlängen, diese sind aber kürzer als bei den anderen Buchstaben mit Schlaufen (h, l, b usw.). Das t beginnt wie das i: mit einem flachen Aufstrich bis zum Beginn der x-Höhe (s. Übung 6, S. 84). Dem folgt ein Abstrich, der Schirmgriff (s. Übung 2, S. 83). Der Querbalken ist ein waagrechter Strich mittig zwischen der x-Höhe und dem Anfang des Abstrichs.

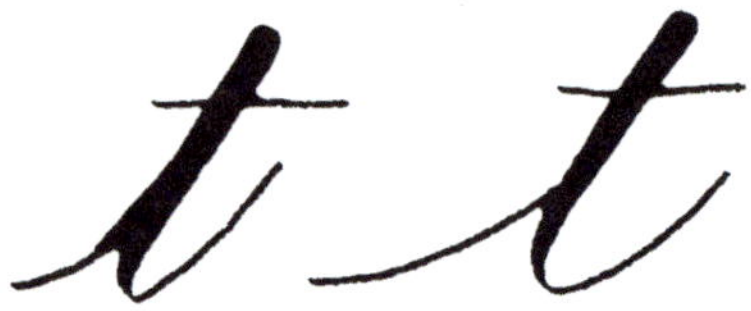

Ein klassischer Fehler beim t (aber auch beim i) ist es, den Aufstrich zu steil anzulegen. Dadurch treffen sich die Striche zu früh, die Tinte verläuft und der Buchstabe sieht nicht mehr schön aus. Achte daher darauf, weit auszuholen, um genug Raum zwischen den Strichen zu haben.

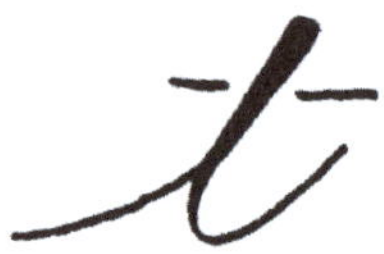

Es kann auch schwierig sein, den Querbalken dünn hinzubekommen, weil vom Abstrich Tinte mitläuft. Hier hilft es, wenn du zuerst den Teil ziehst, der links vom Abstrich verläuft, danach mit der Feder über den nassen Abstrich »springst« und dann rechts die zweite Hälfte zeichnest.

Der Querbalken des t bietet viele Möglichkeiten zur Variation. So kannst du ihn z.B. als längere, sanfte Welle gestalten anstatt als kurzen, geraden Strich. Oder du führst den Strich weiter nach oben und verzierst ihn dann.

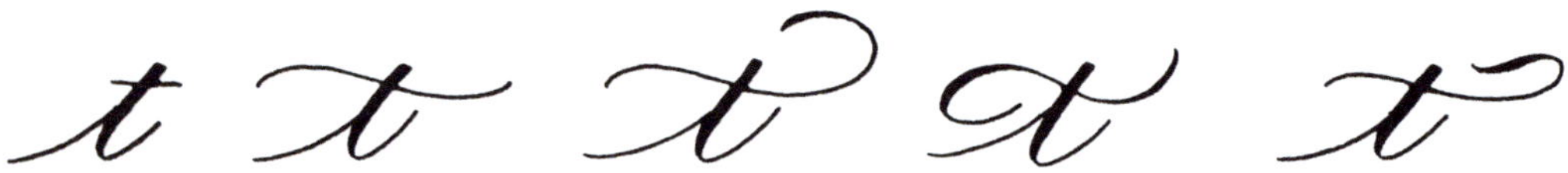

Buchstaben mit Ovalen: Gruppe o a d c e

Diese Buchstabengruppe beinhaltet die Buchstaben, die direkt aus Ovalen bestehen. Im Prinzip basiert unsere ganze Schrift darauf, aber bei diesen vier Buchstaben ist das extrem offensichtlich.

o

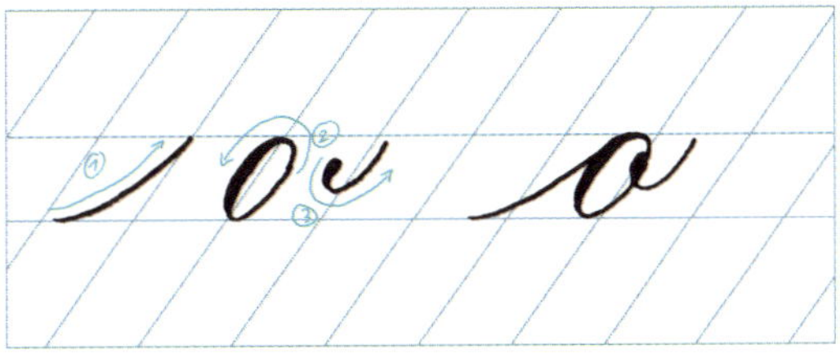

Unser o ist anders als in der deutschen Schreibschrift kein Kreis, sondern vielmehr ein Oval, und das kann ganz schön trickreich sein. Der beste Punkt, um mit dem o-Oval zu beginnen, ist eine Stelle knapp unter der x-Höhe. Stell dir vor, dein Oval ist das Ziffernblatt einer Uhr: Du beginnst den Strich bei 14:30 Uhr und schiebst deine Feder nach oben. Kurz nachdem du die x-Höhe erreicht hast, beginnst du, Druck auf die Feder auszuüben, um einen schattierten Strich nach unten bis zur Grundlinie zu führen. Dann schließt du das Oval mit einem dünnen Aufstrich.

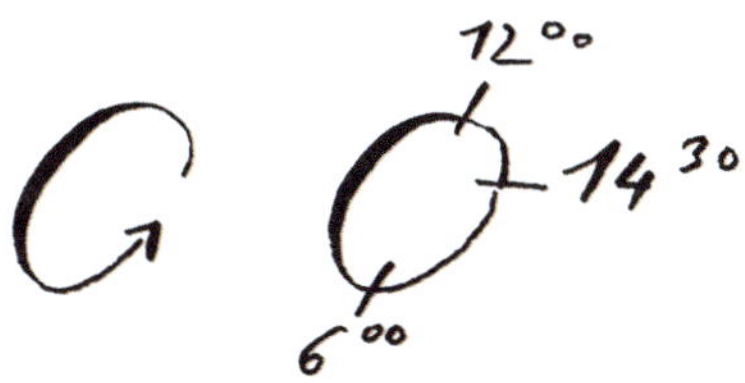

Wir beginnen hier bei 14:30 Uhr und nicht bei 12:00 Uhr, weil so schon sehr früh die Breite des Ovals vorgegeben wird und sich das Auge dadurch beim Strich nach oben bereits am Endpunkt festhalten kann.

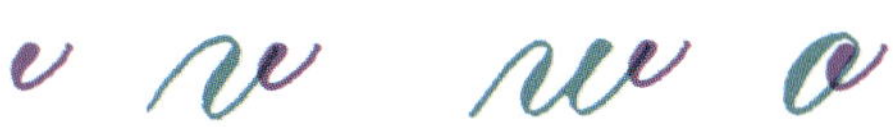

Der zweite Strich des o ist das kleine Häkchen von v und w, nur dass dieses hier innen sitzt.

a

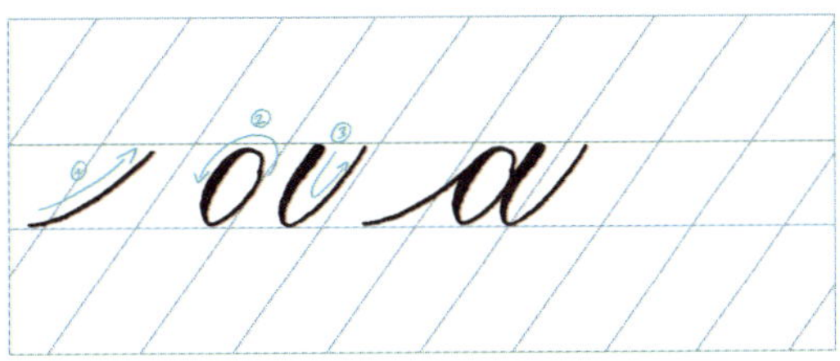

Das a schreibst du zunächst wie das o; zum Schluss kommt noch ein Bogen nach unten dazu. Achte bei diesem darauf, dass er das Oval nicht zu sehr anschneidet und dass er nach oben hin nicht zu kurz wird, sonst verschwindet er im Oval.

d

Beim d ist die erste Form wieder das kleine Oval. Anschließend wird, wie beim a, ein Bogen nach unten gesetzt, allerdings beginnt dieser bei etwa einem Drittel der Oberlänge. Beim kleinen d kann es leicht passieren, dass du das Oval mit dem Bogen nach unten nicht sofort perfekt triffst. Hier gibt es einen sehr guten Trick: Wenn du das Oval geschlossen hast, führst du eine gepunktete Linie nach oben. Beim Abstrich musst du dann nur noch den Punkten folgen! Und da der Abstrich die Punkte verdeckt, ist diese Hilfestellung vollkommen unsichtbar.

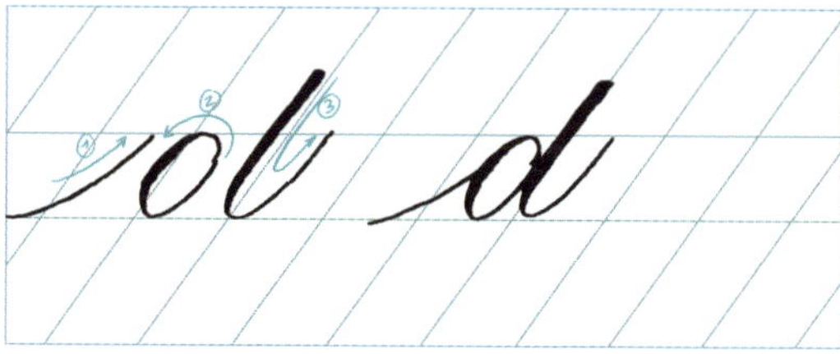

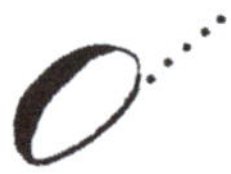

c

Für das c beginnst du, als würdest du ein Oval schreiben, doch anstatt dieses zu schließen, führst du die Feder weiter nach außen und beendest die Linie in einem schönen Schwung. Das ist schwieriger als es aussieht; mir persönlich hilft es immer, wenn ich mir vorstelle, dass ich ein o schreiben möchte und mich erst im letzten Moment umentscheide.

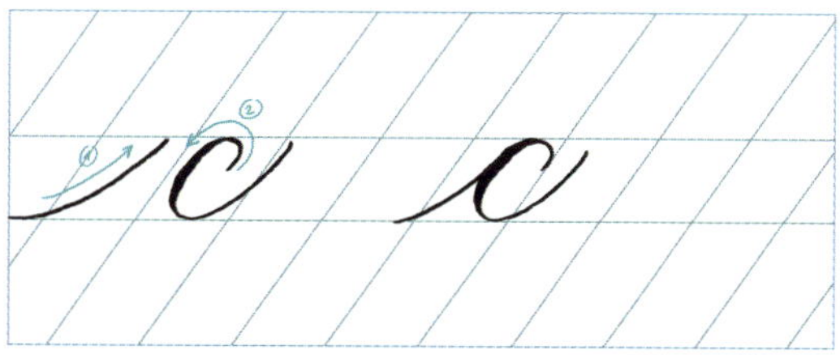

Ein Stolpersteine bei dieser c-Variante kann sein: Der Anfang des Ovals ist zu weit eingedreht.

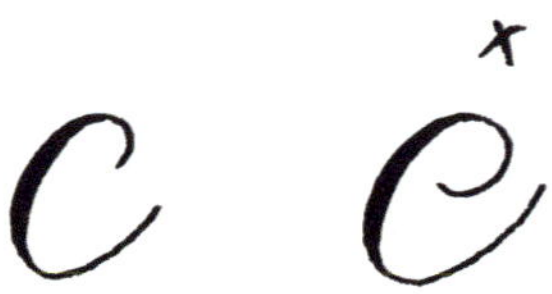

e

Ähnlich wie bei den Oberlängen wird das kleine e in zwei Teilen geschrieben: Zuerst zeichnest du einen kleinen Aufstrich und daran schließt du einen versetzten Bogen an, der wie ein c ausläuft.

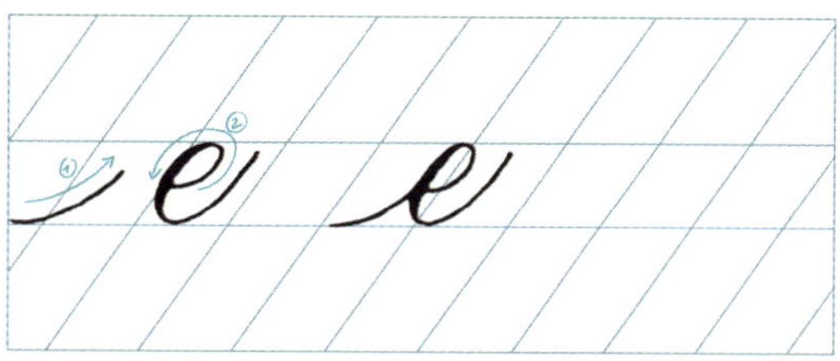

Buchstaben mit Unterlänge: Gruppe j g q y p

Diese Buchstaben haben alle eine Unterlänge: Sie sind so lang, dass sie die unterste Linie unseres Rasters berühren, die p-Linie.

Dabei werden j, g, q und y in ihrer Grundform mit einem eleganten Bogen geschrieben, der die ganze Länge zwischen p-Linie und Grundlinie ausfüllt.

j

Das j beginnt mit demselben Aufstrich wie das i (s. Übung 6, S. 84).

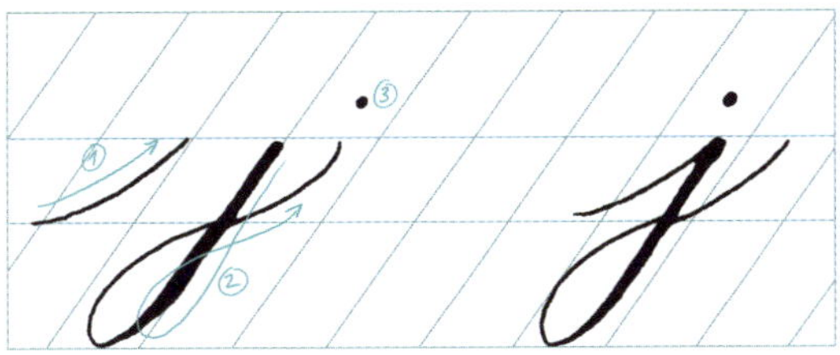

Der zweite Strich ist quasi ein gerader Strich mit Druck (s. Übung 1, S. 83); diesen setzt du bis ganz nach unten fort. Kurz bevor du die p-Linie erreichst, lässt du bereits etwas Druck nach, um dann nach einem eleganten Bogen nach links wieder nach oben zur Grundlinie zu kommen. Du kreuzt den dicken Strich mit dem dünnen Strich des Bogens auf der Grundlinie.

g

Beim g beginnst du wie beim a nach dem Aufstrich mit einem Oval (s. Übung 7, S. 84) und einem anschließenden Abstrich, den du aber, wie beim j, weiter nach unten verlängerst und in einem weiten Aufstrich enden lässt.

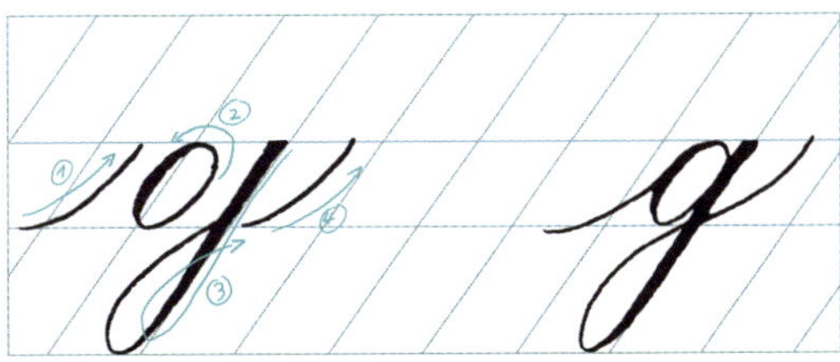

Hinweis

Achte darauf, dass der Bogen bei allen deinen Buchstaben gleich lang und gleich breit ist. Die Bögen sind bei jedem dieser Buchstaben gleich.

q

Das q beginnt gleich wie das g, jedoch führst du den Bogen diesmal nach rechts und kreuzt den Abstrich nicht mit der dünnen Bogenlinie. Stattdessen dockst du diese dort an, wo du normalerweise kreuzen würdest, also an der Grundlinie, und führst sie nach rechts oben weiter.

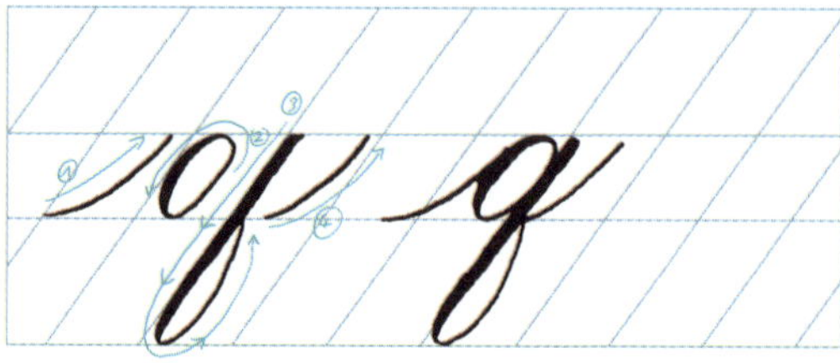

y

Der erste Strich, den du beim y machst, ist eine Welle (s. Übung 5, S. 84). Danach überdeckst du, wie beim u, den dünnen Aufstrich mit einem dicken Abstrich, der wie bei j und g endet.

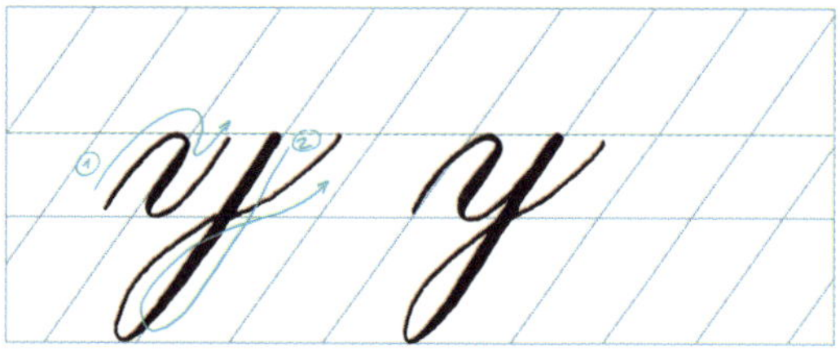

p

Das p ist ein Ausnahmebuchstabe bei den Unterlängen, da seine Verlängerung nur halb so lang ist wie die Bögen der anderen Buchstaben. Übung: Die beste Übung für die Unterlängen ist es, die Buchstaben mehrmals nebeneinanderzuschreiben und miteinander zu verbinden. Decke am Ende den oberen Teil ab und betrachte nur die Bögen: Sind sie alle gleich?

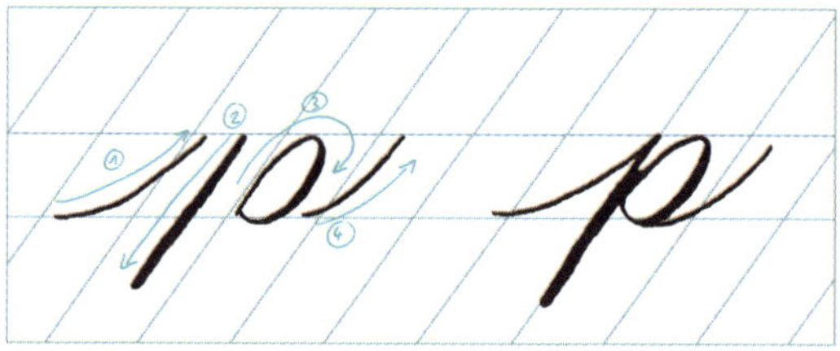

Übung

Die beste Übung für die Unterlängen ist, die Buchstaben mehrmals nebeneinanderzuschreiben und miteinander zu verbinden. Decke am Ende den oberen Teil ab und betrachte nur die Bögen: Sind sie alle gleich?

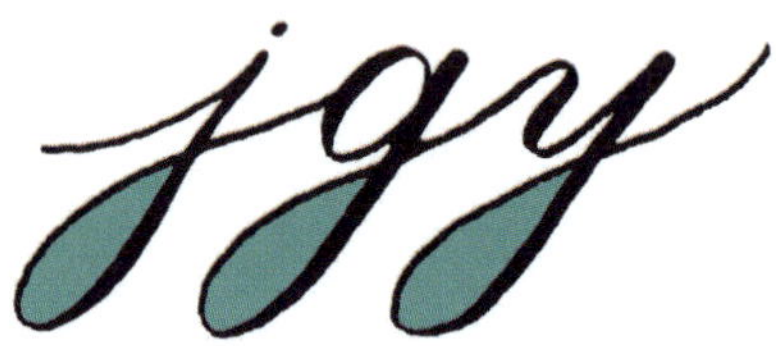

Buchstaben mit Oberlänge: Gruppe l b h k f

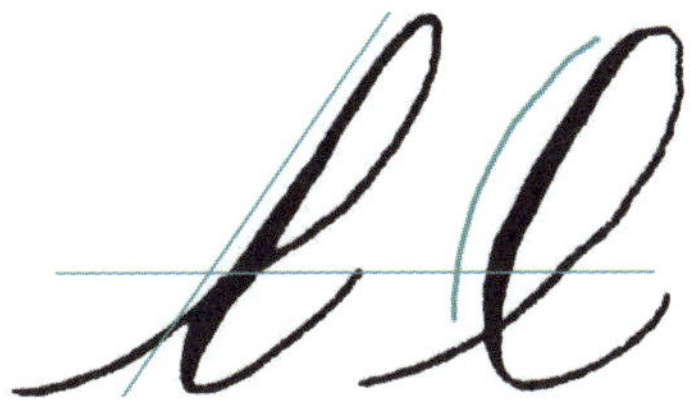

Links: elegantes Copperplate-l.
Rechts: Gerundetes Handschrift-l.

Die Buchstaben, die ich dir hier vorstelle, haben eine Oberlänge, sie reichen also bis zur obersten Linie, der k-Linie. Diese Buchstaben sind besonders elegant und können wunderbar variiert werden. Bei ihnen ist es besonders wichtig, dass du die Feder den Hilfslinien entsprechend ausrichtest: Sie haben einen sehr langen schattierten Strich, der bei einer falschen Ausrichtung schwierig zu schreiben ist.

Der Grund dafür, dass diese Buchstaben so viel eleganter wirken als die regulär geschriebenen, ist, dass die Oberlängen nicht in einem gebogenen Schwung geschrieben werden. Vielmehr besteht der Aufstrich aus zwei Teilen. Am besten lässt sich das anhand des l erklären.

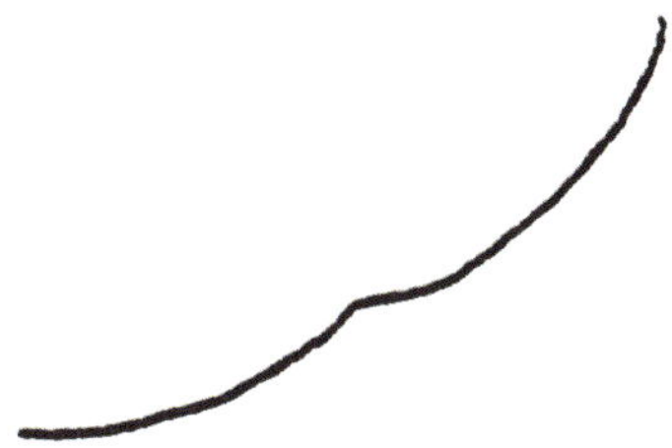

Der zweigeteilte Aufstrich

Für die Buchstaben mit Oberlänge gibt es zwei Punkte im Linienspiegel, die dir sehr helfen können. Fasse eine schräge Hilfslinie auf dem Hilfslinienblatt ins Auge und markiere die Stellen, an denen sie einerseits die x-Höhe und andererseits die Oberlänge kreuzt: Diese Punkte willst du für die Oberlänge mit der Feder treffen.

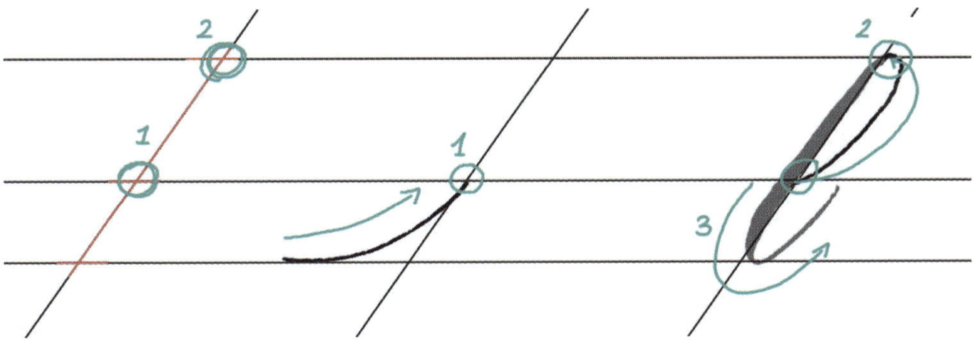

l

Das l wird in zwei Schwüngen geschrieben. Der erste ist ein kurzer Aufstrich wie etwa beim i, der bis zu deiner ersten Markierung reicht. Dort setzt du ab und führst anschließend den zweiten Aufstrich ein wenig nach rechts versetzt weiter in einem Bogen, dessen höchster Punkt die zweite markierte Stelle ist. Diesen Bogen führst du dann, ohne abzusetzen, als Abstrich hinunter – du brauchst dabei nur der schrägen Hilfslinie zu folgen, die praktischerweise genau richtig liegt.

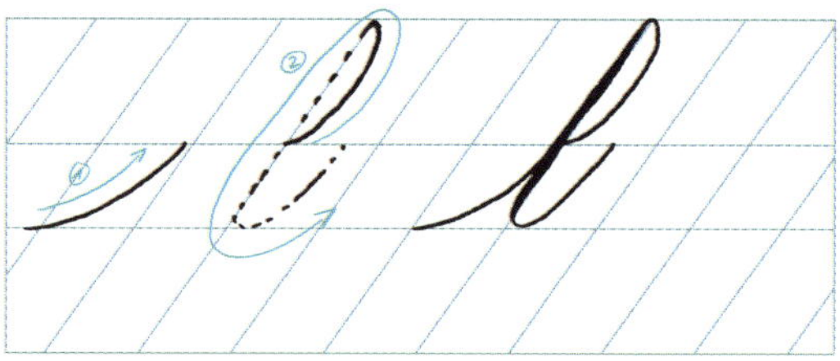

b

Der erste Strich des b ist derselbe wie beim l. Anschließend setzt du auf den Aufstrich noch das kleine Häkchen, das auch bei v und w vorkommt (s. S. 89). Achte wieder darauf, dass es parallel zur schrägen Hilfslinie ist.

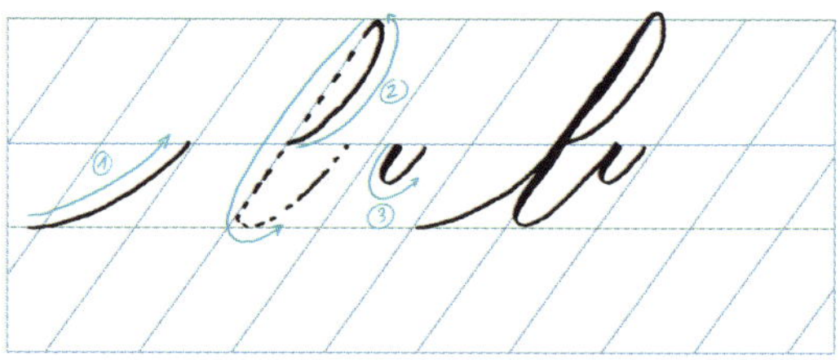

h

Hier beginnst du ebenfalls wie beim l. Allerdings führst du den Strich nicht noch einmal nach oben, sondern hältst an der Grundlinie an. Danach schreibst du wie beim n eine Welle (s. Übung 5, S. 84), die etwas über der Grundlinie beginnt.

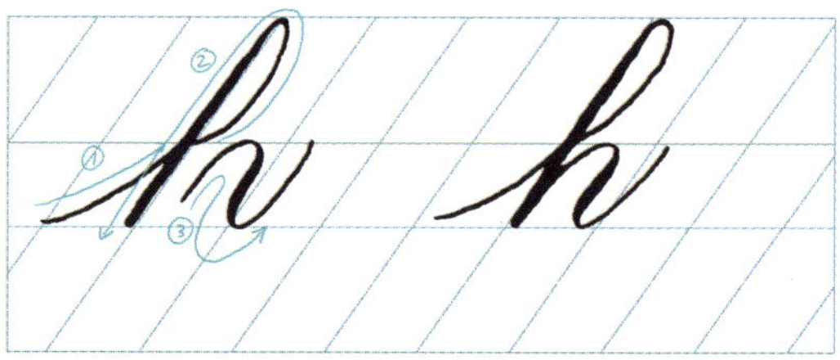

k

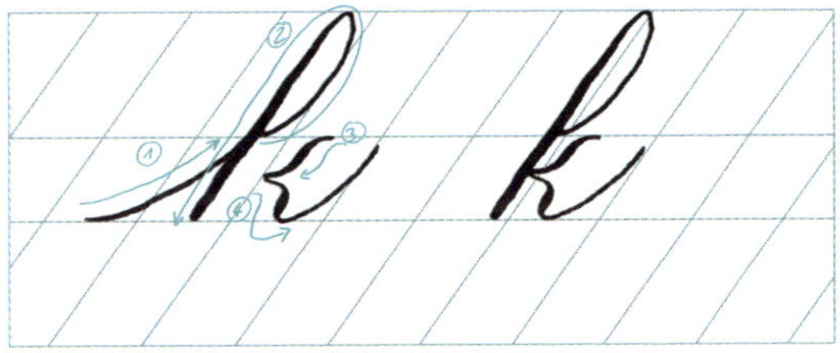

Unser k hat denselben ersten Strich wie das h. Nachdem du diesen auf der Grundlinie beendet hast, startest du an der Mittellinie mit einem schrägen und leicht gebogenen Strich nach links. Dieser ist nur in der Mitte schattiert, du darfst also nicht die ganze Zeit drücken (s. Übung 8, S. 85): Wenn der Strich endet, indem er in der Mitte der x-Höhe den ersten Strich berührt, sollte er schon wieder eine Haarlinie sein. Der letzte Strich dann ist ähnlich, nur flacher – du beginnst ohne Druck wieder in der Mitte der x-Höhe und führst ihn nach rechts unten bis zur Grundlinie. Wieder wird dabei nur in der Mitte des Strichs Druck ausgeübt, um diese dicker zu machen. Das Wichtigste ist, dass du zwischen den beiden kleineren Strichen Platz lässt, sonst wirkt es zu gedrängt.

Fehlerquellen beim k

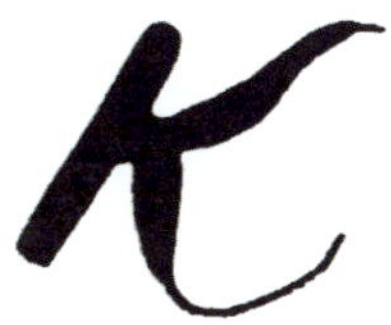

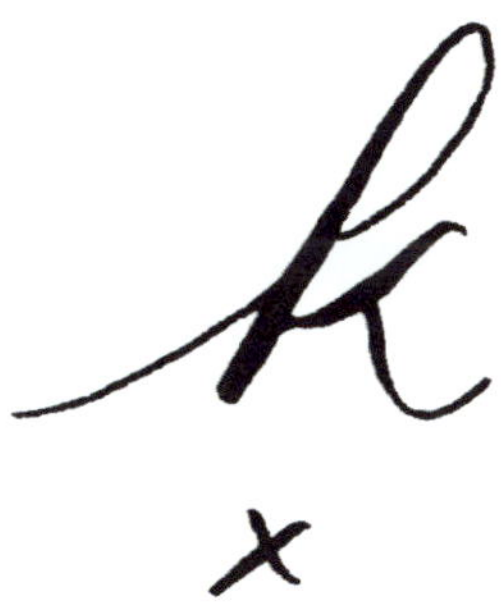

Druck: Es ist nur in einem sehr kleinen Bereich Druck auf die Feder erforderlich: Beim Aufstrich drückst du nicht und der Abstrich soll erst etwa ab der Mitte zunehmen. Wenn du den ersten Bogen so geschrieben hast, ist der obere Bogen nach rechts an der Reihe. Auch dieser beginnt als Haarlinie und wird nur über ein kurzes Stück hinweg dicker. Du merkst es sofort, wenn du zu stark drückst und damit zu viel schattierst, denn dann verschmelzen die beiden Elemente miteinander. Bei zu vielen gekreuzten Strichen fließt die Tinte zusammen, es entstehen große dunkle Flecken und der Buchstabe wirkt nicht mehr elegant.

f

Das kleine f ist ein besonderer Buchstabe, da es sowohl eine Ober- als auch eine Unterlänge hat. Das eröffnet unendlich viele Variationsmöglichkeiten! Das f sieht anfangs schwierig aus; wenn man es aber in seine Elemente zerlegt, erkennt man schnell, wie es funktioniert. Beginne mit einem zweigeteilten Aufstrich. Den anschließenden Abstrich führst du nicht nur bis zur Grundlinie, sondern weiter nach unten, dass er die gesamte Unterlänge ausfüllt. Wie beim q folgt ein Bogen nach rechts, der auf der Grundlinie endet. Zum Schluss fügst du in der Mitte der x-Höhe einen Querstrich hinzu.

Übung: lhkb

Wie bei den Unterlängen sollten auch bei den Oberlängen alle Bögen gleich sein. Schreibe die genannten Buchstaben mehrmals nebeneinander und decke dann die x-Höhe ab, um die Regelmäßigkeit zu überprüfen.

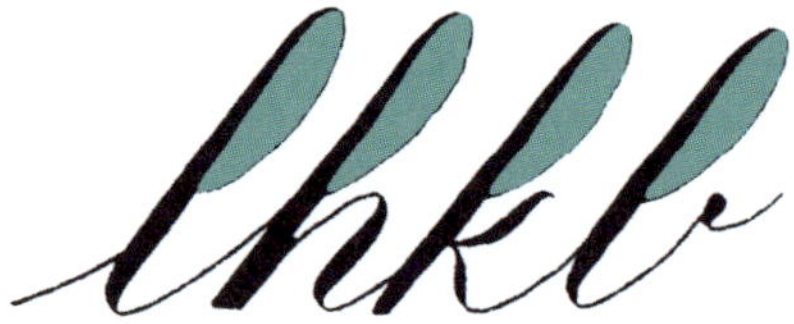

Übung: ljkghy

Schreibe jeweils einen Buchstaben mit Ober- und Unterlänge nebeneinander. Überprüfe dann: Sind die Bögen oben und unten gleich breit?

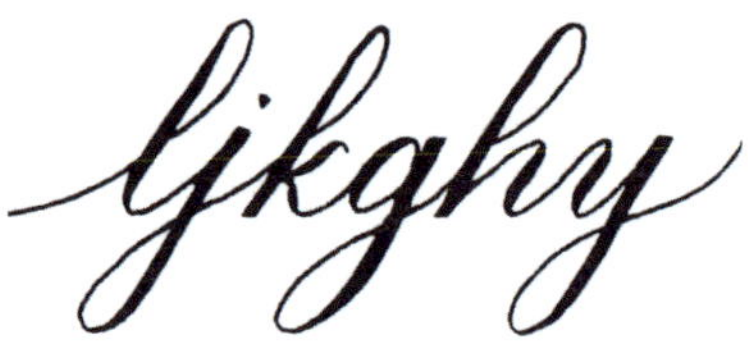

Übung: hy

Schreibe h und y nebeneinander und drehe das Blatt um 180°: Steht hier immer noch hy oder sehen die Bögen plötzlich seltsam aus? In letzterem Fall solltest du sie einfach noch weiter üben.

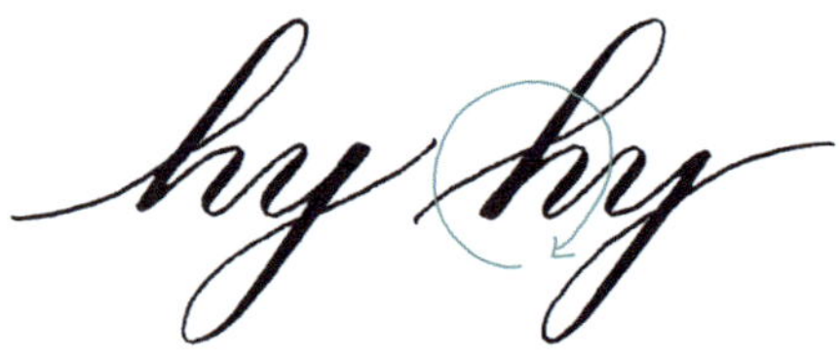

Gruppe s r x z

Die letzte Kleinbuchstabengruppe besteht aus jenen Buchstaben, die nicht viel mit den anderen Buchstaben gemeinsam haben. Daher werden sie gesondert behandelt. Sie sind auch die schwierigsten der Kleinbuchstaben, aber mit ein paar Kniffen wirst du auch sie gut meistern.

s

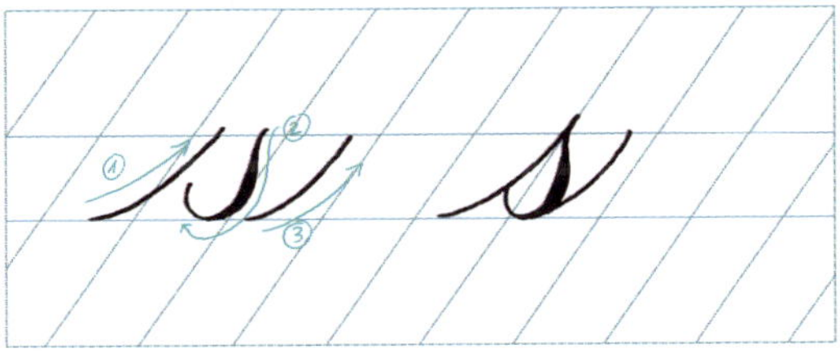

Das s beginnt mit einem Aufstrich, der die x-Höhe ausfüllt. Anders als bei den meisten Buchstaben hört dieser Strich aber erst ein wenig oberhalb der x-Linie auf. Dort setzt du ab und knapp unter diesem Punkt wieder an, um den Abstrich, der in einer sanften Wellenform verlaufen soll, zu schreiben. Dabei baust du langsam Druck auf; wenn du die Grundlinie erreichst, sollte der Druck aber schon wieder nachgelassen haben. Schließe das s dann schwungvoll nach links. Der Abstrich erfordert etwas Übung. Ein häufiger Fehler ist etwa zu viel Biegung: Die Wellenform muss sehr sanft sein. Verzweifle nicht, wenn es nicht sofort klappt. Was dir helfen kann, ist die Vorstellung von einem Wassertropfen: Dieser rundet sich ebenso leicht, wie wir es hier brauchen.

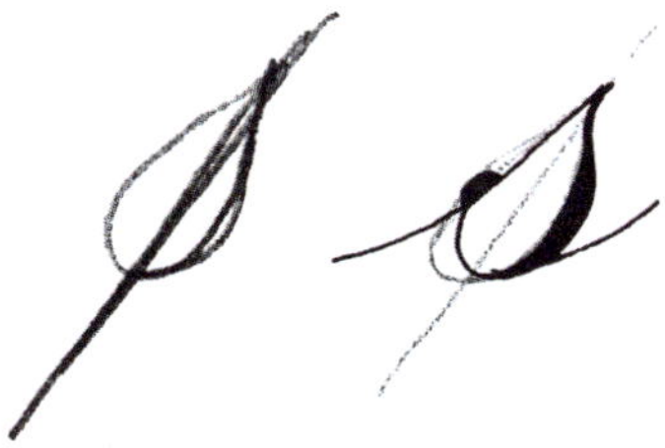

r

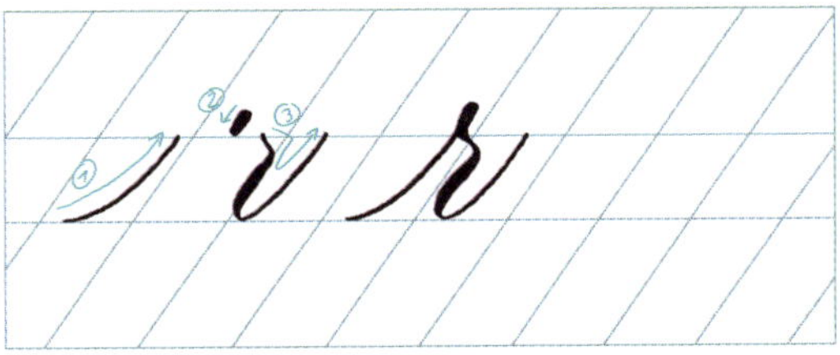

Wie beim s beginnst du mit einem Aufstrich, der über die x-Höhe hinausgeht, und ebenfalls wie beim s soll der Abstrich in einem sehr sanften Schwung verlaufen; die Form ist allerdings eine etwas andere. Im Gegensatz zum s wird beim Abstrich außerdem gleich Druck aufgebaut, um den Teil des Buchstabens, der in die Oberlänge hineinragt, zu schattieren. Sobald du mit dem Abstrich wieder in der x-Höhe bist, reduzierst du den Druck und führst den Strich ein wenig nach rechts und nach unten. Von dort geht es wieder schattiert (also mit Druck!) bis zur Grundlinie und von dort fein weiter nach rechts oben. Das Wichtigste ist, dass du den Abstrich nicht wieder nach oben schiebst: Er soll in einer kontinuierlichen Abwärtsbewegung gezogen werden. Zwei andere häufige Fehlerquellen siehst du rechts.

x

Beim x darfst du auf eine exakt parallele Wellenlinie, die ich so oft angemahnt habe, verzichten: Der erste Strich des x ist nämlich eine Zickzacklinie. Der Grund dafür ist, dass wir Platz für den Aufstrich brauchen, der den zweiten Teil des Buchstabens bildet, und dieser Platz wäre zwischen parallelen Linien nicht vorhanden. Nach der Zickzacklinie beginnst du mit dem Aufstrich auf der Grundlinie und führst deine Feder nach rechts. In der Mitte der x-Höhe berührst du ganz leicht den Abstrich in der Zickzacklinie, hebst die Feder über diesen vermutlich noch nassen Bereich und setzt auf der anderen Seite wieder an; so vermeidest du ein Verwischen der Tinte. Dann beschreibst du einen sanften Bogen nach links.

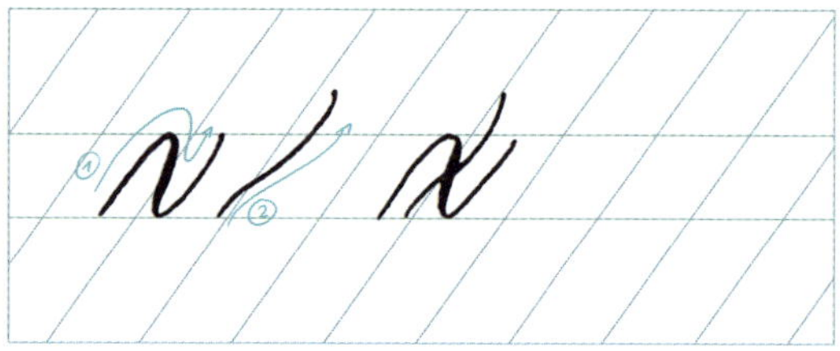

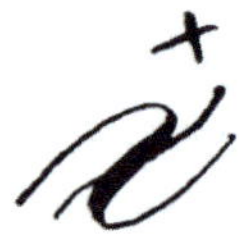

z

Das kleine z ist relativ einfach, es ist nur ein gewisses Maß an Subtilität gefragt: Alle Striche des z biegen sich sehr sanft. Zuerst legst du auf der x-Linie eine horizontale, leicht gewellte Linie nach rechts an, die du dann schräg nach unten links führst. Wenn du damit die Grundlinie erreicht hast, wiederholst du den ersten Strich.

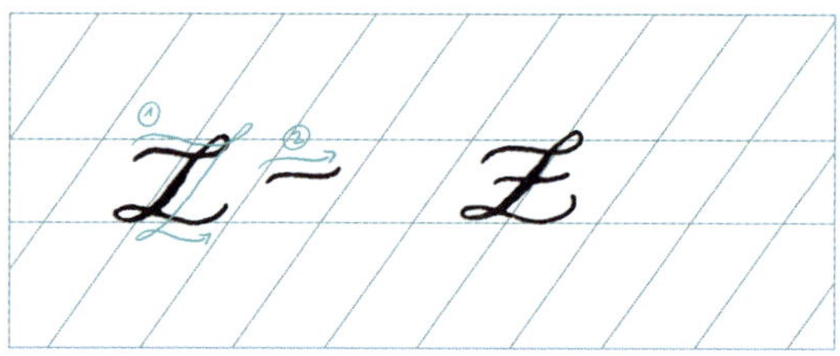

Kleinbuchstaben verbinden

Die wichtigste Regel beim Verbinden von Buchstaben ist:

Der letzte Strich eines Buchstabens wird zum ersten Strich des nächsten Buchstaben. Das heißt, du solltest wissen, was du schreiben willst und welcher Buchstabe auf den folgt, den du gerade schreibst.

Ich zeige dir, was ich meine:

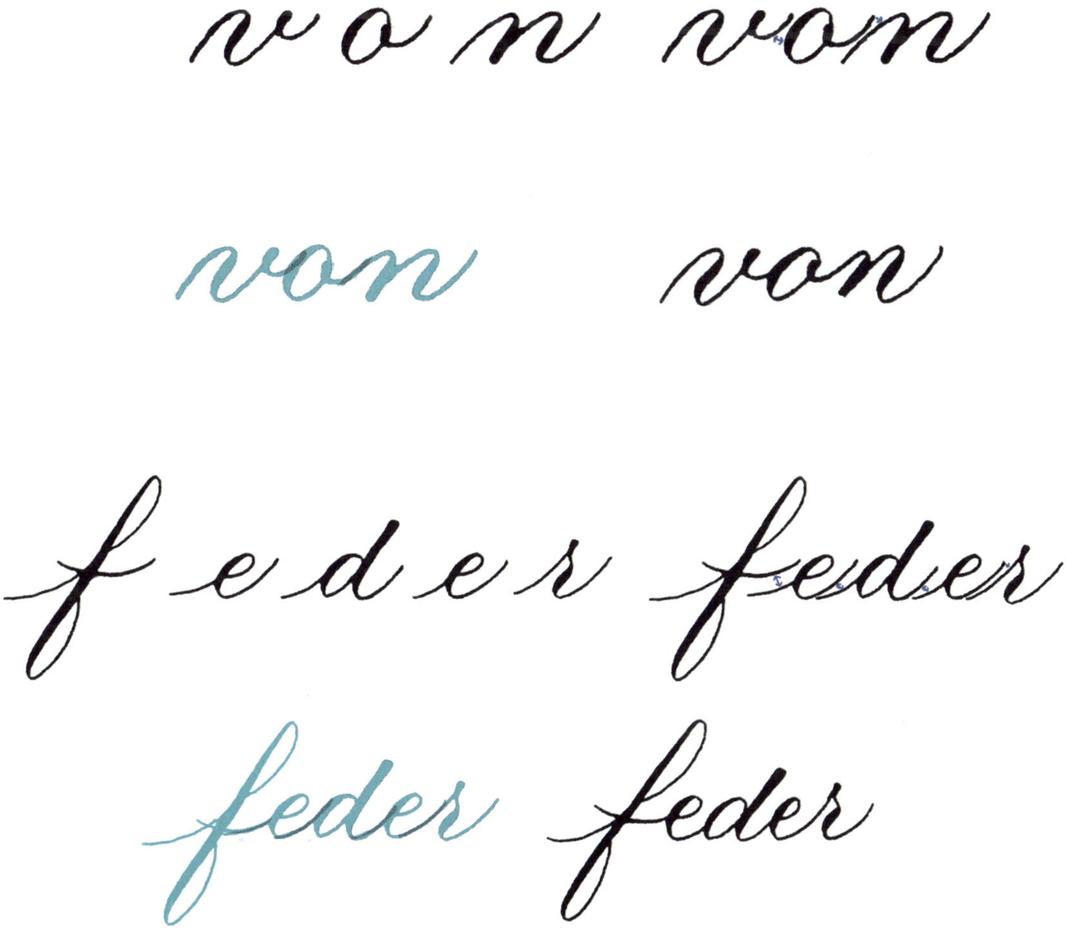

Um die Verbindungen zu trainieren, empfehle ich dir im Folgenden ein paar Übungen.

Übung: afbfcfdfgf

Verbinde einen Buchstaben mit jedem anderen Buchstaben des Alphabets. Dazu schreibst du abwechselnd den Buchstaben, den du gerade übst, und alle anderen Buchstaben – und das alles zusammenhängend. Wenn du z.B. das f üben möchtest, schreibst du folgende Buchstabenkette: afbfcfdf …

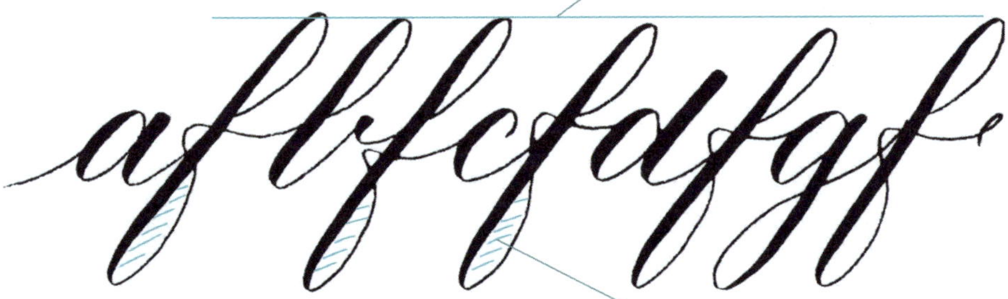

Wenn du das b üben möchtest, schreibst du: abbbcbdbeb …

Dann kannst du dein Schriftbild analysieren. Ist die Schrift gleichmäßig? An den Bildern kannst du sehen, wie so eine Analyse aussehen kann.

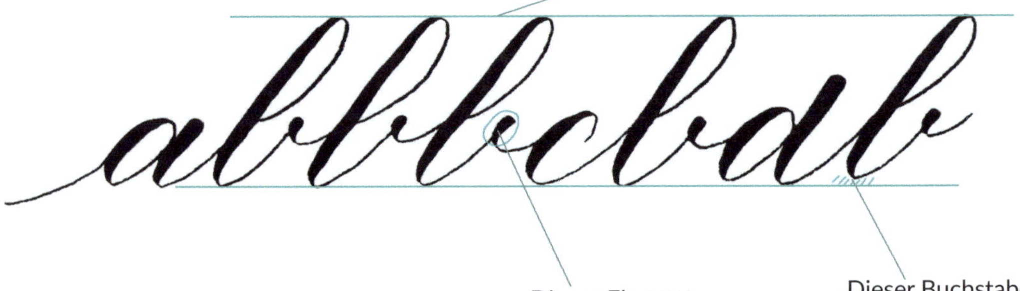

Schwierigere Verbindungen

Manche Buchstaben sind schwieriger miteinander zu verbinden als andere. Ich habe dir ein paar von ihnen hier vorgeschrieben.

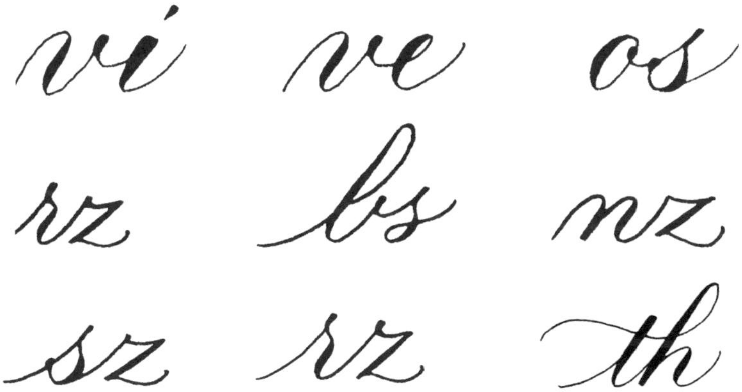

Pangramme

Pangramme sind Sätze, in denen jeder Buchstabe des Alphabets vorkommt. Meistens sind sie ein bisschen dämlich und ergeben nicht besonders viel Sinn, dafür macht es aber Spaß, sie zu schreiben. Hier findest du ein paar Beispiele. Nutze sie zum Üben, natürlich später dann auch für die Großbuchstaben.

Vogel Quax zwickt Johnys Pferd Bim. (29 Buchstaben)

Sylvia wagt quick den Jux bei Pforzheim. (33 Buchstaben)

Prall vom Whisky flog Quax den Jet zu Bruch. (35 Buchstaben)

Sigfrid boxt mittwochs Jacques‘ Zyklopen. (35 Buchstaben)

»Oh, welch Zynismus!«, quiekte Xavers jadegrüne Bratpfanne. (47 Buchstaben)

Jeder wackere Bayer vertilgt bequem zwo Pfund Kalbshaxn. (49 Buchstaben)

Franz jagd im komplett verwahrlosten Taxi quer durch Bayern. (51 Buchstaben)

Stanleys Expeditionszug quer durch Afrika wird von jedermann bewundert. (62 Buchstaben)

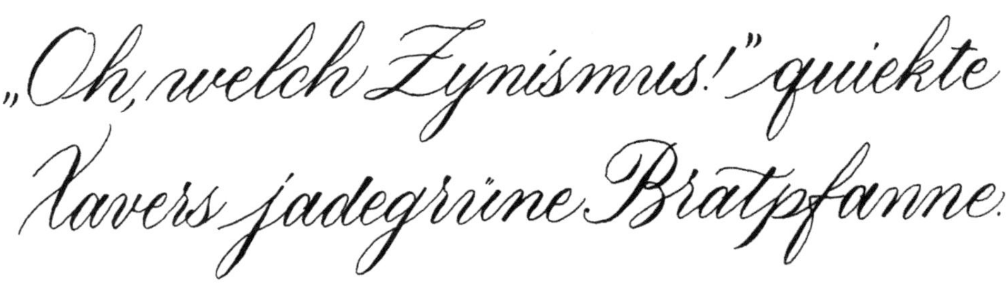

FAQ Kleinbuchstaben

- **Warum schließen meine Buchstaben unten nicht gerade ab, sondern enden in einer seltsamen Spitze?**

  Die Spitze entsteht, wenn du bei einem Abschluss die Feder schon vom Papier abhebst, bevor der Strich zu Ende ist. Behalte den Druck bis zum Ende deines Strichs bei und hebe erst dann die Feder ab. Die richtige Abfolge ist: Feder aufs Papier aufsetzen – drücken – schreiben – stoppen – Druck nachlassen – Feder abheben.

- **Wieso sind meine Aufstriche wackelig?**

  Mach dir deswegen keine Sorgen: Die glatten Aufstriche kommen mit etwas Übung ganz von selbst. Deine Hand muss sich einfach erst an das neue Werkzeug gewöhnen.

- **Wieso verlaufen Aufstrich und Abstrich ineinander?**

  Wenn das passiert, versuche, den Winkel des Aufstrichs zur Grundlinie etwas flacher zu machen und verlängere deinen Aufstrich ein wenig. So ist mehr Luft zwischen Auf- und Abstrich und wenn die Striche nicht zu nah aneinander verlaufen, fließen sie auch nicht zusammen.

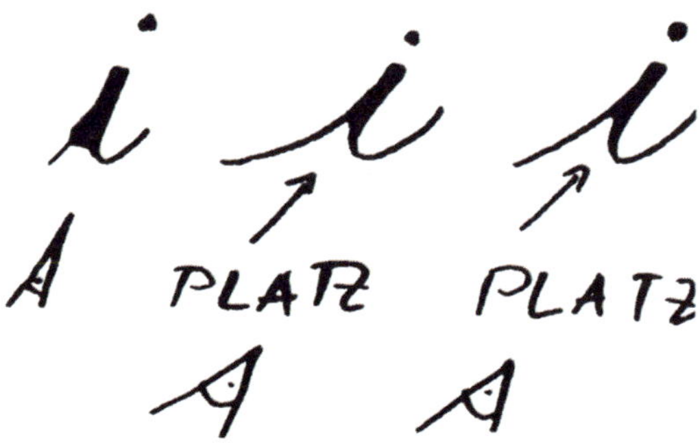

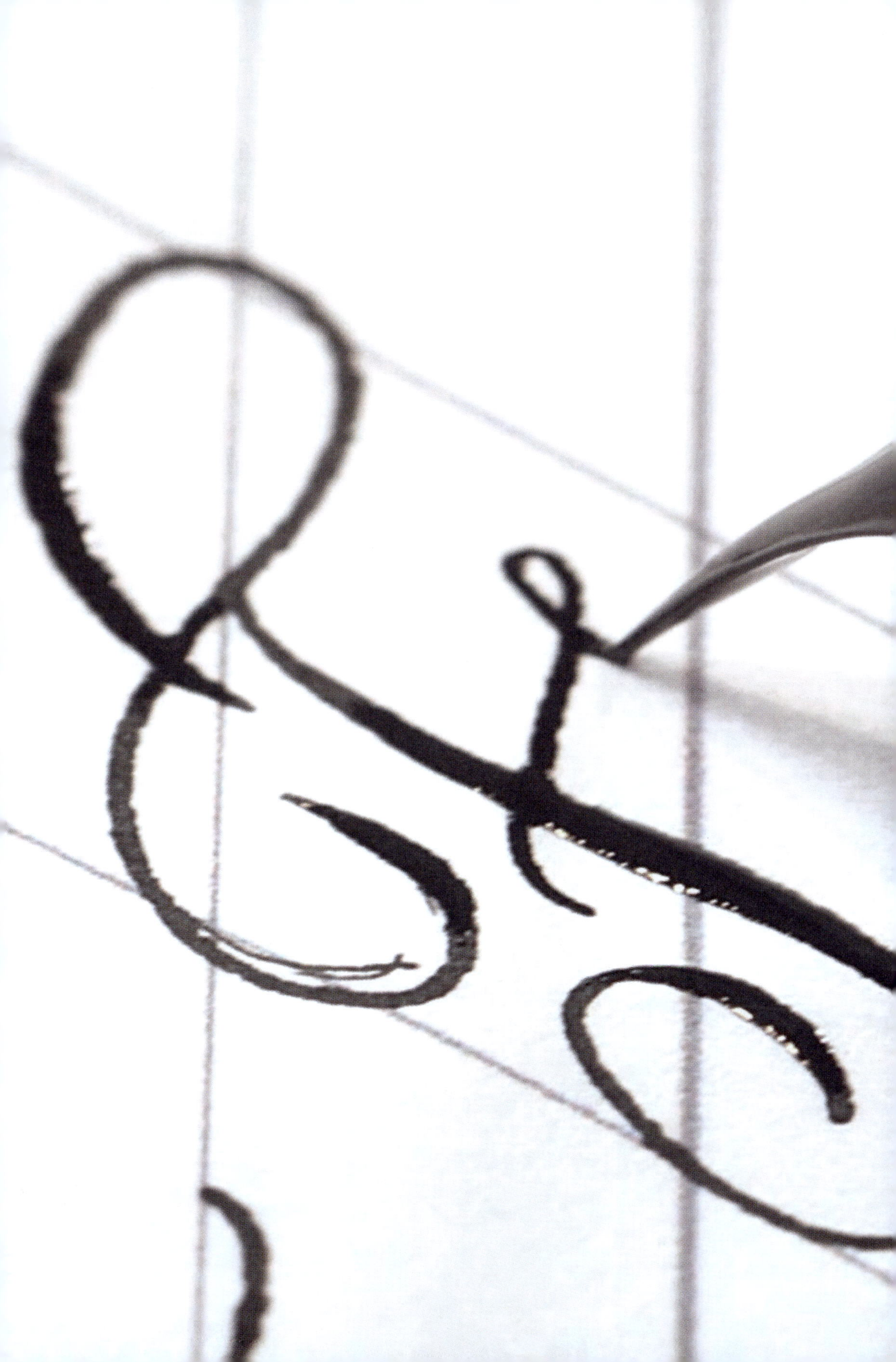

3.10 Großbuchstaben

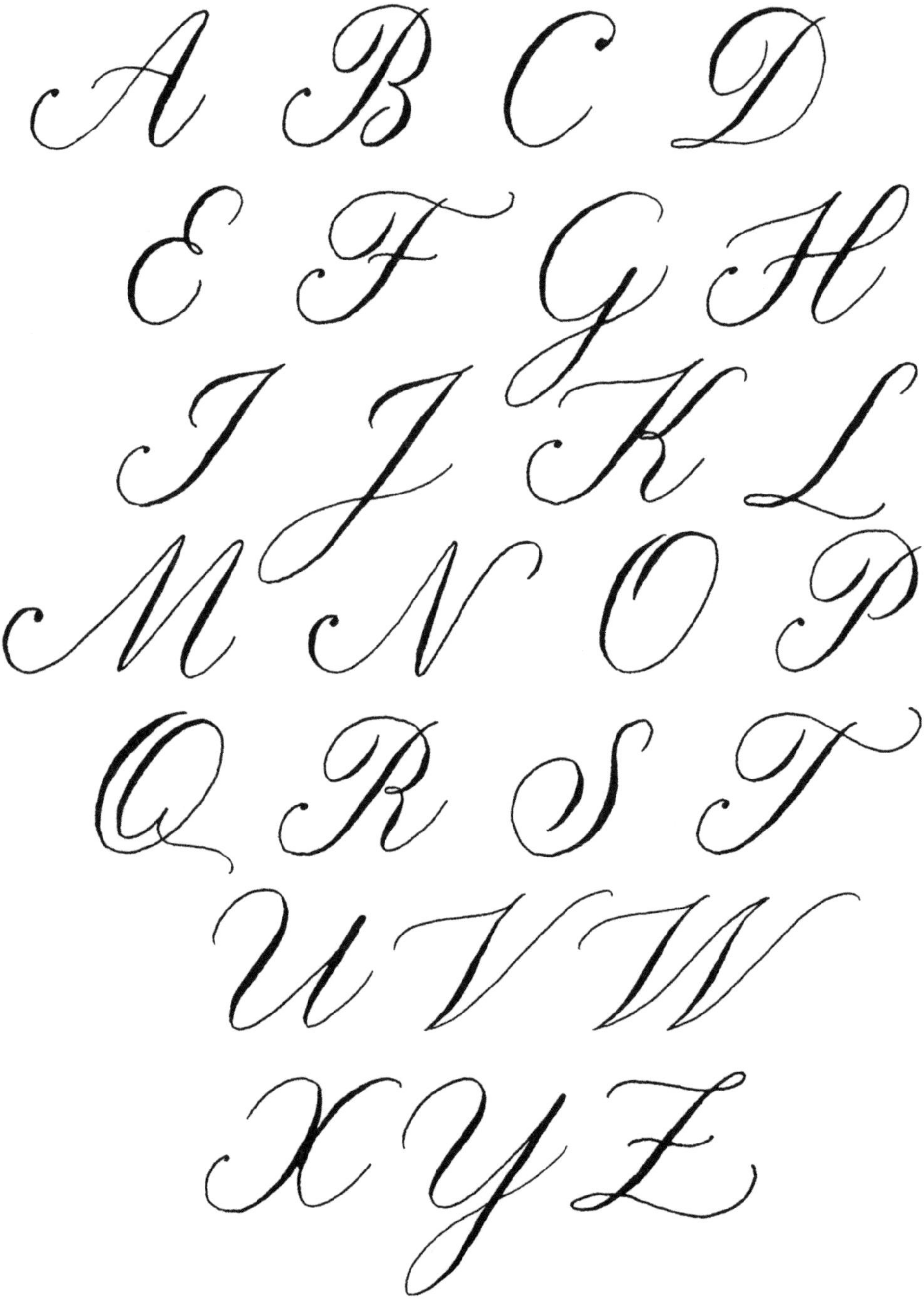

Wie die Kleinbuchstaben bestehen auch die Großbuchstaben, auch Majuskeln genannt, zum Großteil aus Elementen, die sich wiederholen. Das wichtigste Element ist dabei der Stamm: Er ist die Grundlage vieler Großbuchstaben und eines jener Elemente, durch deren Veränderung ein Buchstabe gänzlich anders aussehen kann. Der Stamm ist eine vertikale Linie. Sie fängt dünn an, biegt sich sanft nach rechts und nimmt zu ihrer Mitte hin immer mehr zu; die dickste Stelle ist genau in der Mitte. Dann nimmt der Druck wieder ab und die Linie endet in einer sanften Biegung nach links als Haarlinie. Diese Linie nennt man auch »Line of Universal Beauty«. Der Begriff existiert bereits seit dem 18. Jahrhundert und wer sich damit genauer beschäftigen möchte, sollte sich das Werk anschauen, aus dem er entsprang: »The Analysis of Beauty« (1753) von William Hogarth. Für unsere Zwecke reicht es erst einmal zu wissen, dass diese Linie, außer an den Enden, vollkommen gerade ist. Die Dynamik und der Anschein der Biegung entstehen einzig durch die Verdickung in der Mitte. Sie biegt sich nicht wie etwa bei einem S. Wenn du den Stamm zu sehr biegst, kannst du damit keine Buchstaben mehr formen. Übe den Stamm erst einmal separat, bevor du dich an die Großbuchstaben machst. Wenn du seine Grundform beherrschst, kannst du mit Variationen beginnen. Diese kannst du dann bei jedem Buchstaben anwenden, der dieses Element beinhaltet.

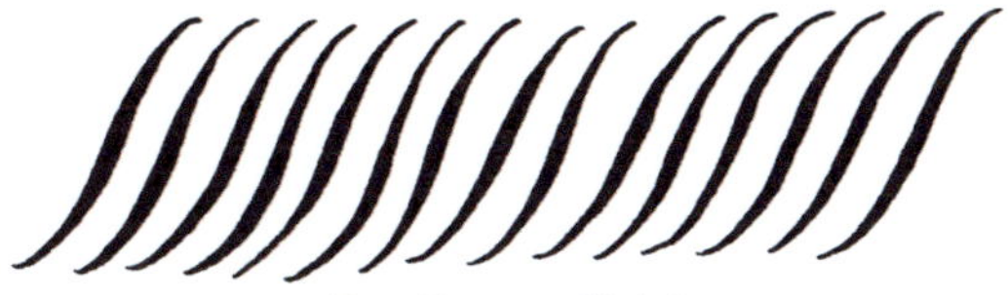

Der Stamm-Strich

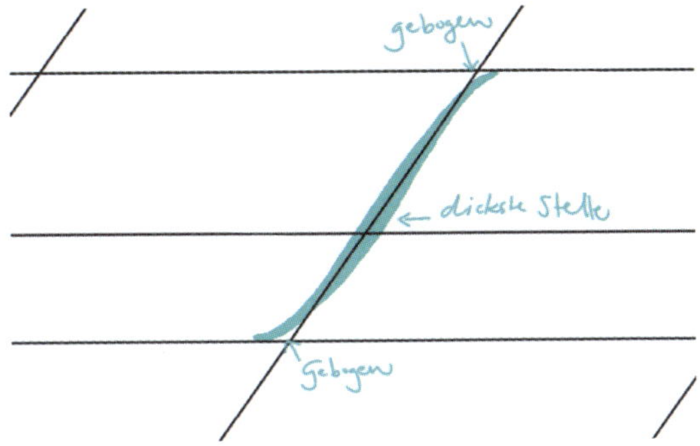

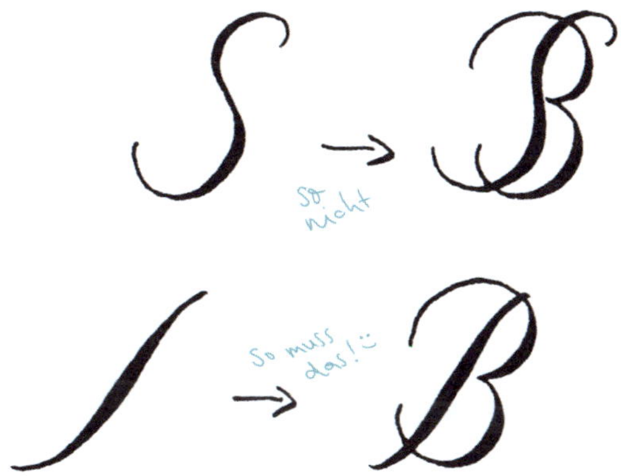

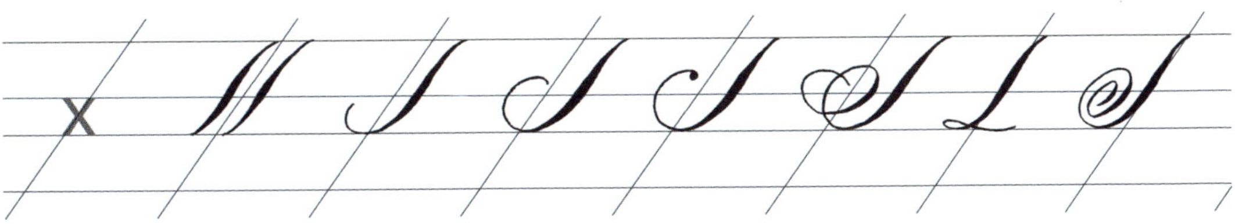

Stamm-Variationen

Gruppe mit Stamm-Strich: T F P R B

Allen Buchstaben dieser Gruppe liegt die »Line of Universal Beauty« zugrunde, also der Stamm. Du kannst jederzeit Stamm-Variationen (s. vorherige Seite) anwenden, um den Buchstaben ein anderes Erscheinungsbild zu geben.

T

Zuerst führst du den Stamm nach unten und an der Grundlinie wieder nach oben. Du kannst ihn in einem Punkt enden lassen oder eine beliebige Variation anwenden. Danach setzt du den Querbalken so, dass er leicht über dem Stamm schwebt, als »Dach«. Alternativ kannst du ihn auch direkt daraufsetzen. Versuche zunächst, bei deinem Querbalken ganz ohne Druck zu arbeiten: Beginne links, über dem Punkt am Stammende und ziehe eine Haarlinie.

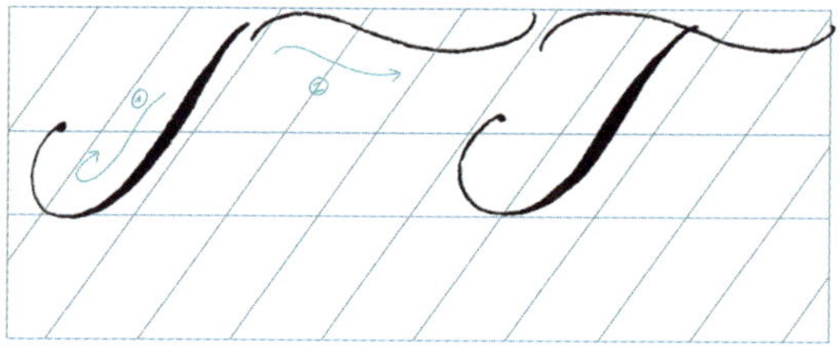

F

Diese Version des F funktioniert zunächst wie das T. Nachdem du ein solches geschrieben hast, setzt du knapp über der Mittellinie ohne Druck einen zweiten Querbalken, der weniger breit ist als der erste.

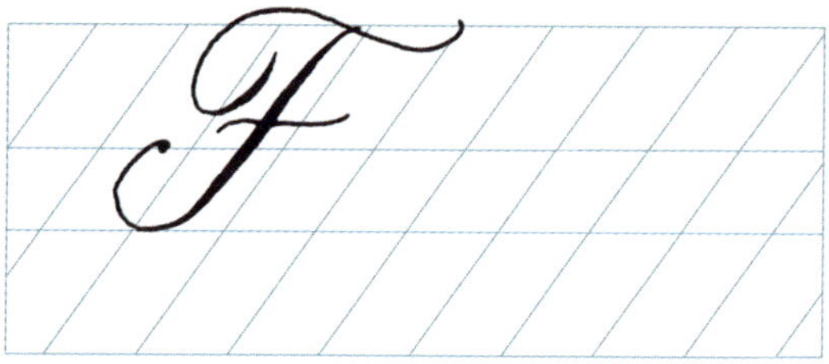

P

Nach dem Stamm (den du wieder beliebig variieren kannst) setzt du ab und beginnst links davon, knapp unter der k-Linie, mit einem Aufstrich, als würdest du ein Oval zeichnen. Diesen führst du über die Spitze und mit Druck auf der anderen Seite des Stamms nach unten, wo du ihn noch vor der Mittellinie enden lässt.

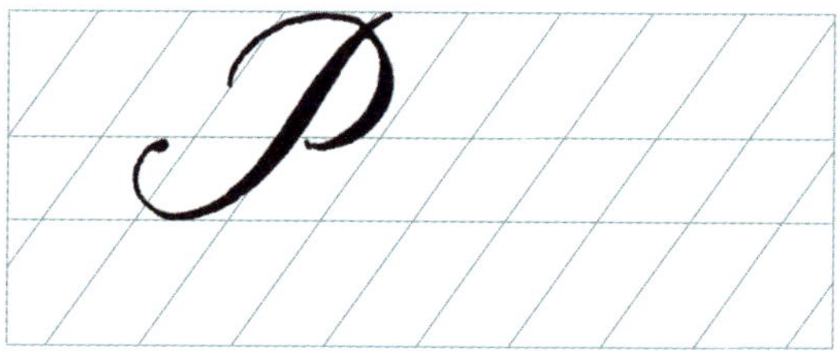

R

Schreibe ein P. Füge anschließend, ohne abzusetzen, eine nach rechts führende Linie hinzu, die ihre dickste Stelle in der Mitte hat. Biege sie nicht zu sehr und führe deine Feder dabei auch nicht noch einmal nach oben.

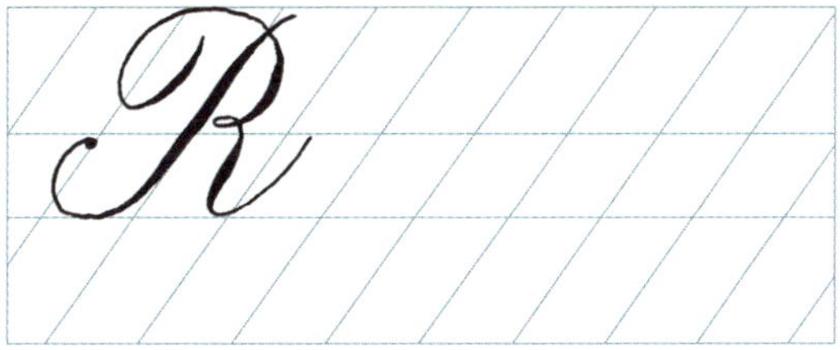

B

Beginne wie bei P und R mit Stamm und Oval. Anstatt jedoch daraufhin wie beim R eine Linie nach unten zu ziehen, setzt du am Endpunkt des oberen Ovals an und wiederholst diese Form. Schließe das Oval nicht, sondern lass es offen oder führe einen Bogen heraus. Aufgepasst! Das Gewicht liegt auf dem unteren Oval, da dieses ein bisschen größer ist.

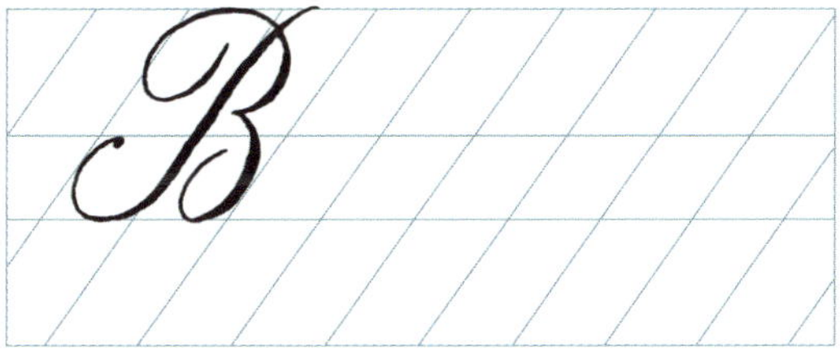

Gruppe U Y V W

U

Das halboffene Oval beginnt knapp über der Mittellinie und berührt die k-Linie; von dort wandert sein Strich als dicker Abstrich nach unten. Der Abstrich endet nicht an der Grundlinie, er wird dort nur dünner, bevor er in einem Schwung wieder nach oben bis knapp über die Mittellinie geführt wird. Wie beim kleinen u überdeckt der finale Abstrich den dünnen Strich.

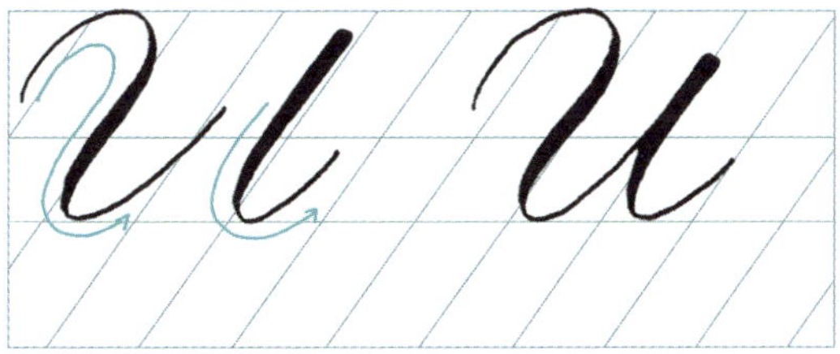

Y

Das Y wird geformt wie das U, nur dass du den Abstrich dann als Unterlänge fortsetzt. Es ist im Prinzip eine Kombination aus großem U und kleinem j, nur ohne j-Punkt!

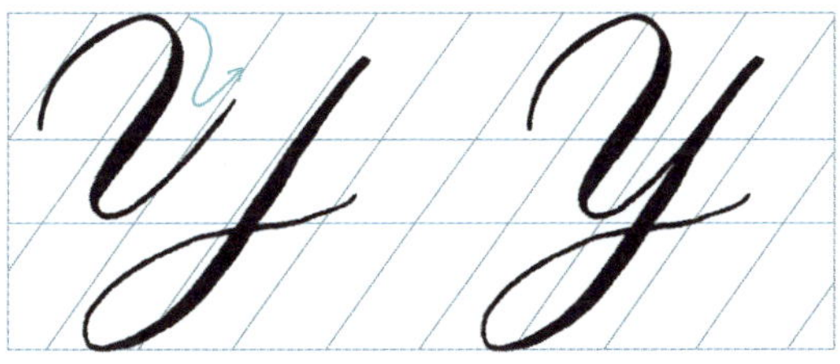

V

Der erste Schwung des V ist ein Bogen, der als horizontaler Strich endet. Nach diesem ist wieder unser Stamm dran, der parallel zur schrägen Hilfslinie verläuft und am Ende eine ganz leichte Kurve nach links beschreibt. Diese kleine Aussparung lässt dir genug Platz für den Aufstrich, der mit einem Schwung nach rechts endet.

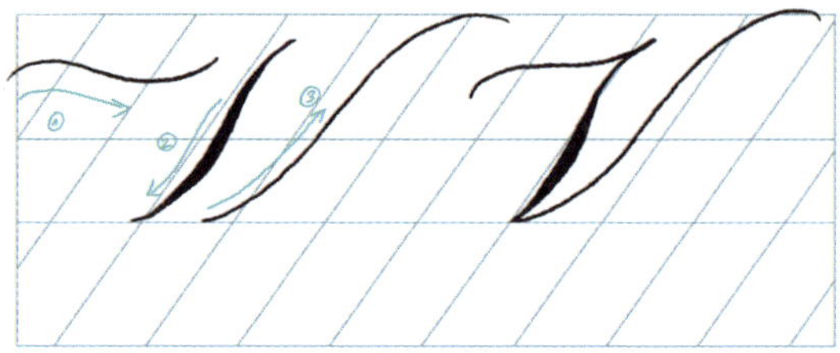

W

Beginne wie beim V: horizontaler Bogen – Stamm – Aufstrich; doch statt den Aufstrich nach rechts auslaufen zu lassen, beendest du ihn an der k-Linie. Von der Form her ist er ein kaum gebogener Strich, wie der Stamm. Anschließend wiederholst du den Abstrich, parallel zur schrägen Hilfslinie und somit auch zum ersten Abstrich. Am Ende läuft der Strich nach rechts oben aus, leicht über der k-Linie.

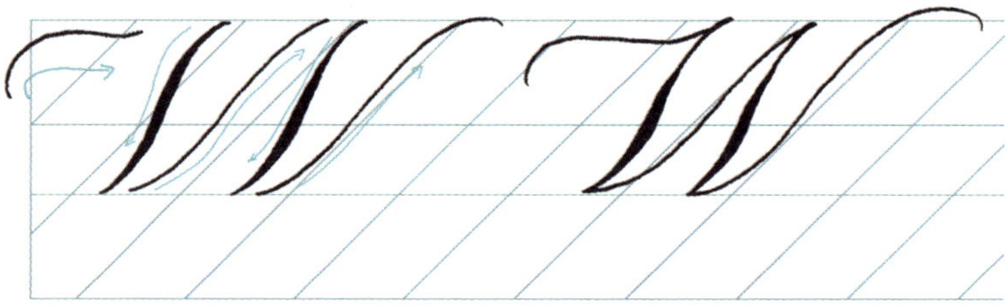

Hier siehst du die Position der Striche im Verhältnis zur schrägen Hilfslinie.

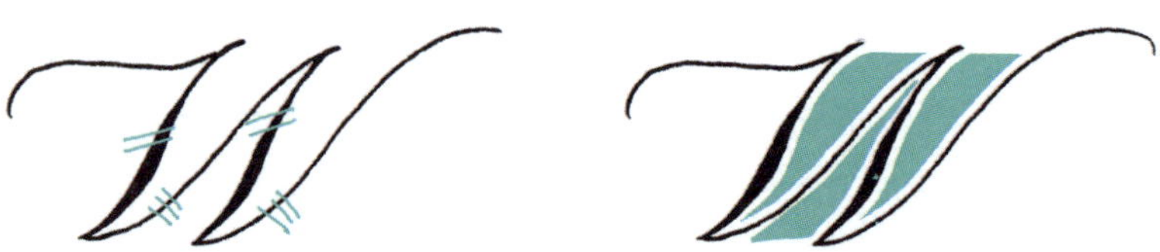

Rechts: Die beiden Abstriche sind parallel zueinander; ebenso wie die beiden Abstriche.

Links: Die Zwischenräume sind gleich groß.

Gruppe O Q C G

Viele Buchstaben haben als Basis das Oval, aber bei O, Q, C und G ist es sehr offensichtlich. Damit sind sie eine wunderbare Übung für Ovale. Die Buchstaben haben, mit Ausnahme des G, keine geraden Linien, die du an der schrägen Hilfslinie ausrichten kannst. Trotzdem liegen sie auf derselben Achse. Um das zu erreichen, kannst du dir vorstellen, dass die schräge Hilfslinie die Ovale zerteilt.

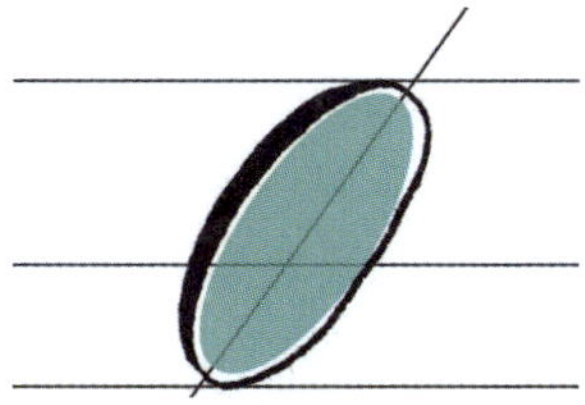

Das Oval wird von der schrägen Hilfslinie zerteilt.

O

Das O ist ein großes Oval. Beginne damit wieder an jener Position, an der der Stundenzeiger auf einem Ziffernblatt etwa auf 14:30 Uhr stehen würde. Anstatt es zu schließen, führe den Abstrich in das Oval hinein.

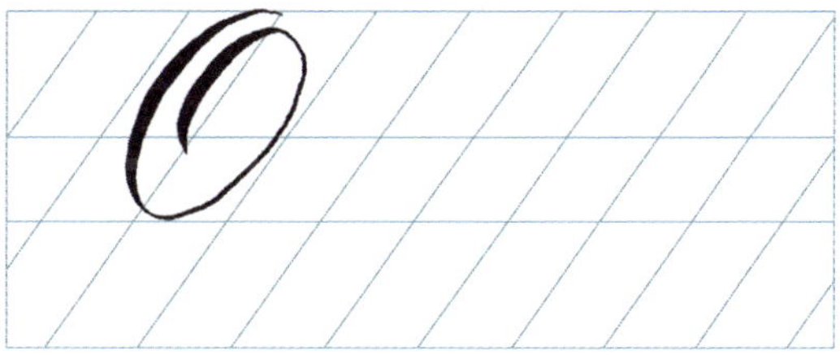

Q

Beginne beim Q gleich wie beim O. Nachdem du dein Oval geschlossen hast, fügst du einen geschwungenen Querstrich hinzu, der bei etwa einem Drittel der Breite des Ovals beginnt, sich unter die Grundlinie bewegt und auf oder knapp über ihr endet.

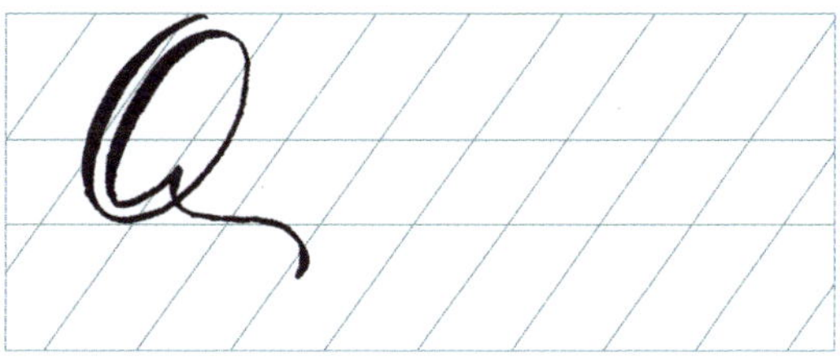

C

Das C beginnt an derselben Stelle wie die beiden vorherigen Buchstaben. Statt das Oval zu schließen, beendest du es unterhalb der Mittellinie mit einem ausladenden dünnen Strich nach rechts.

G

Beginne das Oval, wie du es kennst, aber stoppe den Aufstrich an der Mittellinie. Führe dann den Abstrich über die Unterlänge und beende den Buchstaben, als wäre er ein j – nur ohne Punkt natürlich.

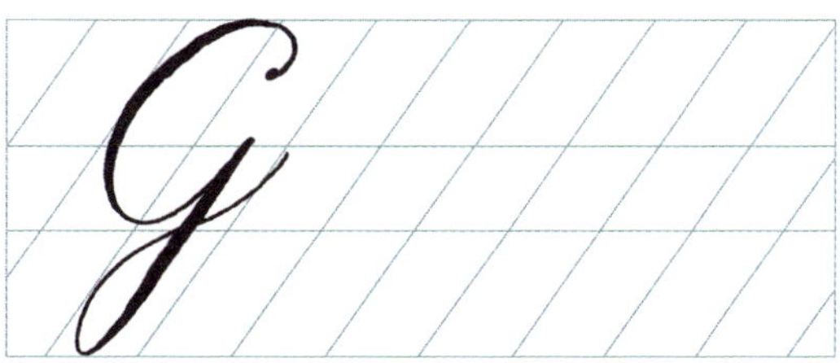

Gruppe S E

Diese beiden Buchstaben erfordern viel Balance. Sie haben keine geraden Striche, die sich an den schrägen Hilfslinien orientieren können, daher ist besonderes Fingerspitzengefühl gefragt. Dafür sind sie aber auch wunderschön. Beide Buchstaben bestehen aus zwei Ovalen, die an der schrägen Hilfslinie ausgerichtet sind. Zeichne dir für die ersten paar Übungsbuchstaben die beiden Ovale wie auf der Vorlage mit Bleistift vor. So kannst du ihrem Schwung mit der Feder folgen.

S

Das S beginnt wie ein übliches Oval knapp unter der k-Linie. Statt jedoch ein ganzes Oval zu schreiben, führst du den Abstrich nach rechts, sodass das zweite Oval, das in die Gegenrichtung verläuft, beinahe auf derselben Achse beginnt wie das erste. Anschließend führst du den Strich nach oben. Du kannst mit dem Strichende spielen, indem du es wiederholst oder verschnörkelst.

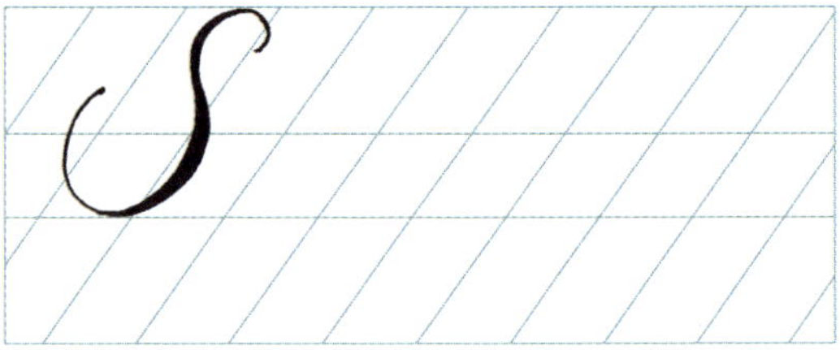

E

Beginne wie beim S. Nachdem du das erste Oval angedeutet hast, führe den Strich wieder zurück nach links und forme noch ein Oval. Dieses wird nicht geschlossen, sondern endet knapp unter der Mittellinie.

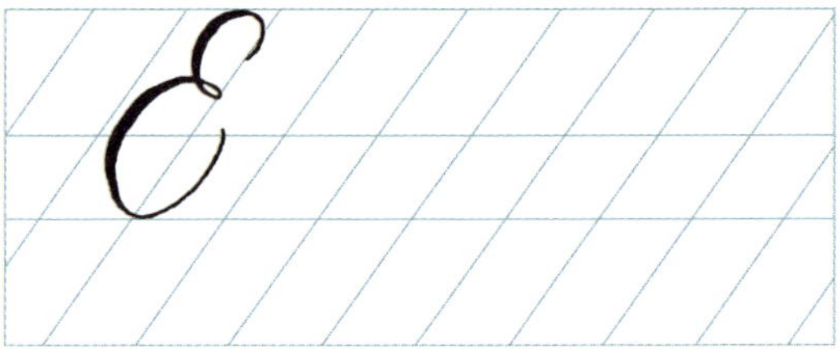

Fehlerquellen bei S und E: Achte bei beiden Buchstaben darauf, dass das obere Oval kleiner ist als das untere. Sonst bekommt der Buchstabe ein Übergewicht und sieht aus, als würde er umkippen. Stell dir diese Buchstaben vor wie einen Schneemann: Die größte Kugel muss unten sitzen und Kontakt zum Boden haben, sonst fällt er um.

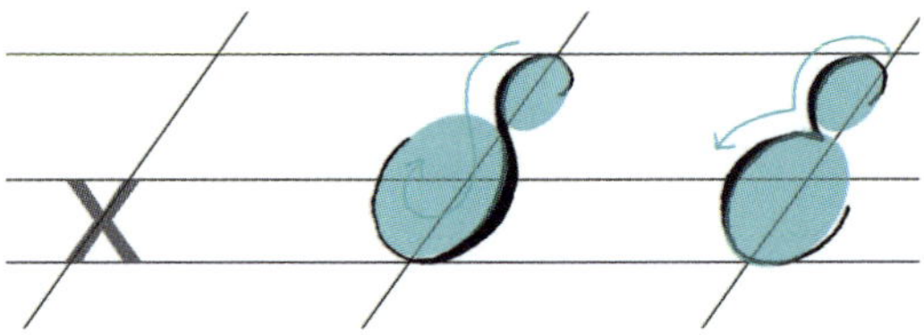

Das untere Oval ist größer als das obere. Die Ovale sind an der schrägen Hilfslinie ausgerichtet.

Gruppe I J K H Z

In dieser Gruppe beginnen alle Buchstaben mit demselben leicht gekurvten horizontalen Strich. Übe ihn erst einmal separat, um ein Gefühl dafür zu bekommen.

I

Auf den ersten Strich, einen horizontalen Anfangsstrich, folgt der Abstrich entlang der schrägen Hilfslinie, also ein Stamm. Wie bereits bei P und F kannst du ihn so weit hinaufführen, dass er erst an der Mittellinie endet.

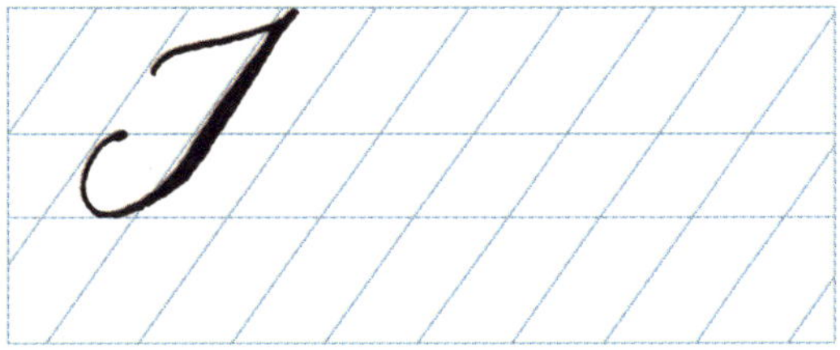

J

Beginne mit derselben Strichabfolge wie beim I, aber lass den schrägen Abstrich bis über die Unterlänge gleiten. Beim Aufstrich kannst du den Abstrich auf der Grundlinie oder etwas darüber kreuzen – oder du bringst die bekannten Unterlängen-Variationen ins Spiel.

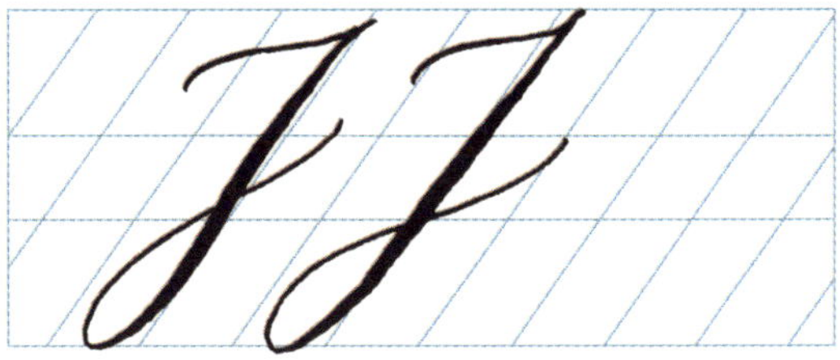

Achte darauf, dass der zweite Strich dünn beginnt, sonst verrinnen die beiden Striche miteinander.

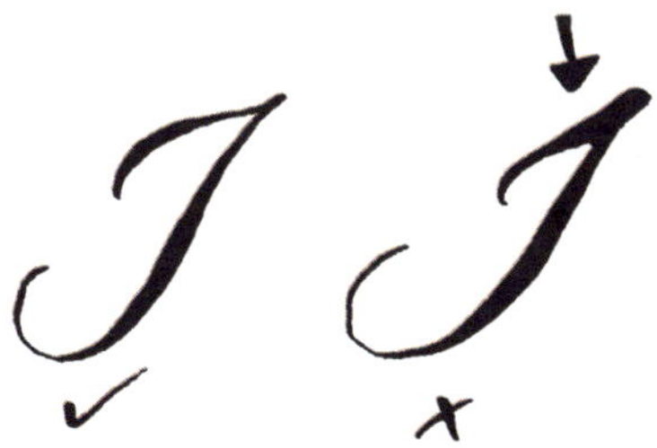

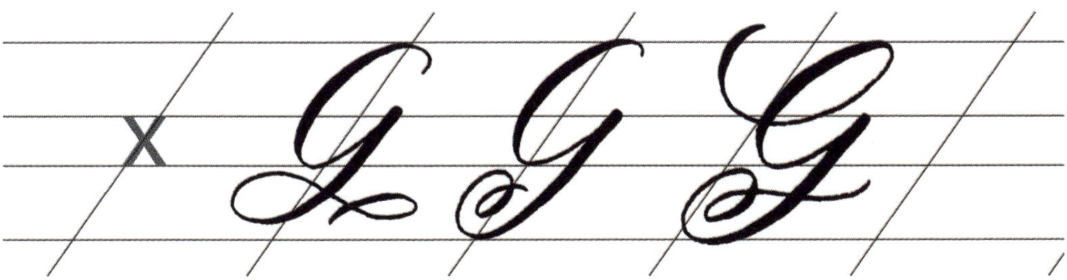

Unterlängen-Varianten

K

Fange wie bei I und J mit dem horizontalen Schwung an und lass den Stamm folgen. Dann setze bei der k-Linie an und schreibe einen schrägen Abstrich, dessen dickste Stelle in der Mitte ist. Das Ende des Strichs ist wieder dünn, damit zwischen den beiden Schenkeln des K genug Platz bleibt. Der letzte Abstrich beginnt ebenfalls als Haarlinie und nimmt erst später zu. Er endet ein wenig weiter rechts als der obere Schenkel.

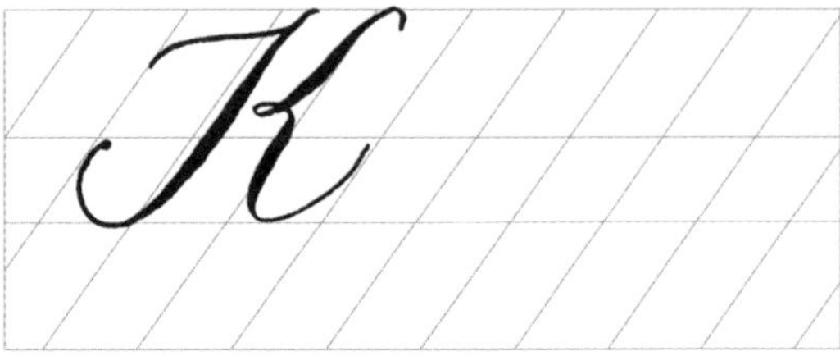

H

Schreibe ein I und setze dann die Feder für den zweiten Strich in der Mitte des gerade geschriebenen Stamms an, etwa auf Höhe der Mittellinie. In einer sanften Biegung schiebst du die Feder nach oben, um dann den Abstrich entlang der schrägen Hilfslinie zu setzen.

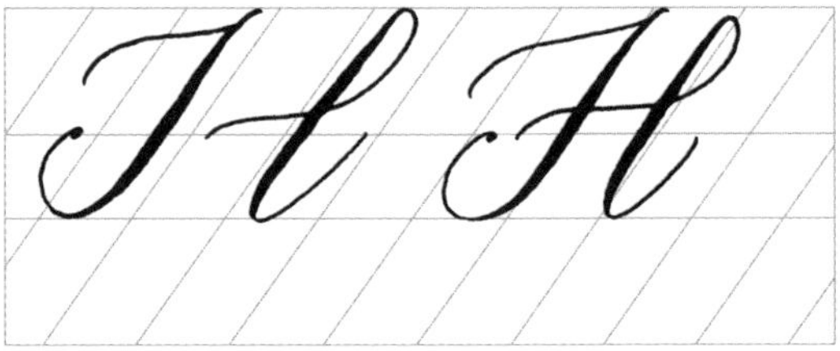

Z

Beginne wie bei den anderen Buchstaben dieser Gruppe. Auf den ersten Strich folgt ein Abstrich nach links, dessen dickste Stelle in der Mitte ist. Ende mit diesem Abstrich auf gleicher Achse mit deinem Startpunkt und schreibe dann einen ausladenden Bogen nach rechts. Achte darauf, dass der Buchstabe ausgeglichen aussieht und die horizontalen Striche ziemlich gleich lang sind. Zum Schluss setzt du den Querstrich knapp über die Mittellinie.

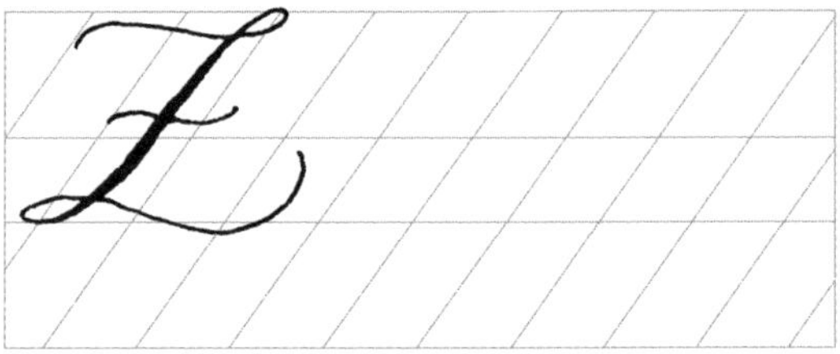

Gruppe L D X

L

Schreibe das L in einer Bewegung. Beginne knapp unter der k-Linie mit einem Aufstrich, der dann von der k-Linie aus in den Stamm übergeht. Auf der Grundlinie bildet dieser ein kleines, flaches Oval; lass es nicht zu groß oder zu hoch werden! Der Buchstabe läuft elegant aus; du kannst auf der Grundlinie enden oder darunter. Der Unterschied liegt darin, wie du anschließend Buchstaben anknüpfst: entweder direkt an den letzten Strich oder darübergesetzt. Ich bevorzuge die zweite Methode. Du findest dafür Beispiele auf Seite 120.

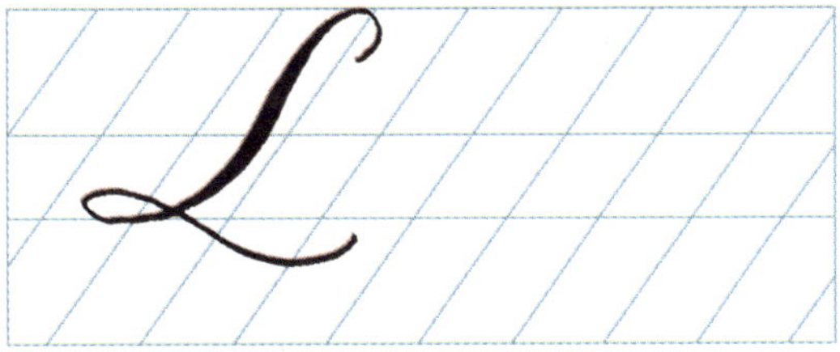

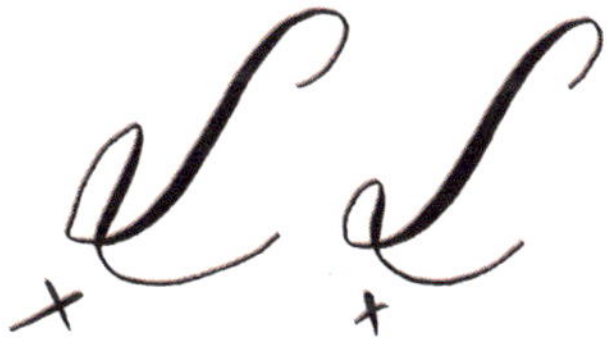

Das kleine Oval soll flach bleiben.

D

Das D wird in einem Zug geschrieben. Beginne mit dem Stamm und gehe von dort aus in ein flaches Oval über, das auf der Grundlinie liegt. Das Oval auf der Grundlinie ist sehr schmal und liegt horizontal. Führe denselben Strich wieder aufwärts – die Form folgt einem Oval. Dieses Oval setzt sich fort bis knapp über die k-Linie und endet als Abstrich an der Mittellinie. Fehlerquellen beim D vermeiden: Beim D gibt es ein paar Dinge zu beachten, denn dieser sehr elegante Buchstabe gerät leicht aus dem Gleichgewicht. Denke darum immer an die zugrunde liegende Ovalform – wenn deine Form eher einem Dreieck ähnelt (s. unten), zeichne die Ovalform ruhig mit einem Bleistift vor und versuche es noch einmal.

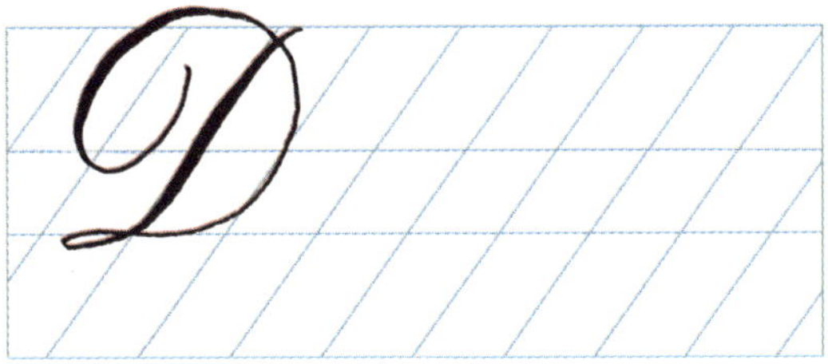

Achte auf den Weißraum innerhalb des Buchstabens.

X

Das große X ist sehr ausladend und schwungvoll. Es kommt zwar nicht oft vor, aber wenn doch einmal das Wort »Xylophon« geschrieben werden soll, sticht es dafür besonders hervor. Beginne mit einem Bogen nach unten, der »Widerhaken« hat. Dieser Bogen neigt sich nicht im Winkel der schrägen Hilfslinie, sondern in die entgegengesetzte Richtung. Der zweite Strich ist eine Haarlinie, die von links nach rechts geführt wird. Beende sie über der k-Linie. Auch wenn die Linien sehr schwungvoll sind: Achte darauf, nicht zu sehr in eine S-Form überzugehen.

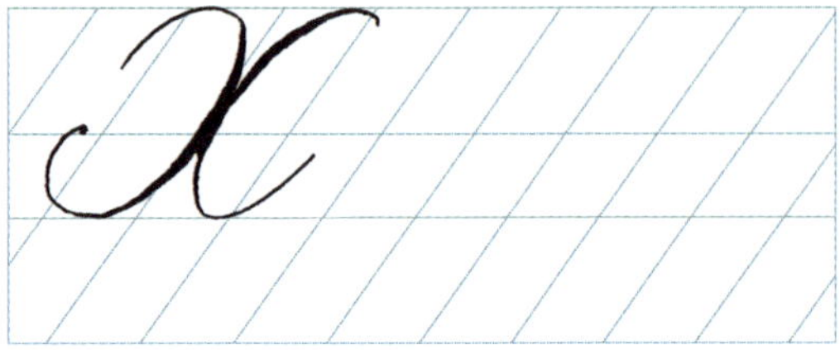

Gruppe N M A

N

In der deutschen und österreichischen Schreibschrift sind N und M sehr ähnlich. Aufgrund der Neigung der Buchstaben, für die die schrägen Hilfslinien sehr hilfreich sind, können wir aber nicht einfach mit dem M früher aufhören, um ein N zu bekommen. Diese Variante des N wird in einem Zug geschrieben. Beginne mit einem Aufstrich mit der Schräge der Hilfslinie und führe dann einen Abstrich nach rechts unten (mit der dicksten Stelle in der Mitte). Den Schluss bildet ein Aufstrich, der parallel zum ersten Aufstrich ist.

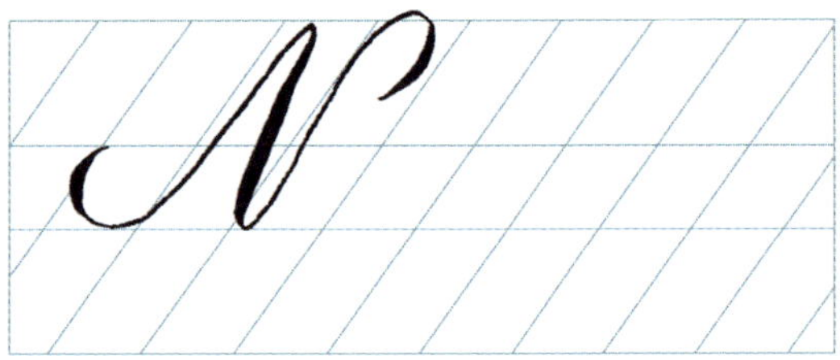

M

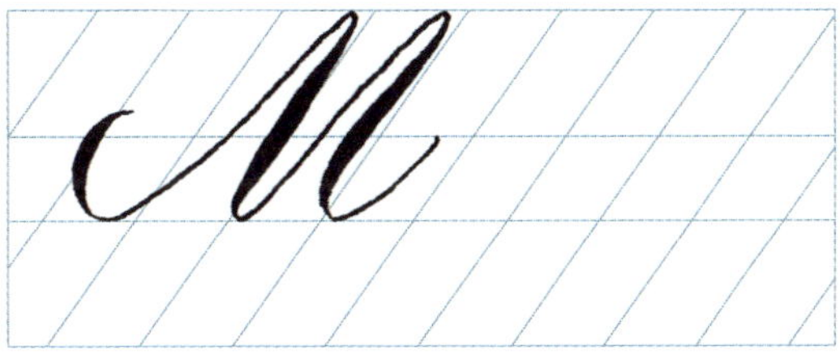

Das M ist einer der anspruchsvollsten Buchstaben: Er benötigt sehr viele parallele Linien und regelmäßige Abstände zwischen diesen Linien. Es gibt mehrere Varianten, wir beginnen wie immer mit der simpelsten und arbeiten uns zu den schwierigeren vor, die eine komplett andere Herangehensweise haben. Das einfachste M wird in einem Zug geschrieben. Beginne mit einem Bogen nach unten, der in einen Aufstrich übergeht. Achtung: Der Winkel dieses Aufstrichs entspricht nicht dem der schrägen Hilfslinie! Wenn du an der k-Linie angekommen bist, ist der erste Abstrich dran; dieser folgt der Schräge der Hilfslinie und ist eine Haarlinie, die nur in der Mitte zunimmt. Es ist wichtig, als Haarlinie zu enden, denn wenn du den Druck bis ganz unten hältst, hast du keinen Platz mehr für den nächsten Aufstrich. Diesen führst du parallel zum ersten Aufstrich und achte darauf, dass der Abstand zwischen Abstrich 1 und Aufstrich 2 gleich groß ist wie der zwischen Aufstrich 1 und Abstrich 1. Dann führst du noch einmal einen Abstrich identisch zum ersten Abstrich in Abstand und Schräge, der aber früher endet. In der Illustration rechts sind die zu beachtenden Dinge blau markiert.

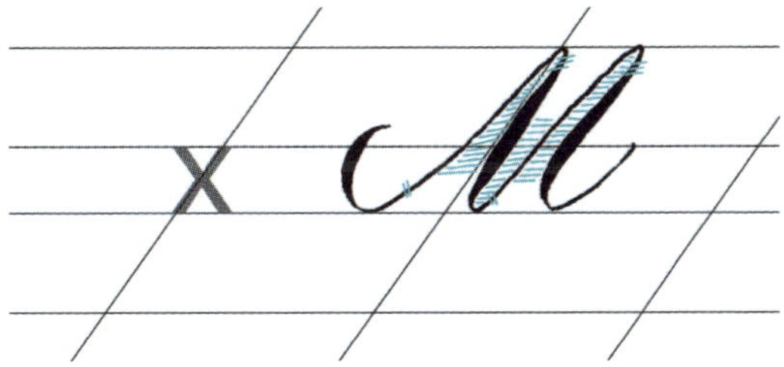

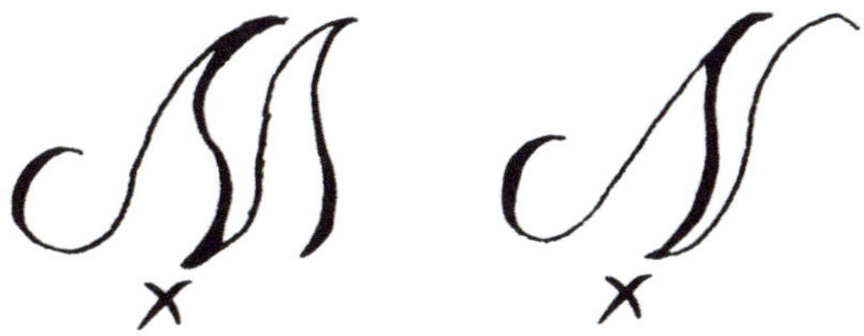

A

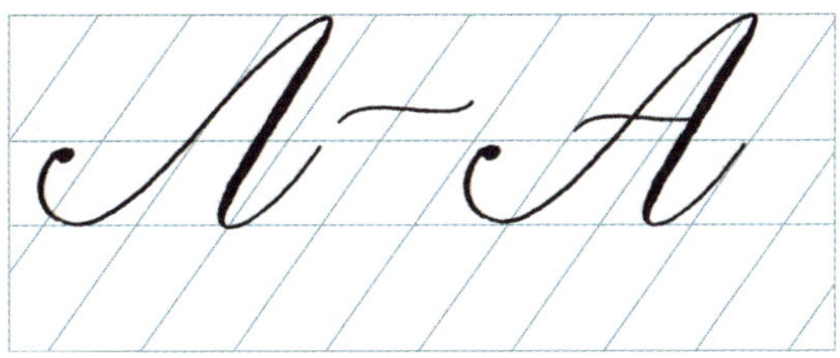

Beginne wie beim M mit einem Aufstrich, dessen Winkel flacher ist als der der schrägen Hilfslinie. Der Abstrich hingegen folgt der schrägen Hilfslinie. Ein schwungvoller Querstrich rundet den Buchstaben ab.

3.11 Zahlen

Nachdem du die Buchstaben beherrschst, sind die Zahlen und Sonderzeichen ein Leichtes. Die meisten kalligrafierten Zahlen unterscheiden sich kaum von jenen, die du in der Schule gelernt hast. Kleine Abweichungen und vor allem der Kontrast der Strichstärke machen sie trotzdem zu etwas Besonderem.

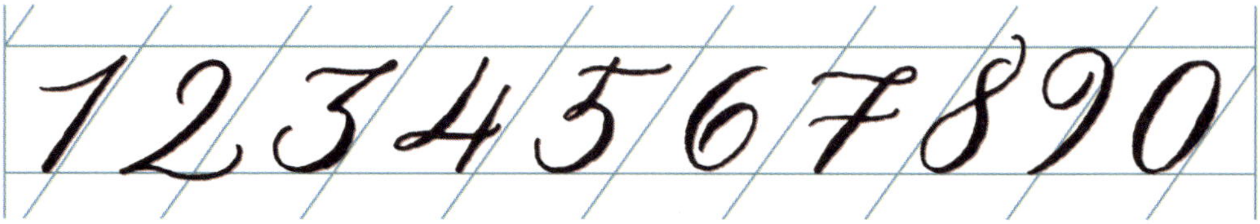

1
Beginne mit einem Aufstrich. Diesen kannst du gleich in den Abstrich übergehen lassen. Das Besondere hier ist, dass die Strichstärke nach unten hin zunimmt, sodass die dickste Stelle auf der Grundlinie ist.

2
Diese Zahl ähnelt der Schreibschrift-Zwei, die du aus der Schule kennst. Da aber die Abstriche schattiert werden, sieht sie etwas anders aus.

3
Achte auf die zugrunde liegenden Ovale. Die Drei beginnt mit einem horizontalen Strich nach rechts, der anschließend schräg nach links geführt wird und in einem offenen Oval endet.

4
Die Vier beginnt etwas niedriger als wahrscheinlich gewohnt. Auf den leicht gebogenen Abstrich folgt eine Horizontale. Der Mittelstrich ist unten am dicksten.

5
Beginne mit dem Abstrich, der durch eine kleine Schlaufe in ein Oval übergeht. Das Dach kreuzt den ersten Strich.

6
Um der Sechs mehr Dynamik zu geben, geht der letzte Abstrich noch etwas unter die Mittellinie.

7
Hier darfst du Dach und Abstrich wieder mit einer Schlaufe beginnen. Lass den Abstrich nach unten hin zunehmen. Der Querstrich ist eine Haarlinie.

8
Die Acht finde ich besonders hübsch, da sie offen bleiben darf. Beginne etwas oberhalb der Stelle, an der du sie normalerweise schließen würdest, und schreibe sie dann so, wie du die Schul-Acht schreibst.

9
Die Neun ist etwas trickreicher. Du kannst sie in zwei Schritte aufteilen: Zuerst schreibst du ein Oval, danach einen gebogenen Abstrich.

0
Schreibe die Null entweder wie ein gewohntes Oval oder füge sie aus zwei schattierten Hälften zusammen.

3.12 Satzzeichen und Sonderzeichen

!

Das Ausrufezeichen hat oben seine stärkste Stelle. Starte also mit vollem Druck und lass ihn nach unten hin abnehmen. Dann fügst du den Punkt hinzu.

?

Das kalligrafierte Fragezeichen unterscheidet sich vom nicht kalligrafierten nur darin, dass es sich nicht so sehr biegt. Die stärkste Schattierung ist in seiner Mitte.

Scharfes S

Das ß kommt in den von Engländern entwickelten Versionen nicht vor, ich habe dir hier aber trotzdem ein paar Variationen zusammengestellt. Die Strichabfolge ist eindeutig. Du hast beim ß die Wahl, unterhalb der Grundlinie zu beginnen oder es mit dem vorangehenden Buchstaben zu verbinden. Ich bevorzuge die getrennte Variante, da sie die Schrift etwas auflockert und es im Deutschen ohnehin weniger Unterlängen gibt, als ich mir fürs Schreiben wünschen würde.

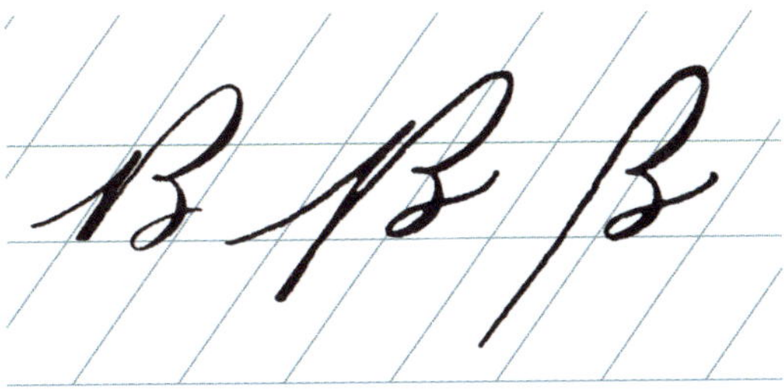

&

Ein immer wieder gern gesehenes Sonderzeichen ist das Kaufmanns-Und (engl. »Ampersand«). Kalligrafiert sieht es natürlich besonders schön aus! Beginne mit dem Abstrich und führe ihn bis zur Grundlinie. In 8er-Form bringst du den Strich nach oben; wenn du an der k-Linie bist, kannst du den Abstrich wunderschön auslaufen lassen und ihn schwungvoll unter die Grundlinie führen.

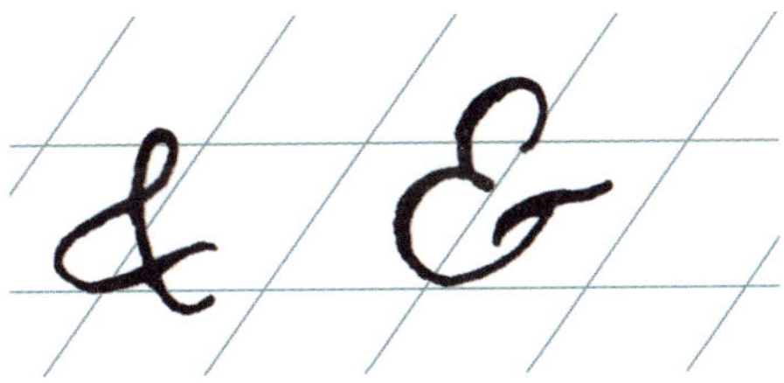

3.13 Kleinbuchstaben und Großbuchstaben verbinden

- Bei den Großbuchstaben gibt es zwei Arten: jene Buchstaben, die mit einem Aufstrich enden (z.B. M, H, K),
- und jene, die geschlossen enden (z.B. O, D, N).

Bei der ersten Gruppe kannst du den Kleinbuchstaben direkt an den großen Buchstaben anschließen. Das ist allerdings kein Muss – es kann auch schön aussehen, wenn du den Buchstaben unter der Grundlinie enden lässt und mit dem Rest des Worts einfach daneben beginnst, beispielsweise beim L.

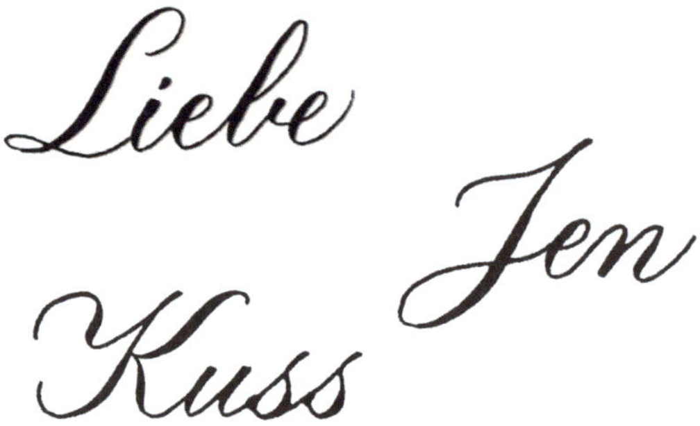

Angeschlossene Buchstaben

Bei der zweiten Gruppe, den geschlossen endenden Großbuchstaben, werden die Kleinbuchstaben grundsätzlich beigestellt und nicht verbunden.

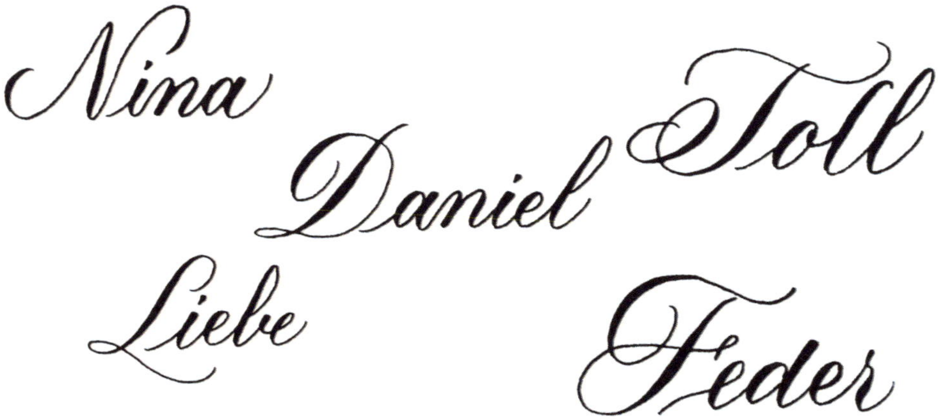

Beigestellte Kleinbuchstaben

Beispiele

Mieze Motzen

Was Stark Stefan

Ehe Kuss

Vorn Oh Jen Jen

Hallo

Preis

3.14 Variationen

Neben verschiedenen Buchstaben-Varianten gibt es noch andere Möglichkeiten, dein Schriftbild ganz einfach zu verändern. Dazu braucht es nur ein paar Anpassungen.

Laufweite

Unter der Laufweite versteht man den Abstand der Buchstaben und Worte zueinander, auf die Zeile gesehen. Indem du deine Buchstaben und Wörter näher zusammenrückst oder mehr in die Länge ziehst, kann sich das Erscheinungsbild der Schrift sehr verändern. Um die Laufweite zu verlängern, konzentrierst du dich auf die letzten bzw. ersten Striche deiner Buchstaben: Wenn du einen Buchstaben fertig schreibst, führst du den Bogen nicht direkt nach oben, sondern weiter nach rechts; erst dort hängst du den nächsten Buchstaben an. Achte darauf, dass die Abstände zwischen allen Buchstaben regelmäßig sind und die Bögen gleich aussehen.

Verbindungsformen

Auch die Verbindungen zwischen Buchstaben kannst du in ihrer Form verändern. Das hängt eng mit der Laufweite zusammen.

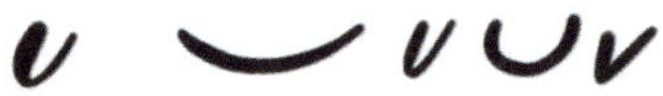

Versuche, die Buchstaben mit diesen Formen zu verbinden.

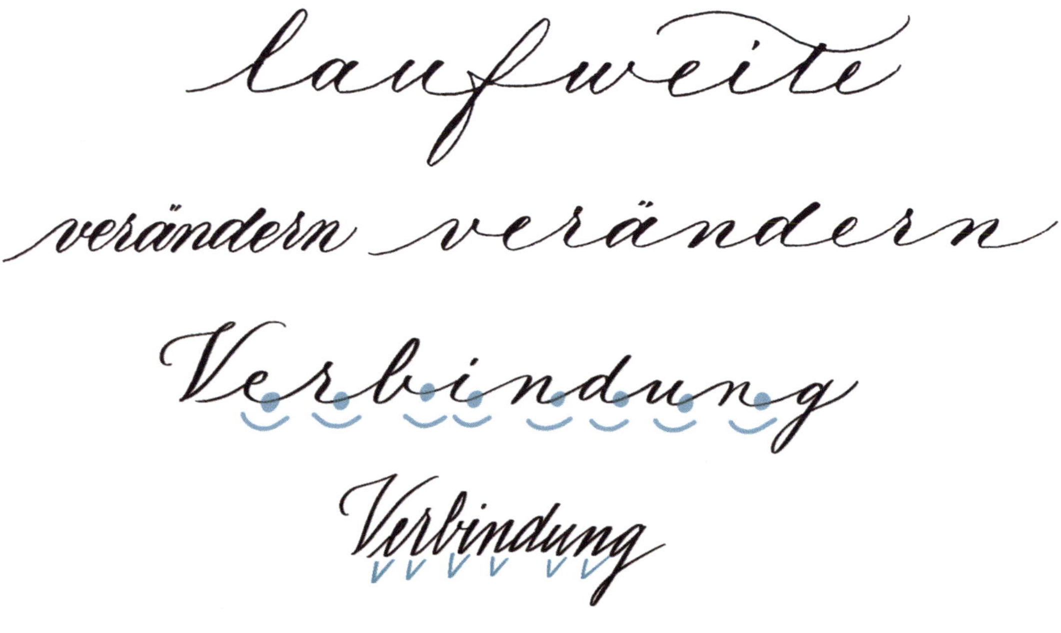

Die verschiedenen Formen der Verbindungsstriche verändern das Schriftbild.

Du kannst Verbindungen auch unterbrechen. Achte hier darauf, dass du nur bei den Buchstaben die Verbindung unterbrichst, die mit einem Strich nach unten enden.

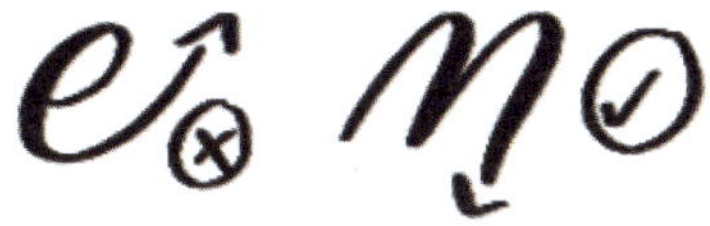

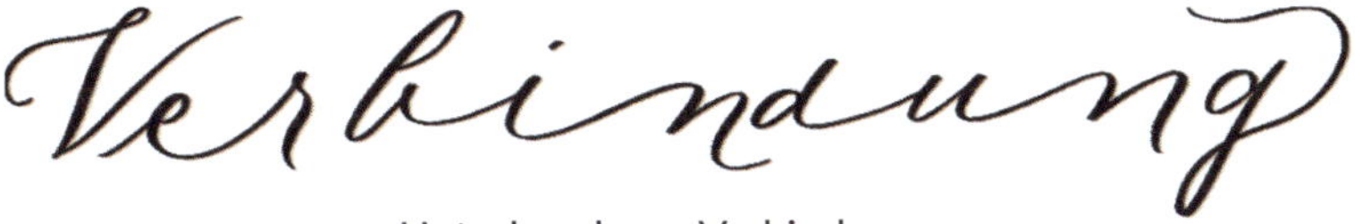

Unterbrochene Verbindungen

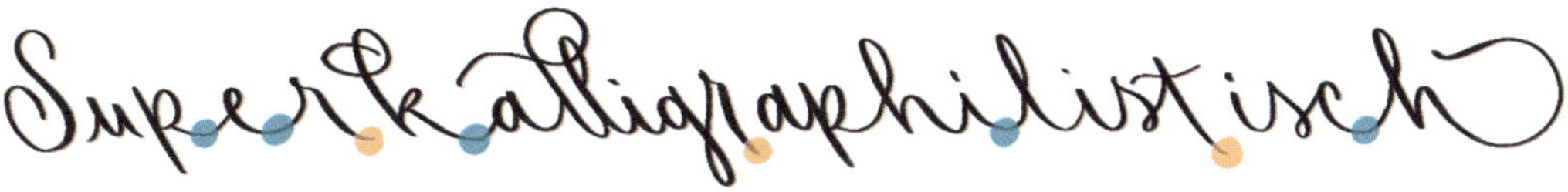

Türkis: erhöhte Laufweite, Gelb: unterbrochene Verbindung

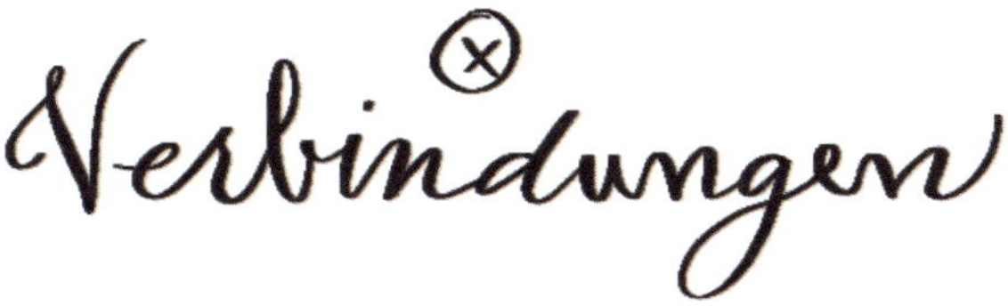

Achte darauf, nicht innerhalb eines Worts die Schräge der Buchstaben zu verändern.

Neigung

Bisher hast du in einem Winkel von 55° geschrieben. Du kannst diesen Winkel verändern, um deine Schrift anders aussehen zu lassen. Versuche es doch einmal gerade oder in die andere Richtung geneigt. Zeichne dir hierzu Hilfslinien vor, damit das Schriftbild ebenmäßig bleibt.

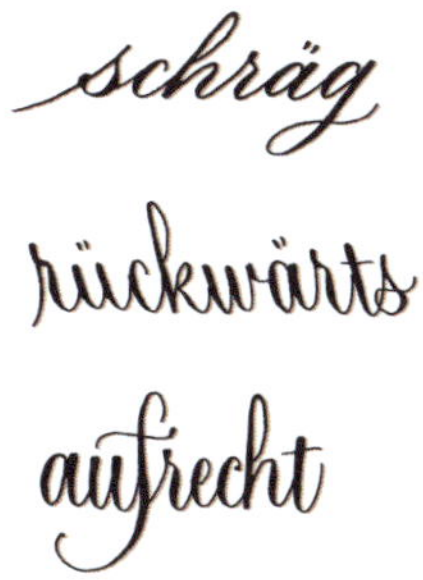

Proportionen

Eine einfache Möglichkeit, die Buchstaben komplett anders erscheinen zu lassen, ist es, die Verhältnisse zwischen x-Höhe und Ober- und Unterlänge zu verändern. Bisher war das Verhältnis 3 : 2 : 3, das heißt, die Ober- und Unterlängen waren 1,5-mal so lang wie die x-Höhe. Versuche dieses Verhältnis auf 1 : 1 : 1 oder 2 : 1 : 2 zu verändern. Wenn die Ober- und Unterlängen gestreckter sind, wirkt die Schrift eleganter, sind sie gestaucht, bekommt sie ein kompakteres Erscheinungsbild.

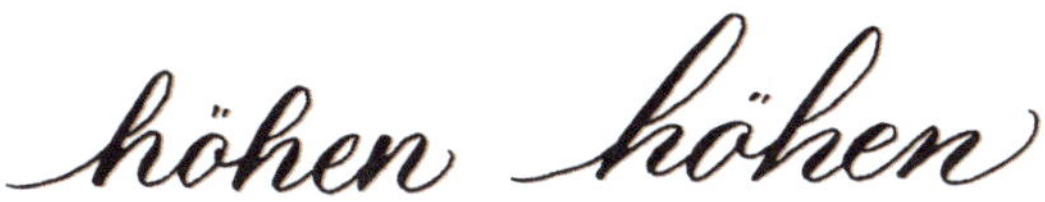

Buchstabenformen

Rund

Bisher war die Grundform unserer Schrift ein Oval. Versuche jetzt, sie etwas runder zu machen – die Veränderung findet in den Grundformen und in den Verbindungsstrichen statt – und schau, was dabei passiert.

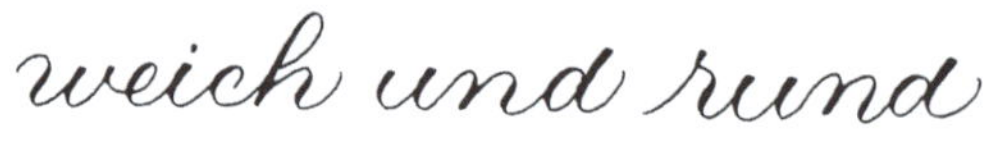

Eckig

Einen komplett anderen Eindruck macht unsere Schrift, wenn wir die Rundungen und Verbindungsstriche kantiger werden lassen. Achte hierbei darauf, dass die Schattierungen etwas früher enden, da sonst die Tinte leicht in den Aufstrich mitgezogen wird. Gemischte Schwierigkeitsgrade: Versuche, dasselbe Wort in so vielen verschiedenen Varianten wie möglich zu schreiben.

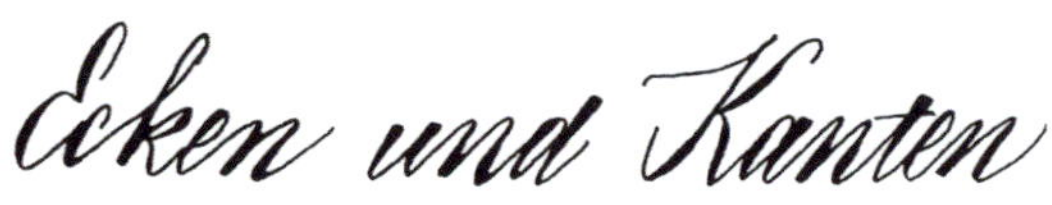

Bouncing

Eine der beliebtesten Variationen ist es, die Buchstaben über die Grundlinie hüpfen zu lassen. Dieser Effekt wird beim Lettering »Bounce Lettering« genannt; bei uns wäre es entsprechend »Bounce Calligraphy«. Du gehst dafür wie folgt vor: Zeichne dir eine Grundlinie vor. Auf dieser sitzen die Buchstaben normalerweise. Anstatt nun jeden Buchstaben exakt auf die Grundlinie zu schreiben, wanderst du mit den Verbindungsstrichen zwischen den Buchstaben über oder unter die Grundlinie. Dort setzt du auch den nächsten Buchstaben an und dessen Verbindungsstrich führst du wieder dorthin, wo der nächste anfangen soll. Vorsicht vor Stolpersteinen! Wichtig ist, dass das Wort im Ganzen ausgeglichen aussieht. Achte darauf, dass etwa gleich viele Buchstaben ober- und unterhalb der Grundlinie sind, damit der optische Eindruck nicht kippt. Einige Buchstaben können wie andere Buchstaben aussehen, wenn du den ersten Strich veränderst. Beispielsweise kann das n leicht wie ein h aussehen, wenn du den Anfangsstrich in die Länge ziehst.

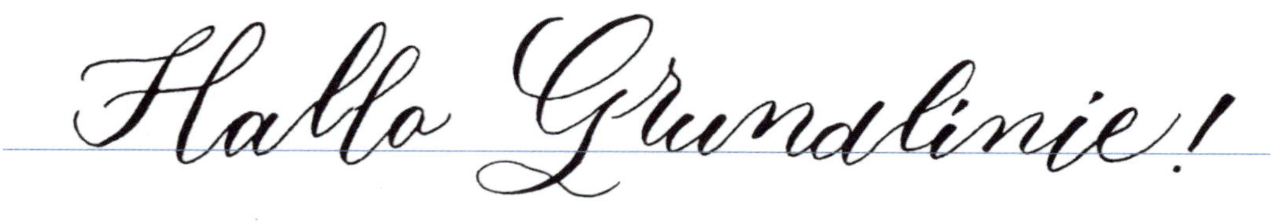

Buchstabenvariationen

Es gibt unendlich viele Buchstaben und diese auszuprobieren ist eine weitere Möglichkeit, um dein Schriftbild zu variieren. Hier findest du ein paar Alphabete zum Ausprobieren.

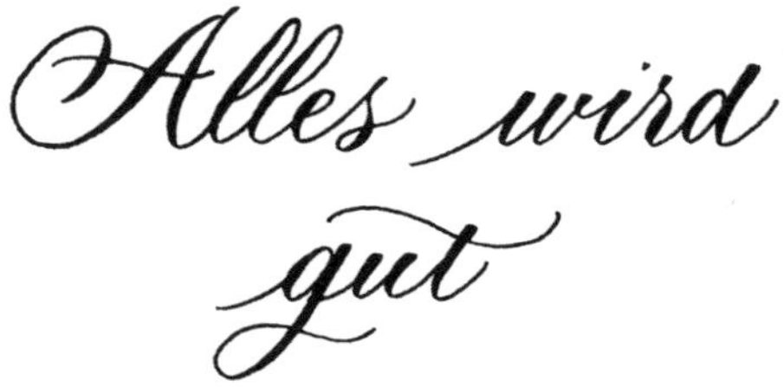

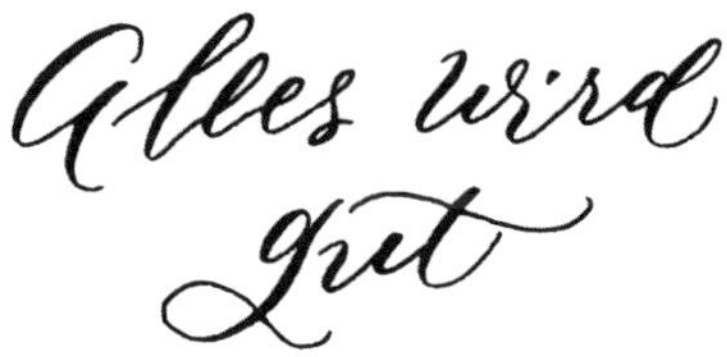

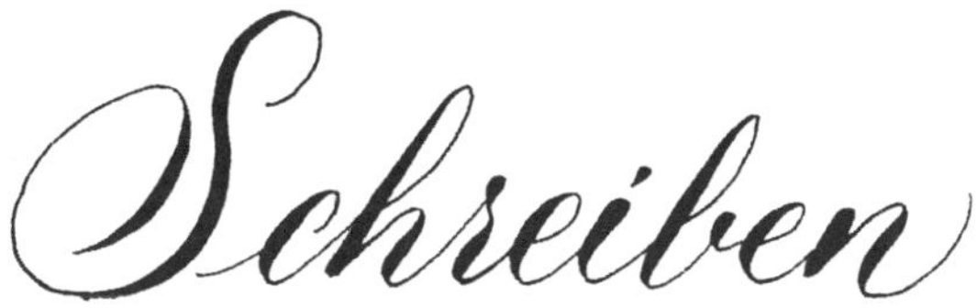

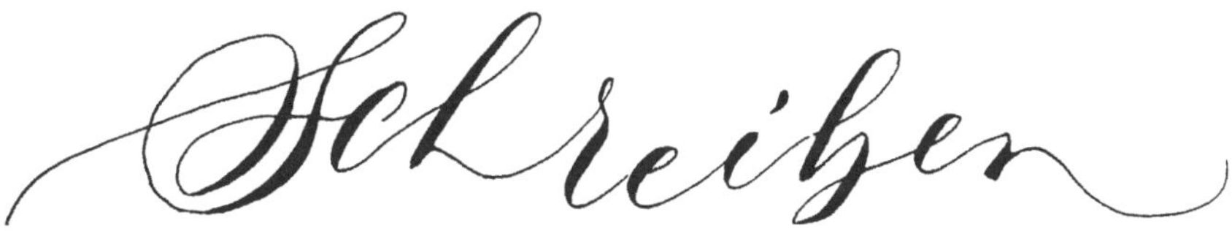

Verschiedene Verbindungsformen und Bouncing

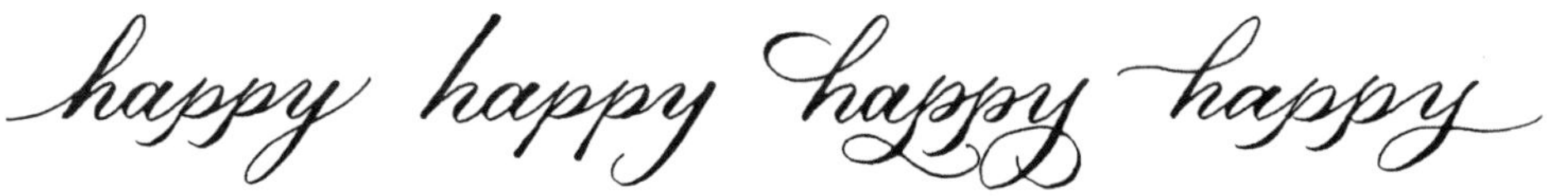

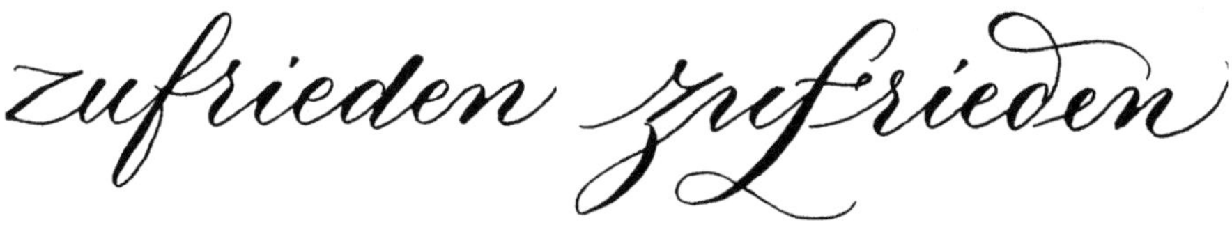

Verschiedene Buchstabenformen und Variationen der Ober- und Unterlängen

…s Meer

…as Salz

… Wind

…ie Wellen

…Hufe im Sand

…n Engel!

3.15 Zusatzalphabet

Die folgenden Buchstaben haben alle gewisse Elemente gemeinsam, was sie zu einem wunderbar zusammenpassenden Alphabet vereint. Die Grundlage sind wieder Ovale.

Grundstriche

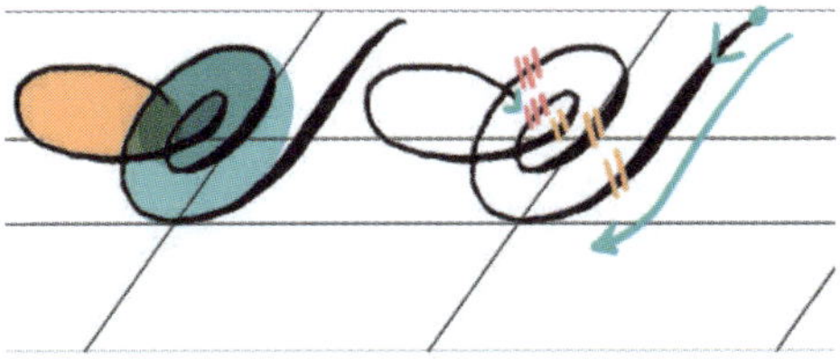

Hinweis

Den Schnörkelelementen liegen immer Ovale zugrunde. Das heißt, dass du unter alle Formen ein Oval zeichnen sollen könntest.

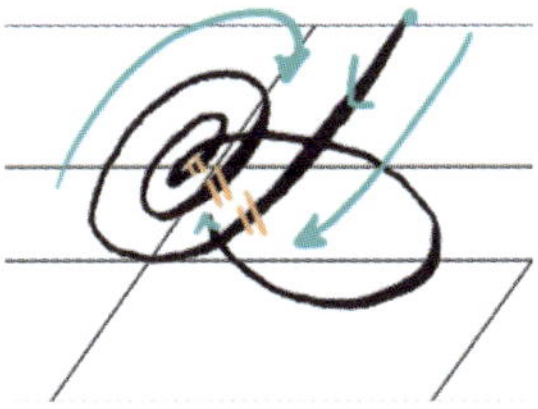

Hinweis

Du darfst das Blatt drehen, wie du möchtest. Manche Striche fallen leichter, wenn sie zum Körper hin gezogen werden. Probiere die Richtungen einfach aus.

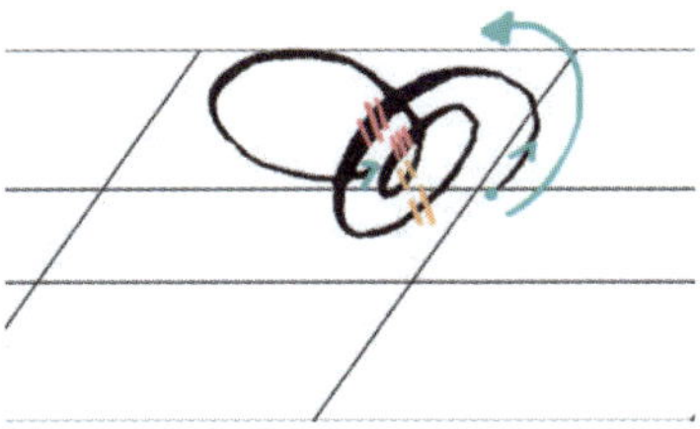

Tipp

Versuche ruhig, die Schnörkel mit anderen, die du kennst, zu kombinieren oder sie an anderen Buchstaben zu verwenden. Der Fantasie sind keine Grenzen gesetzt!

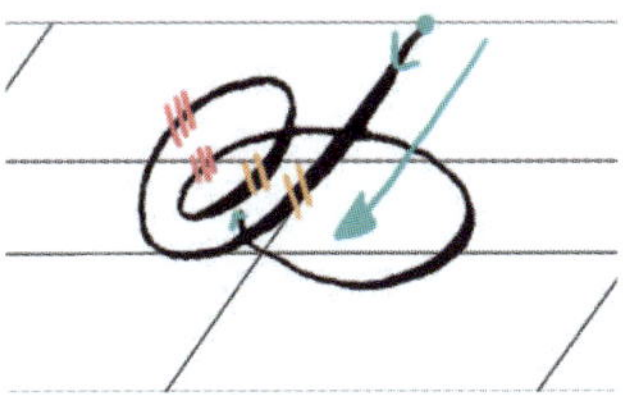

Vorsicht

Anfangs neigen wir oft dazu, sehr klein zu schnörkeln. Nimm dir viel Platz! Übertreibe ruhig – zu große Schnörkel sind immer besser als zu kleine.

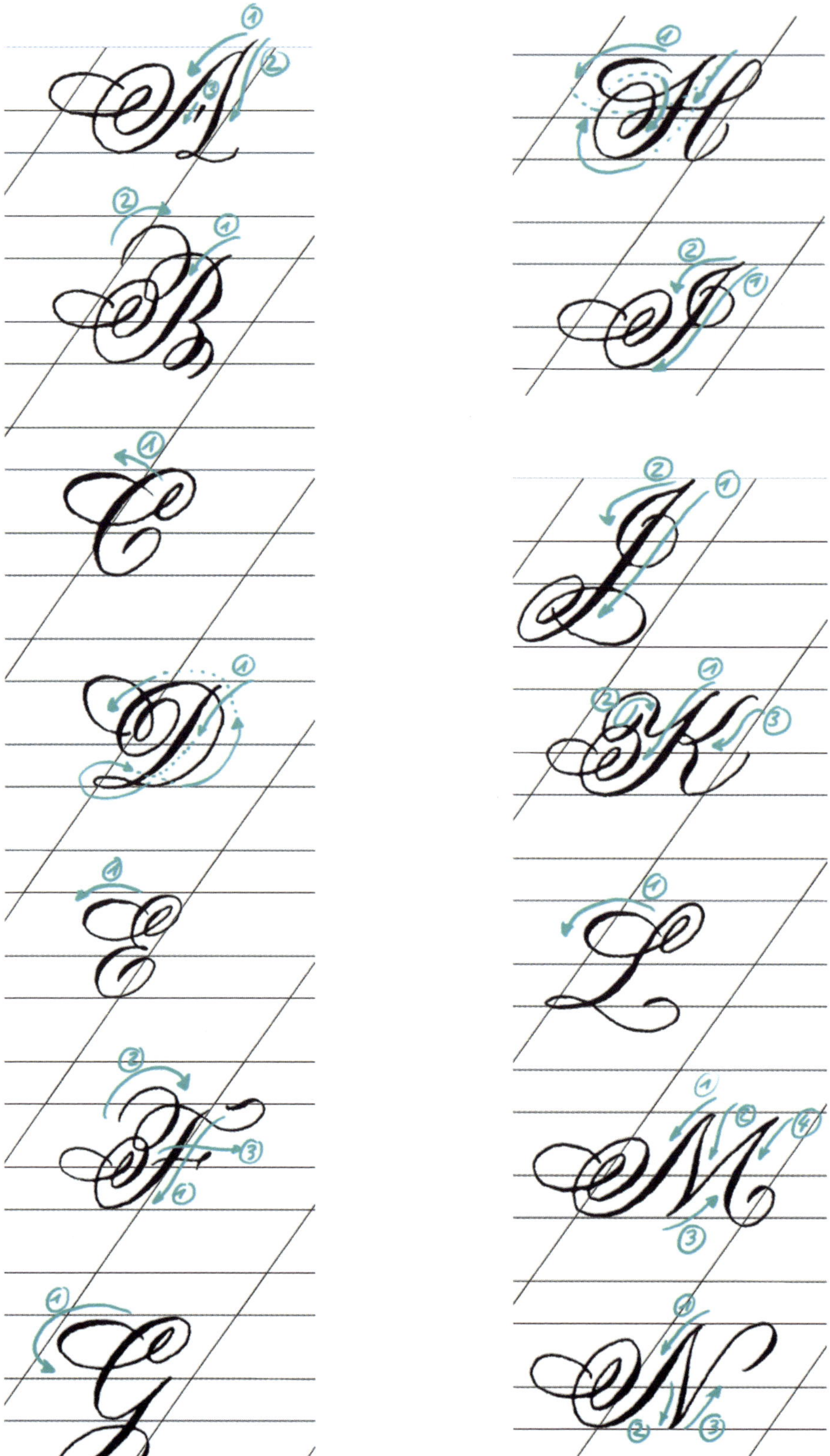

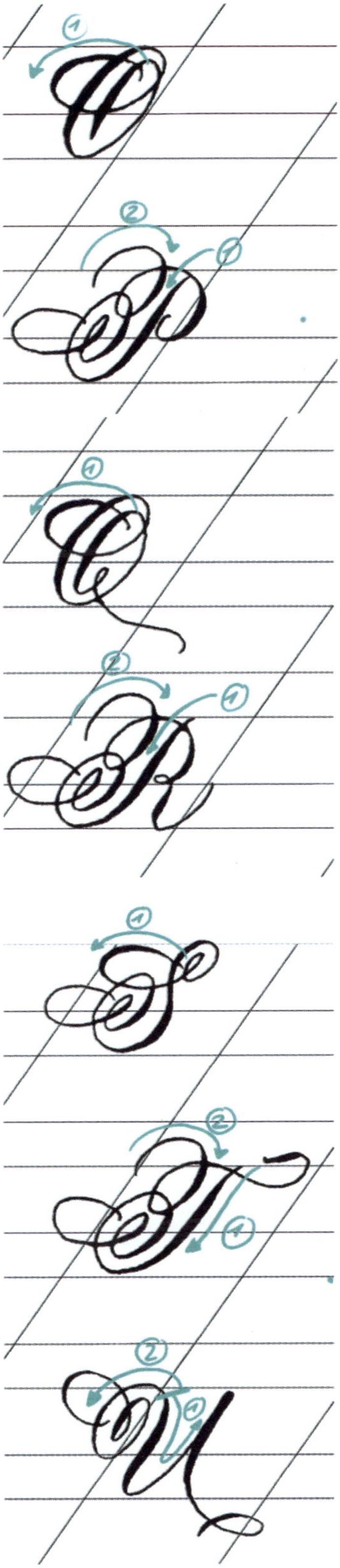

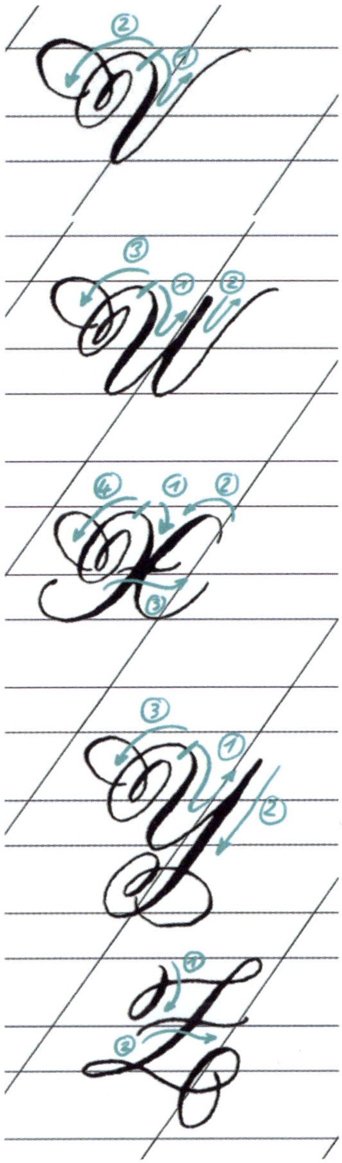

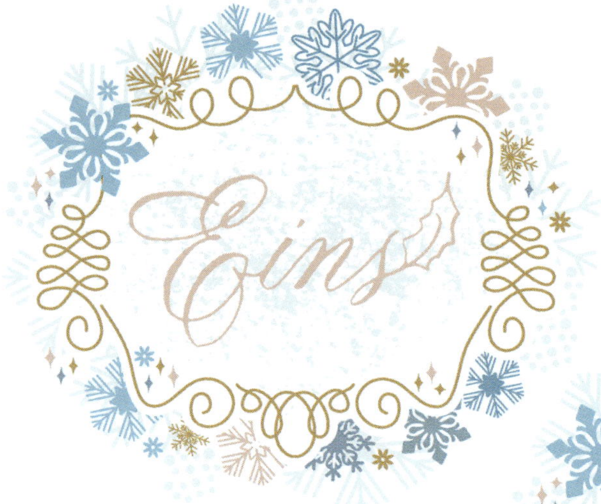
Eins

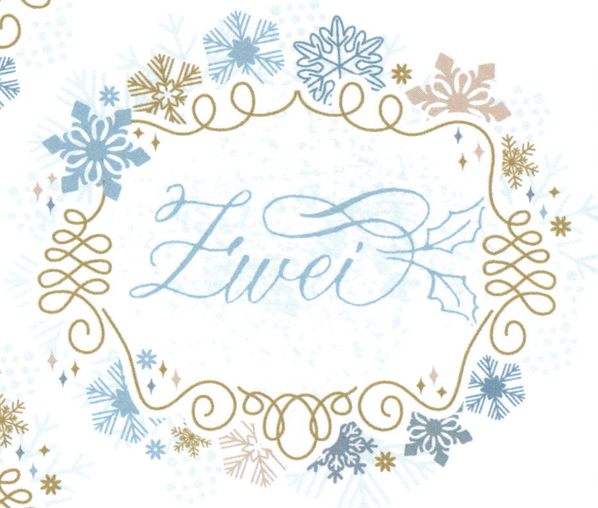
Zwei

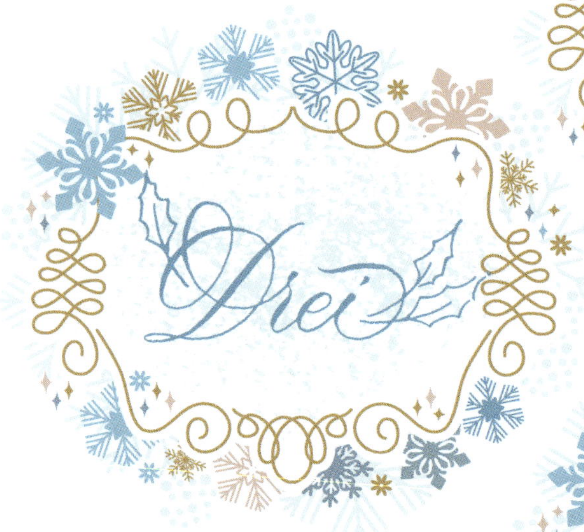
Drei

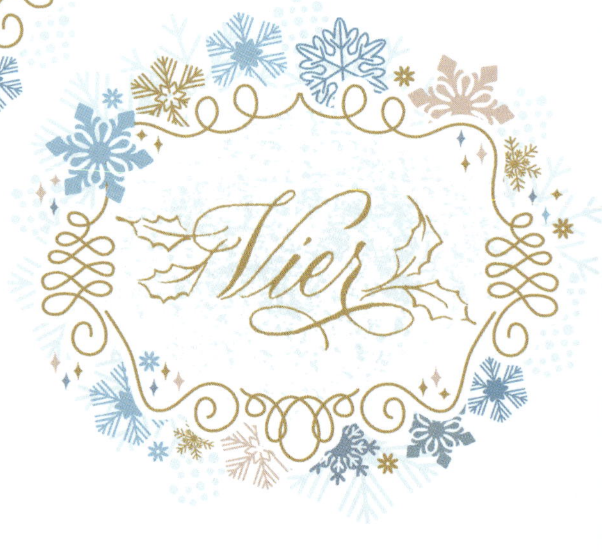
Vier

3.16 Weitere Künstler:innen

Folgende Künstler:innen sind moderne Meister:innen der Spitzfeder-Kalligrafie und sind es wert, einen Blick auf sie zu werfen.

- Stefanie Weigele, @federflugcalligraphy
- Schin Loong, @openinkstand
- Suzanne Cunningham, @suzcunningham
- Michael Ward, @mrmgward
- Michael Sull, @michaelrsull
- Fozzy Castro-Dayrit, @thefozzybook
- Nina Tran, @anintran

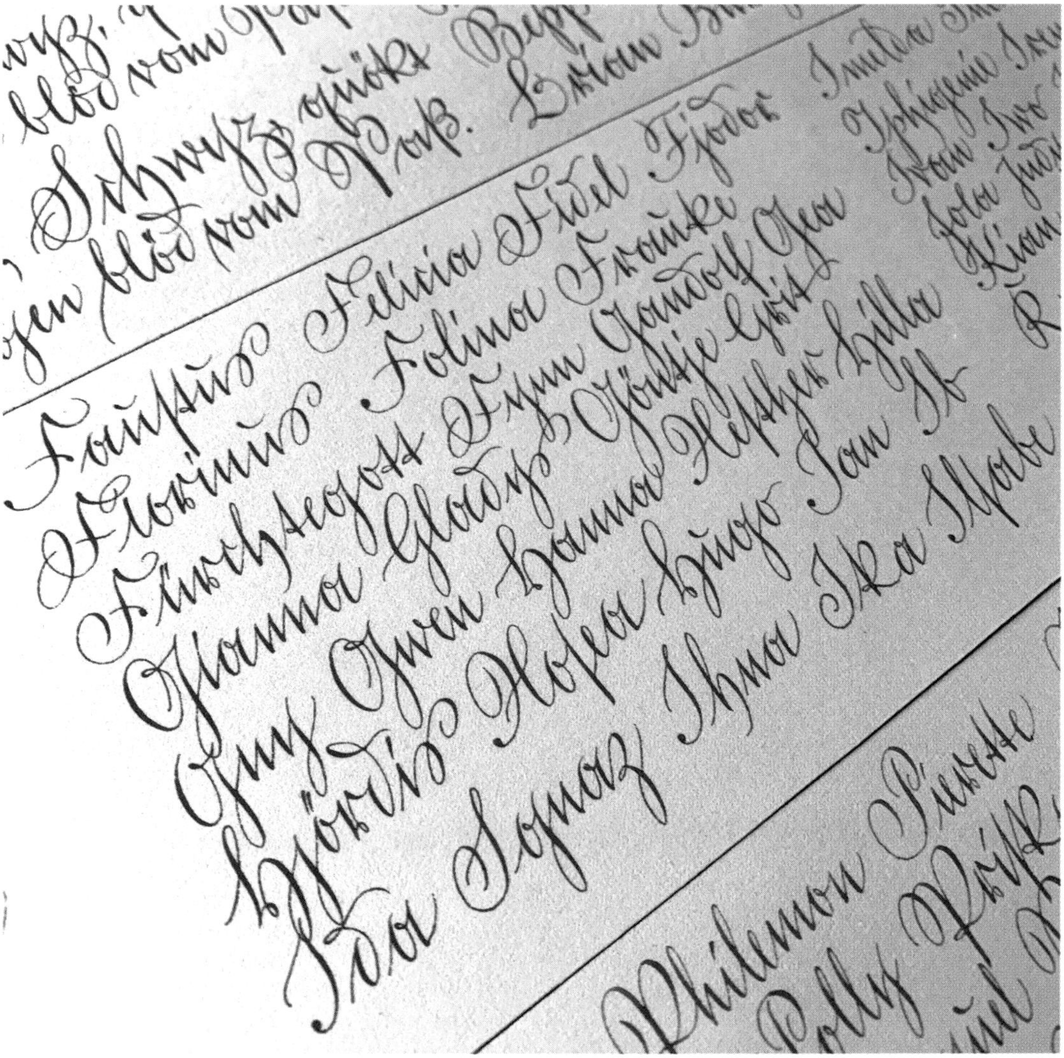

© Stefanie Weigele, Moderne Kurrent
Nicht nur die Copperplate, sondern auch die Kurrent kann modern mit der Spitzfeder umgesetzt werden, wie Stefanie Weigele, Kalligrafin und Autorin, hier zeigt. Sie entwickelt diesen Stil seit mehreren Jahren und ist dafür und für ihre großartige Spitzfeder-Schrift in Deutschland und international anerkannt.

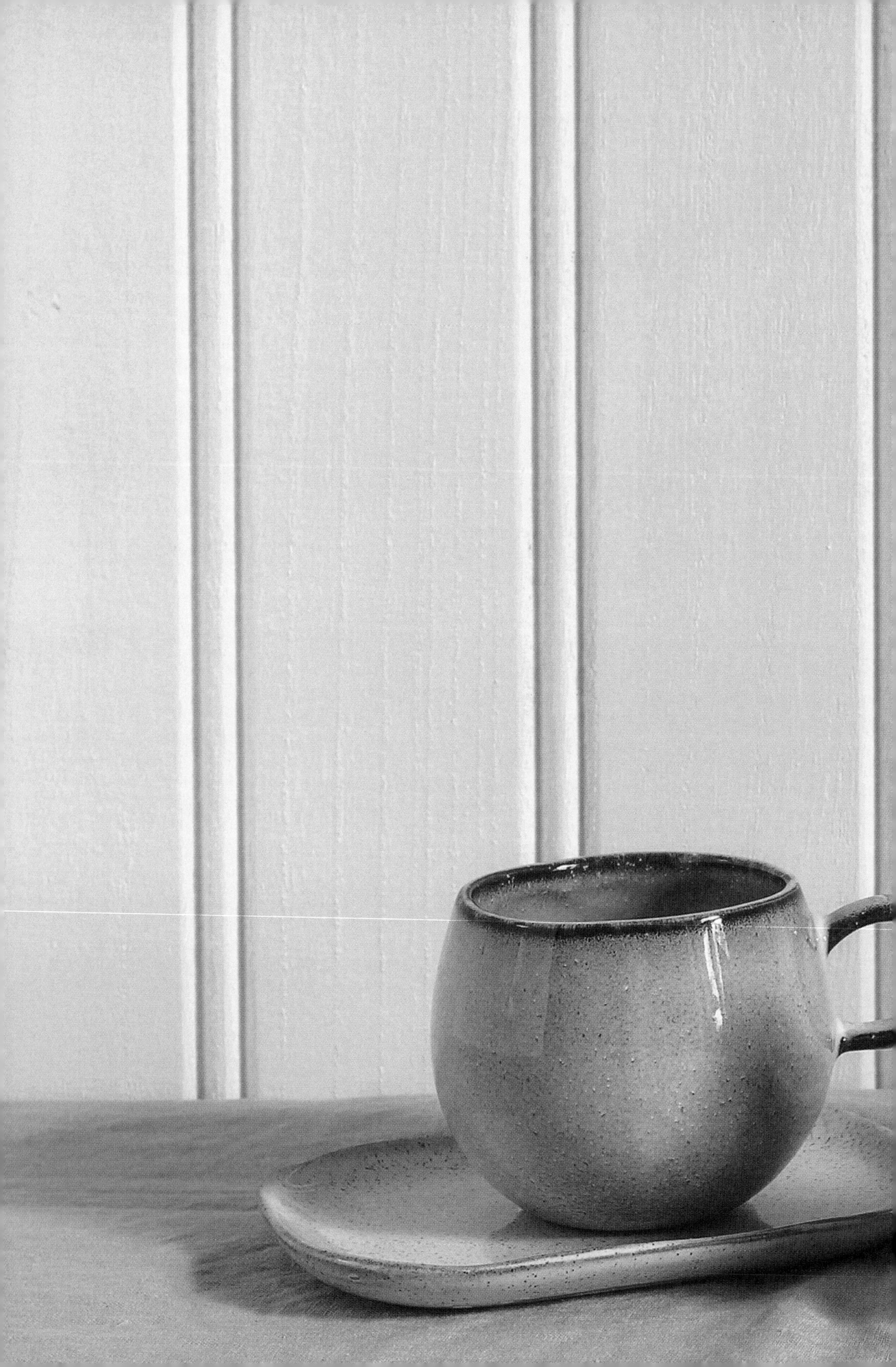

4 Brush Lettering

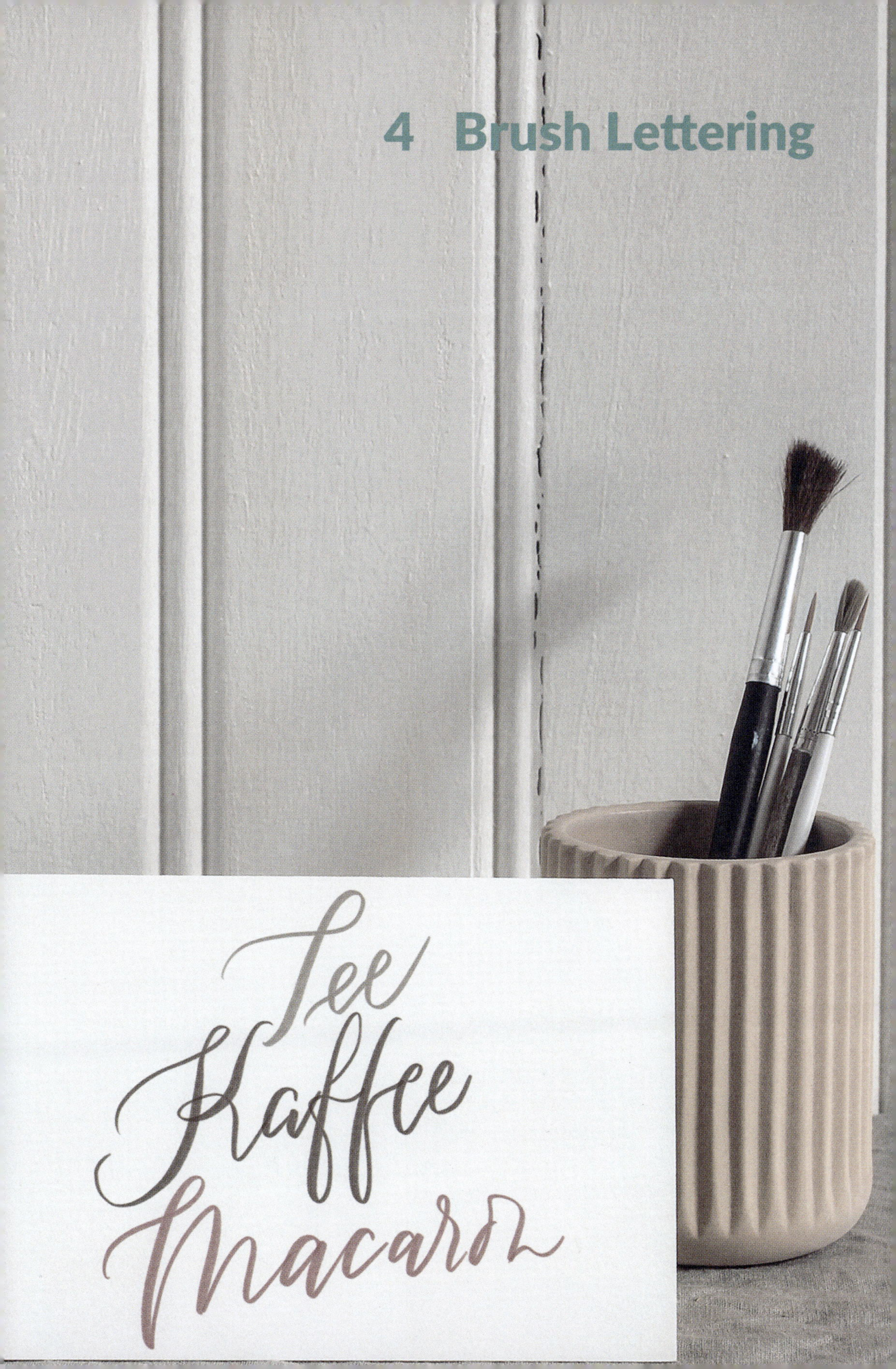

4.1 Einleitung

Brush Lettering ist technisch gesehen Kalligrafie, da du die Buchstaben schreibst und nicht zeichnest. Ich werde auf diese Technik nur kurz eingehen, für einen großartigen und tiefen Einblick in die Materie empfehle ich dir das »Praxisbuch Brush Lettering« von Chris Campe.

Die Grundprinzipien des Brush Letterings sind dieselben wie die der Spitzfeder-Kalligrafie. Strichstärken-Variationen werden durch Druck beim Abstrich gemacht.

4.2 Material

Du kannst mit einem echten Rundpinsel genauso schreiben wie mit einem Brush Pen. Generell gibt es zwei Arten von Brush Pens: Pinsel mit Synthetikhaarspitze und Pinselstifte mit Markerspitze (die dann wiederum aus Filz, Nylon o. Ä. bestehen kann). Nylon ist besonders haltbar, Filz franst schnell aus und Synthetikhaar ist besonders langlebig, aber auch schwieriger zu handhaben.

Stiftempfehlungen

Die Pinsel mit Synthetikhaaren sind schwieriger zu handhaben, daher konzentriere ich mich hier auf die andere Art. Solche Stifte sind, je nach Spitzenmaterial, mehr oder weniger robust. Für die Alphabete in diesem Buch eignen sich am besten:

- Tombow Fudenosuke
  Diese Brush Pens mit Nylonspitze gibt es in verschiedenen Härtegraden. Für Anfänger empfehle ich die härteste Variante, da die Druckausübung anfangs ein wenig schwierig sein kann.
- Pentel Brush Sign Pen
  Dieser Stift, der in vielen Farben erhältlich ist, hat ebenfalls eine Nylonspitze, die etwas größer ist als die des Tombow Fudenosuke. Er schreibt etwas flüssiger und ist nicht ganz so hart.

Papierempfehlungen

Für Brush Lettering empfehle ich Papier mit glatter Oberfläche, da diese die Spitze weniger schnell kaputtmacht. Die Effekte auf rauem Papier können spannend aussehen, aber die Haltbarkeit der Stifte ist deutlich kürzer.

- Hahnemühle Hand Lettering Block
- Canson Markerpad
- Bristol-Papier

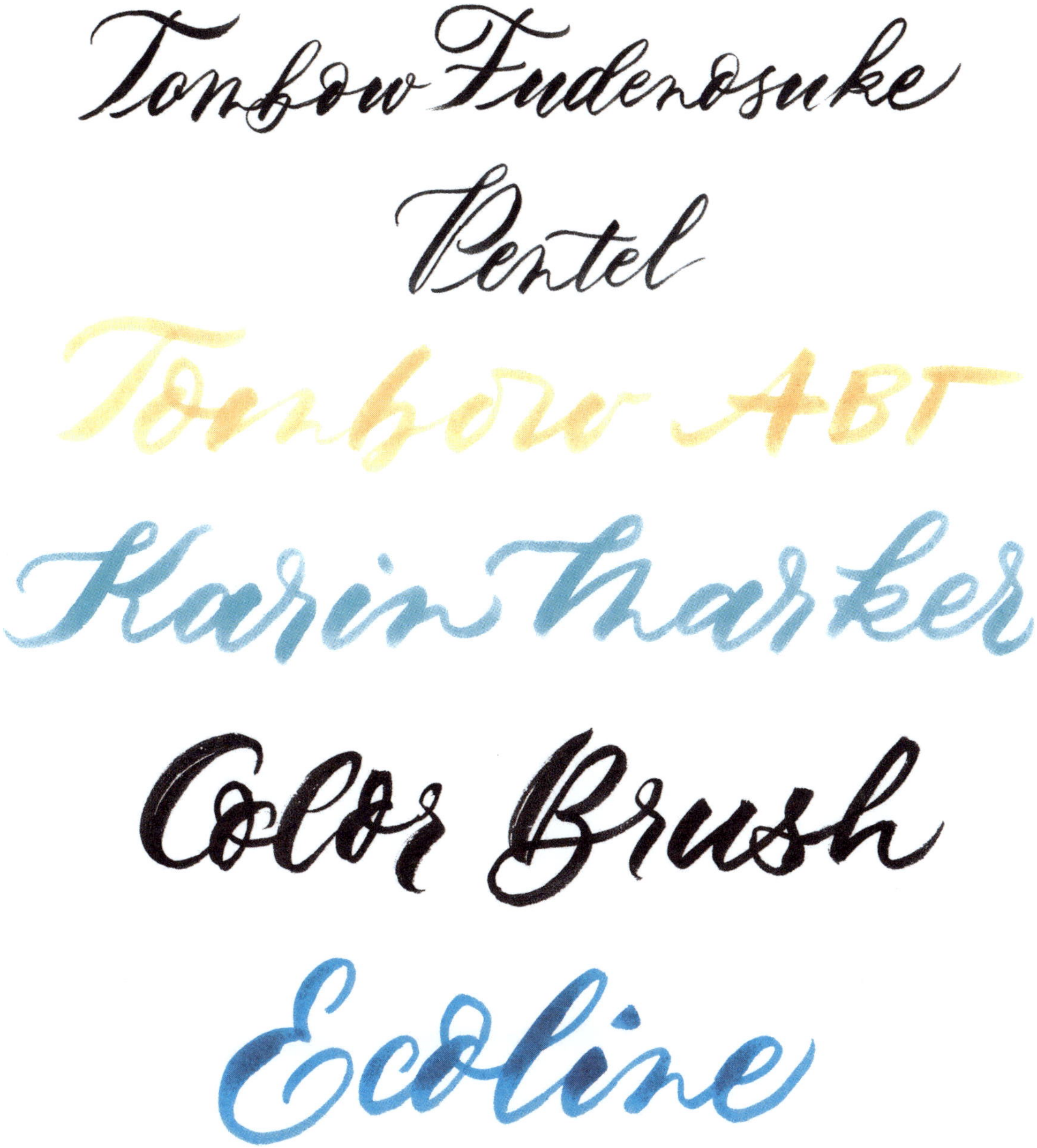

Größenvergleich von verschiedenen Brush Pens

4.3 Grundlagen

Die Grundlagen des Brush Letterings sind einfach erklärt und schwieriger zu meistern.

Halte den Brush Pen locker, sodass die Pinselspitze seitlich auf dem Papier aufsitzt. Wichtig ist, dass du den Stift nicht zu aufrecht hältst. Wenn du Druck auf den Stift ausübst, soll die Seite den Druck absorbieren, nicht die Spitze. Sonst geht sie sehr schnell kaputt.

Mit dem Brush Pen lassen sich auch die meisten Spitzfeder-Alphabete schreiben, ich zeige dir dennoch ein moderneres Alphabet.

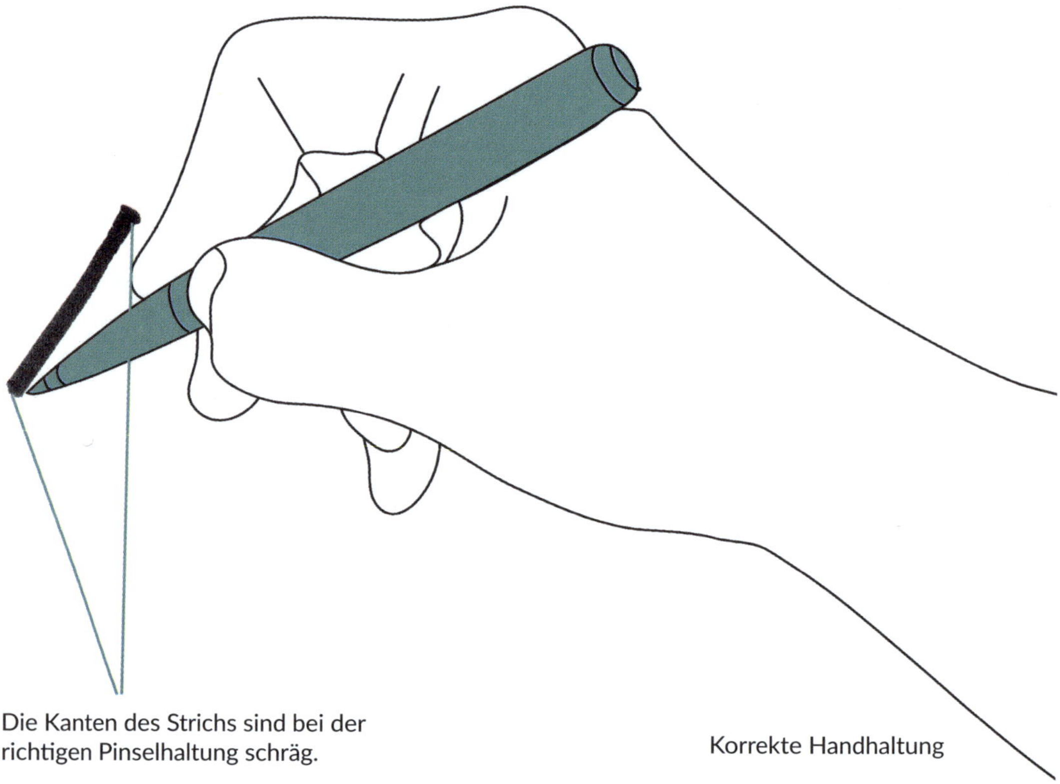

Die Kanten des Strichs sind bei der richtigen Pinselhaltung schräg.

Korrekte Handhaltung

Grundstriche

Wie bei der Spitzfeder setzt du an der k-Linie an und ziehst dann den Brush Pen nach unten zur Grundlinie. Wenn du schräg schreibst, ergibt sich eine schöne abgeschrägte Kante. Diese zeigt an, dass du den Stift richtig hältst.

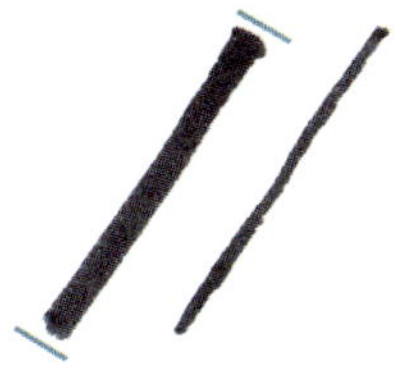

Beim Bogen nach unten lässt du den Druck kontinuierlich nach, sodass du auf der Grundlinie ohne Druck den Bogen schreiben kannst. Führe den Stift ohne Druck wieder nach oben.

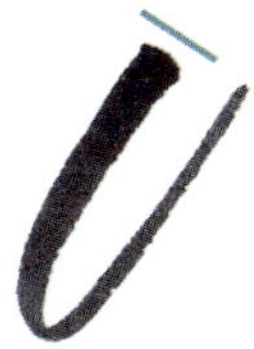

Beginne beim Bogen nach oben mit einer Haarlinie. Erhöhe den Druck auf den Stift erst, wenn du ihn nach unten führst, noch nicht beim Bogen selbst. Hebe den Stift erst vom Blatt, wenn du die Grundlinie erreicht hast.

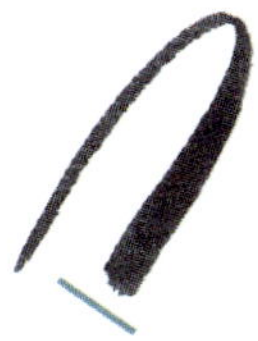

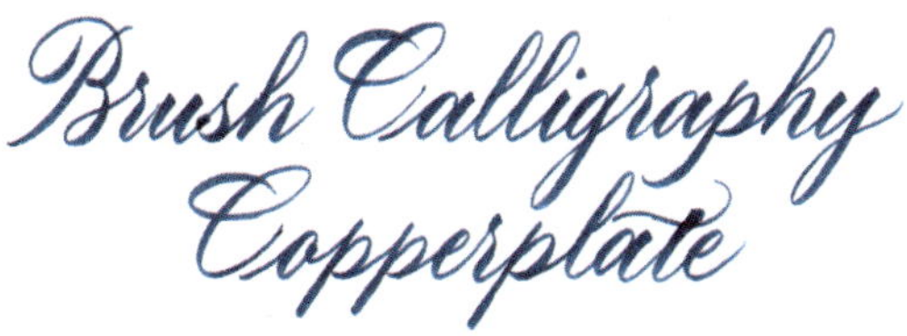

Angelehnt an den Spitzfeder-Stil

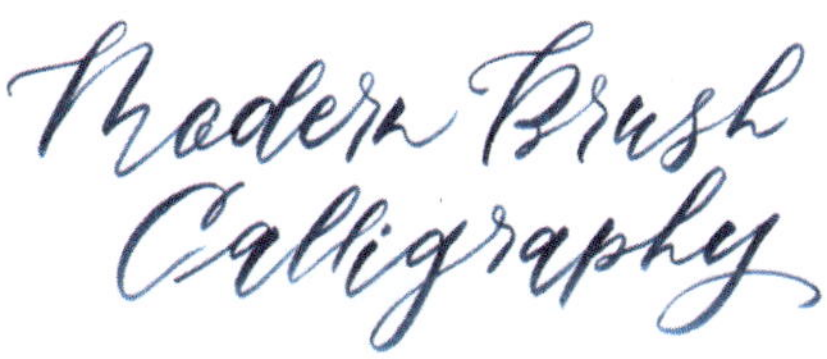

Aufgelockerter Stil

Tipp

Da sich Brush Lettering und Spitzfeder-Kalligrafie so ähnlich sind, kannst du auch das hier vorgestellte Alphabet mit der Spitzfeder schreiben. Das gibt ein schönes, modernes Kalligrafie-Alphabet.

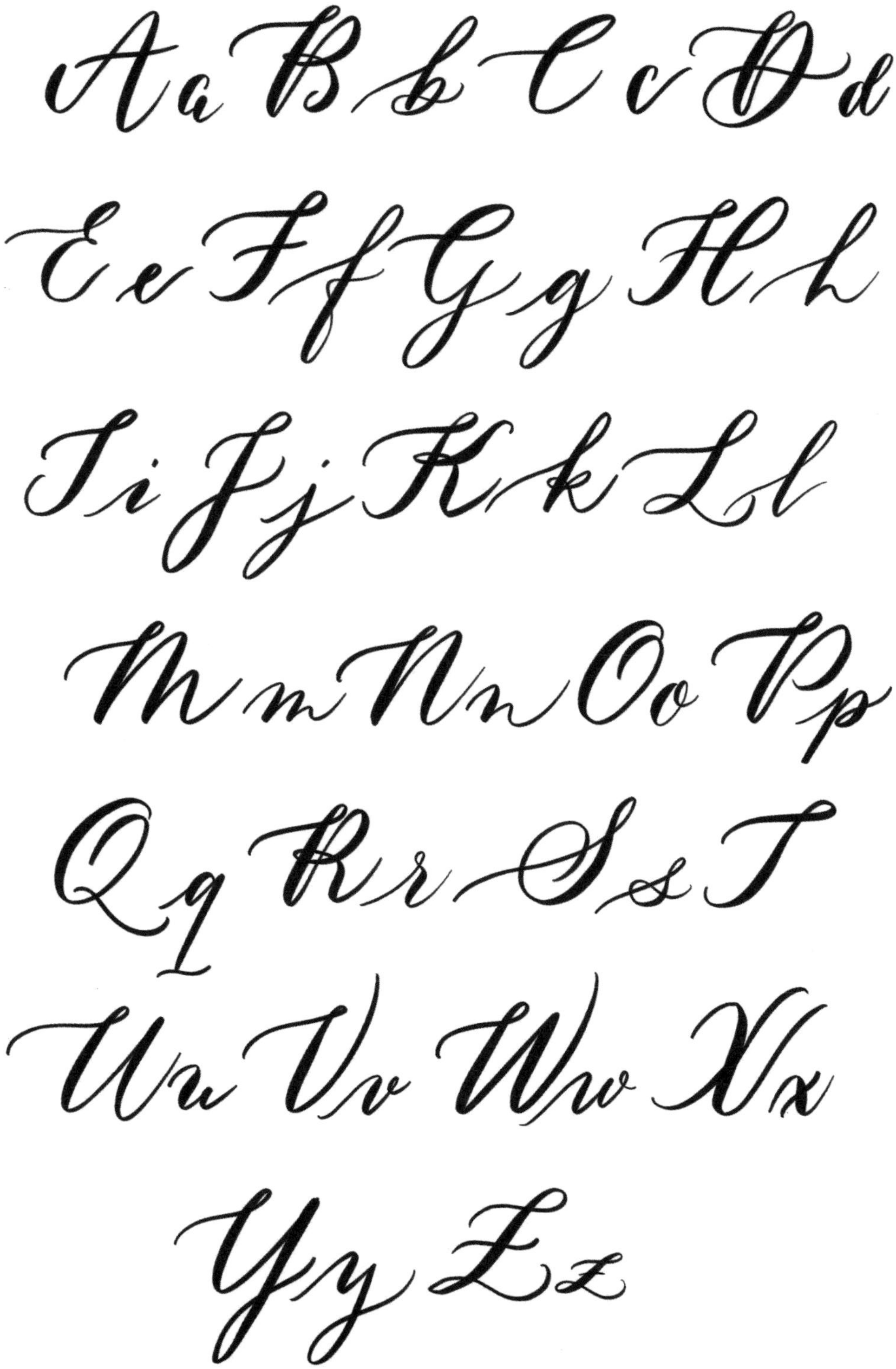
Aa Bb Cc Dd
Ee Ff Gg Hh
Ii Jj Kk Ll
Mm Nn Oo Pp
Qq Rr Ss T
Uu Vv Ww Xx
Yy Zz

4.4 Kleinbuchstaben

Buchstaben mit Bögen und Wellen: i n m u v w t

i

Diese Variante des kleinen i ist verspielt: Anstelle eines Aufstrichs und eines separaten Abstrichs schreibst du eine Welle, auf die der i-Punkt gesetzt wird.

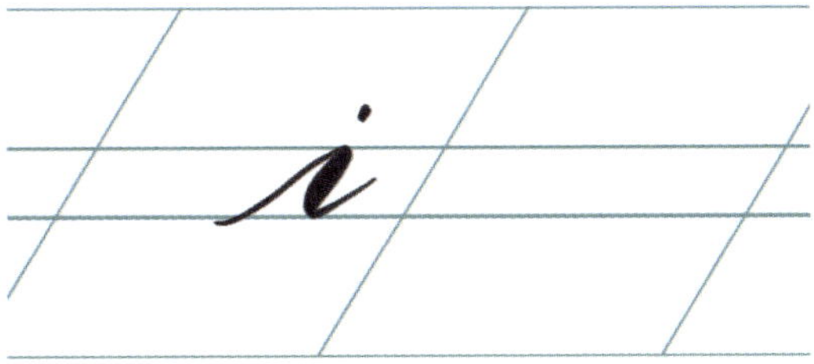

u

Beim u kannst du den ersten Bogen etwas über die Mittellinie führen, das schafft Dynamik. Wenn du dann den zweiten Strich etwas kürzer machst und damit zusätzlich noch etwas unter der Grundlinie endest, wird der Buchstabe sehr lebhaft.

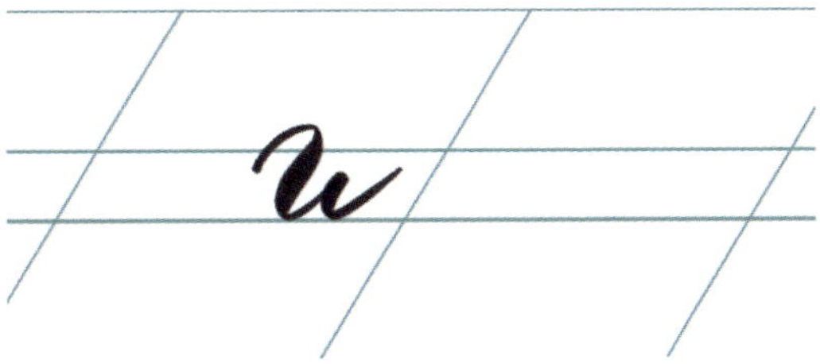

n, m

Diese Varianten sind relativ anspruchsvoll, da du dafür den Brush Pen gegen seine natürliche Zugrichtung manipulieren musst. Der zweite Strich des n bzw. der dritte Strich des m gehen hier nicht nach links innen, sondern nach rechts außen. Zusätzlich kannst du den Strich unter der Grundlinie auslaufen lassen. Das lockert die Schrift auf und gibt ihr ein springendes Erscheinungsbild.

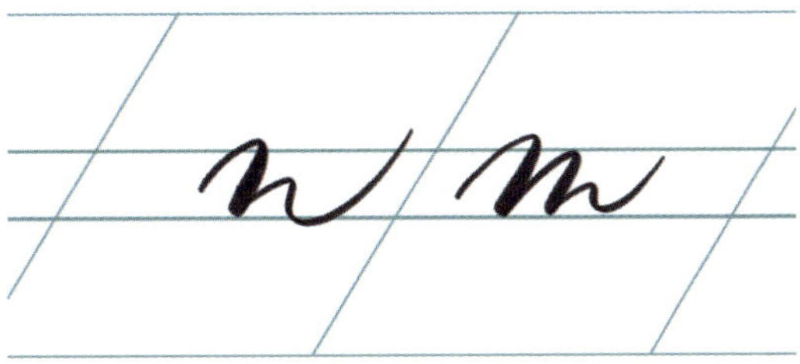

v, w

Anstatt des kleinen Häkchens kannst du bei diesen Buchstaben auch eine Schlaufe machen. Dabei wird das v in einem und das w in zwei Strichen geschrieben. Achtung: Auch die Schlaufen orientieren sich an der Schräge, genau wie der restliche Buchstabe!

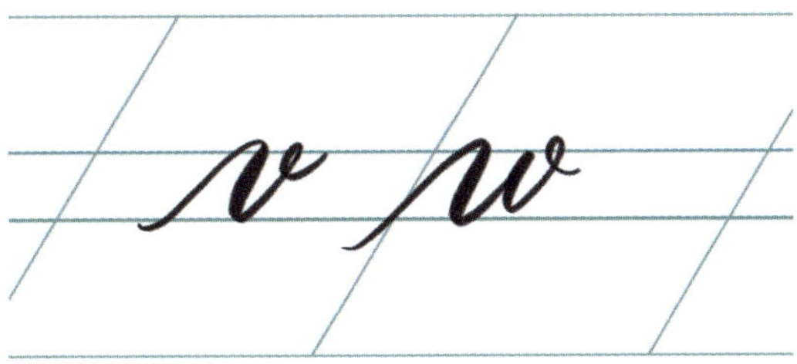

t

Das t füllt nicht die gesamte Oberlänge aus. Der Querstrich darf gebogen sein.

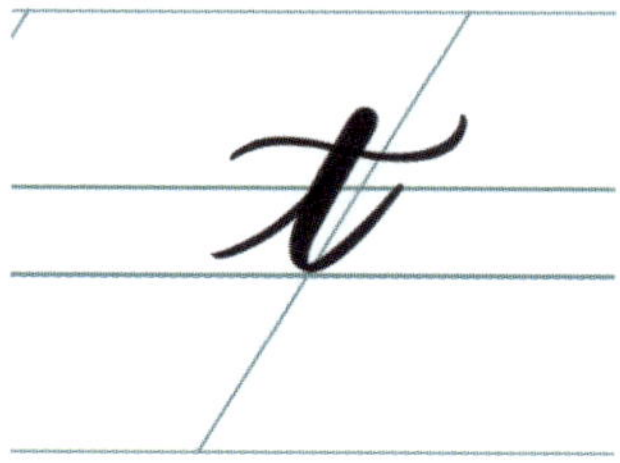

Buchstaben mit Ovalen: Gruppe o a d c e

o

Bei diesem Lieblings-o beginnst du ausnahmsweise nicht bei 14:30 Uhr auf deinem imaginären Ziffernblatt (s. Spitzfeder-o), sondern bei 12:00 Uhr. Von dort aus formst du das Oval wie gehabt, nur dass du den Strich über die Mittellinie führst, um daraus ein liegendes Oval nach links zu formen. Wenn das gelungen ist, führst du denselben Strich schräg nach unten rechts. In einem sanften Bogen endet die Schlaufe wieder auf der Mittellinie.

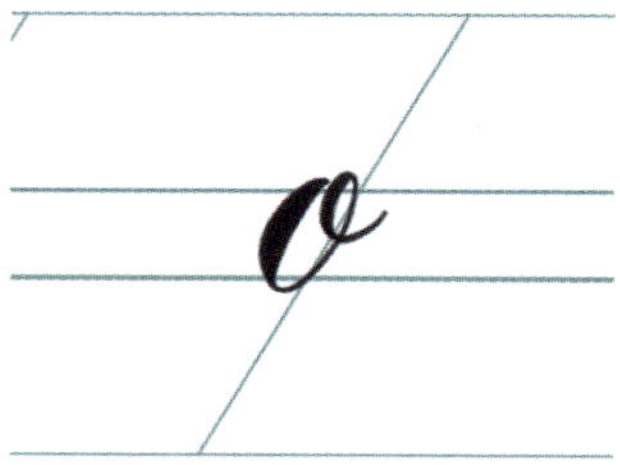

a

Diese Variante des a ist verspielter. Schließe das Oval nicht ganz, sondern lass eine kleine Öffnung, wenn du den zweiten Strich, also den Abstrich, schreibst. Für einen hüpfenden Effekt kannst du die Länge des Abstriches variieren.

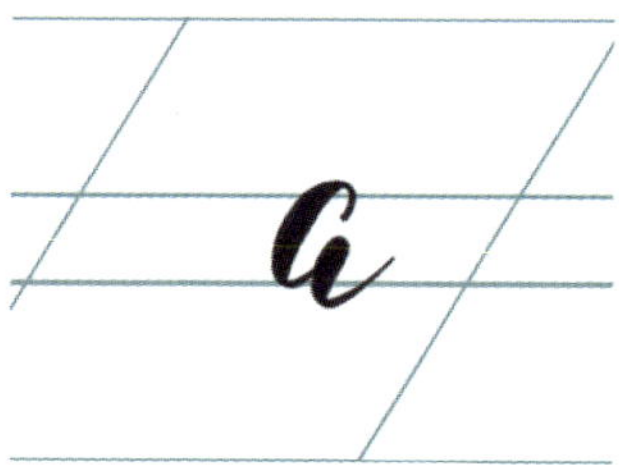

d

Anstatt beim d einen einfachen Abstrich zu machen, setzt du hier wieder am Beginn des Ovals (auf 14:30 Uhr) an. Von dort aus gehst du, wie bei den Oberlängen, etwas nach rechts, um dann oben eine Schlaufe zu setzen. Danach folgt ein regulärer Abstrich.

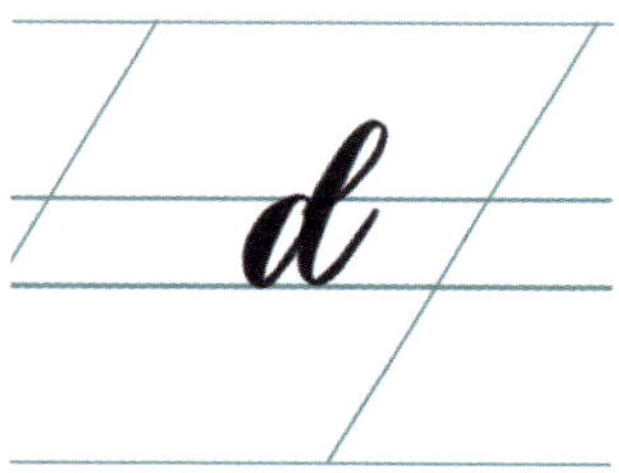

c

Das c ist ein offenes Oval, der Aufstrich darf ruhig ausladend nach rechts führen.

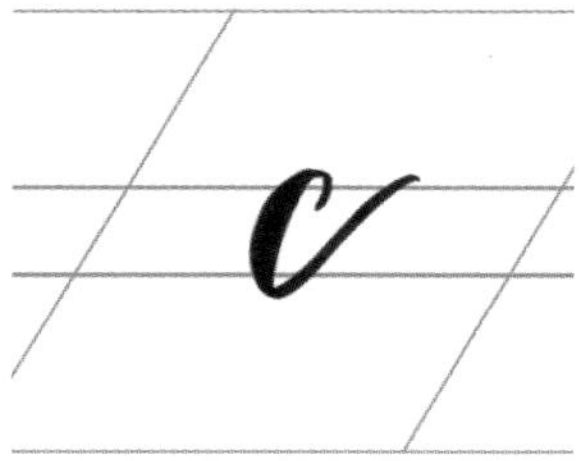

e

Beginne mit einem Bogen, der die x-Höhe ausfüllt. An der Mittellinie ziehst du den Strich eng am Aufstrich nach unten, sodass ein sehr schmales Oval entsteht.

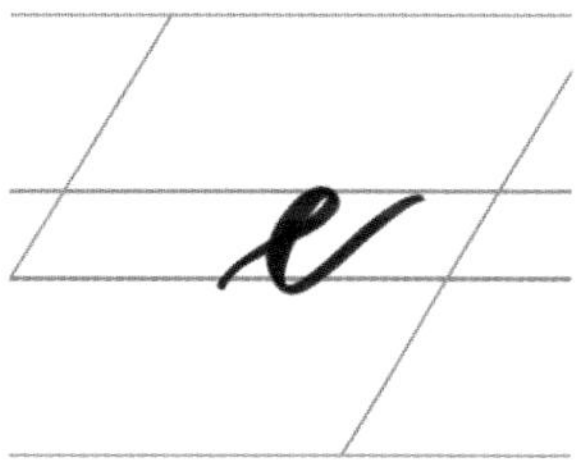

Buchstaben mit Unterlänge: Gruppe j g q y p

Achte bei den Buchstaben mit Unterlänge darauf, dass zwischen dem Abstrich mit der Schlaufe und dem restlichen Buchstaben genug Abstand ist. Es soll immer ein eindeutiger Weißraum zu sehen sein, sonst wirken die Buchstaben zu gedrängt.

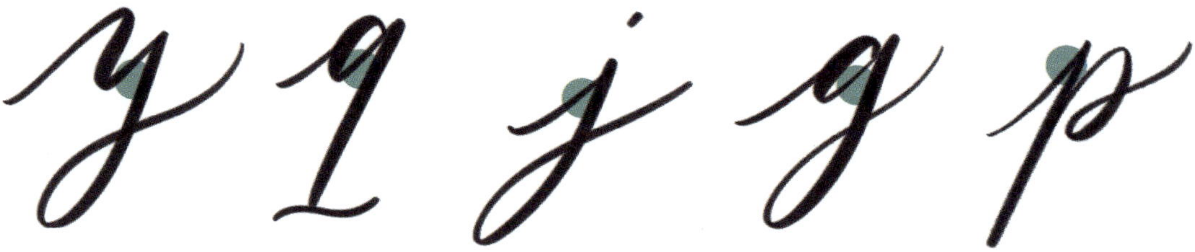

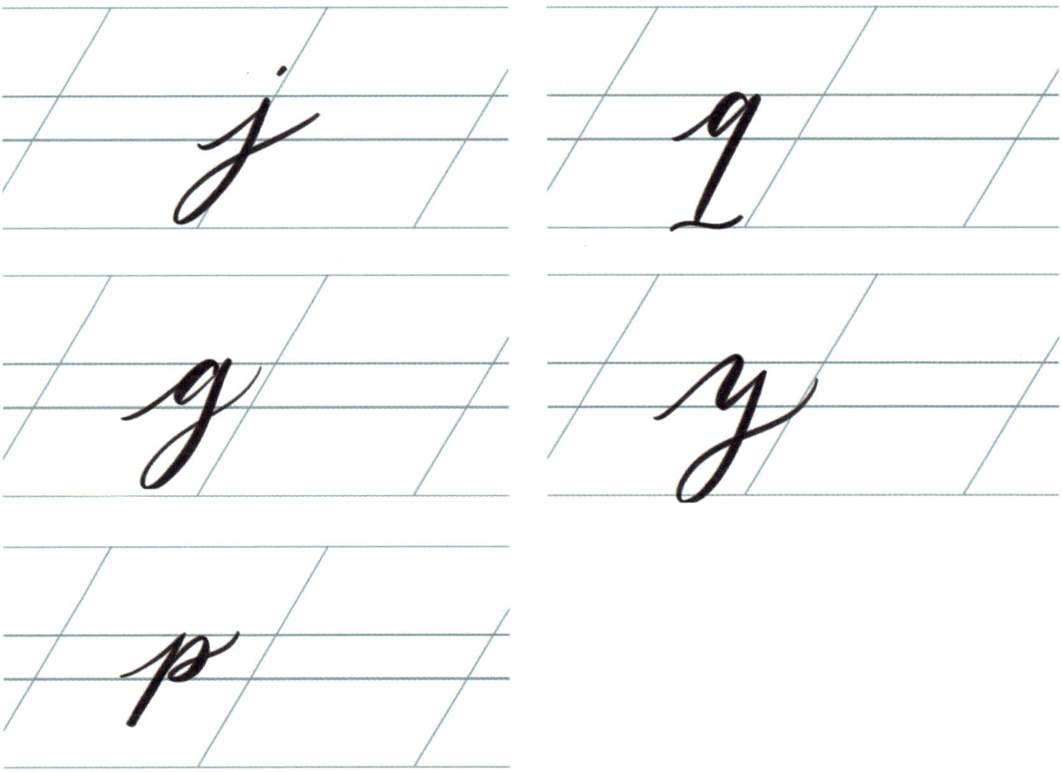

Tipp

Setze ruhig ab, wenn es dir schwerfällt, den Buchstaben in einem Zug zu schreiben. Das ist legitim und oft eine gute Lösung!

Buchstaben mit Oberlänge: Gruppe l b h k f

l

Das l ist die Basis für alle Buchstaben mit Oberlänge. Der Aufstrich ist eine zarte s-Kurve, der Abstrich folgt der schrägen Hilfslinie. Die beiden kreuzen sich knapp oberhalb der Mittellinie.

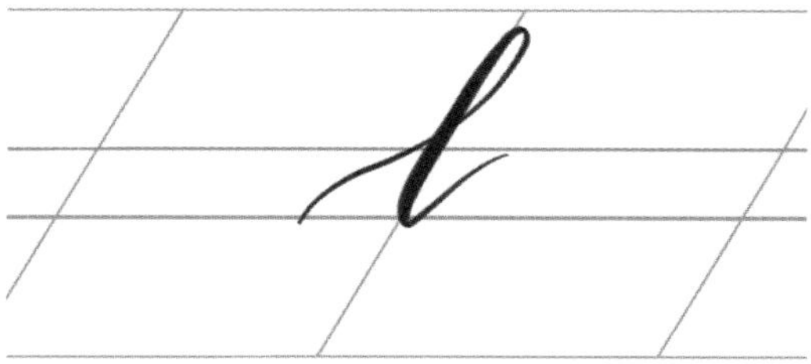

k

Das k ist besonders hübsch mit seiner Schlaufe. Diese sieht wie ein großes Schreibschrift-R aus.

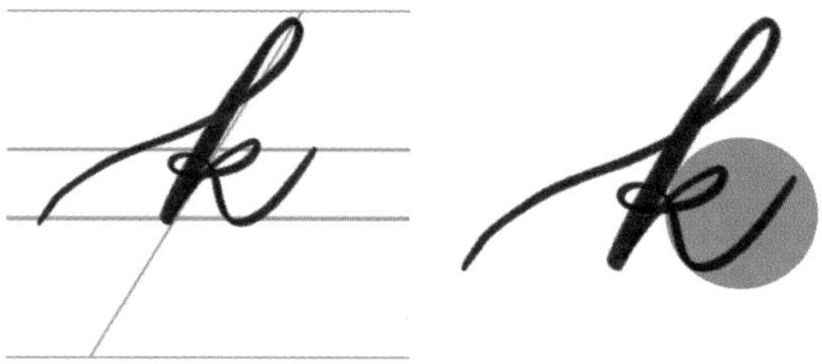

h

Denke beim h an das kleine n.

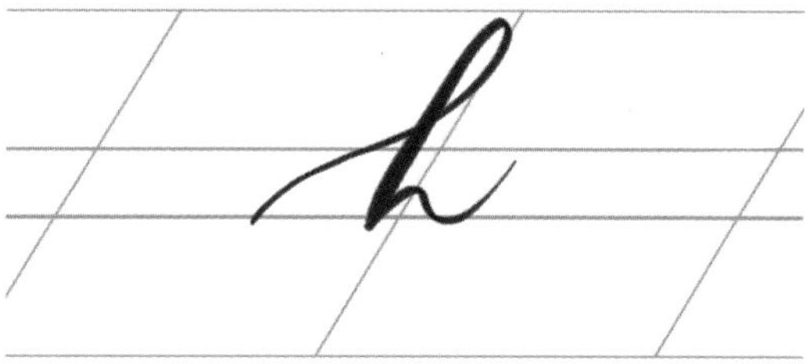

b

Wenn du mit dem Abstrich an der Grundlinie angekommen bist, setze den Brush Pen ab und beginne kurz über der Grundlinie am dicken Strich neu, indem du einen Bogen nach rechts beschreibst. Diesen führst du bis zur Mittellinie und dann parallel zur Schräge nach unten, um in einer Schlaufe zu enden.

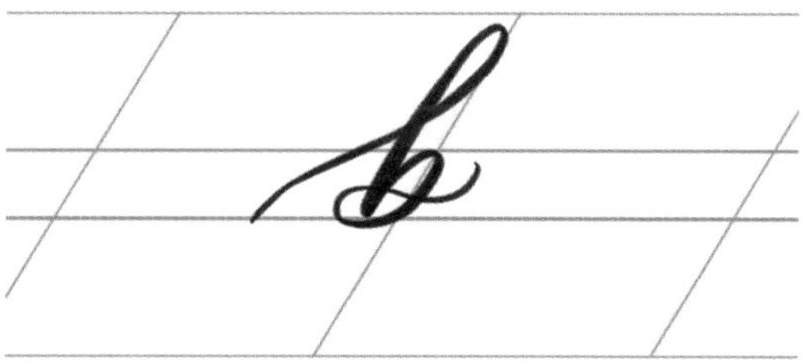

f

Beginne mit dem f mit einer Schlaufe. Anstatt den Querstrich jedoch separat zu schreiben, führe den Aufstrich des unteren Bogens nach links. Kreuze damit den ersten Aufstrich und führe ihn knapp unter der Mittellinie wieder nach links.

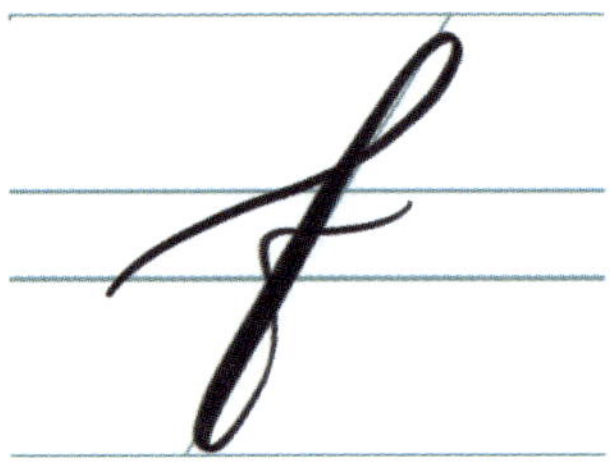

Gruppe s r z x

s

Beginne mit einem Aufstrich, der knapp über der Mittellinie endet, und führe den Abstrich als halbe Wassertropfenform nach unten. An der Grundlinie schiebst du den Brush Pen nach links oben: Anstatt den Buchstaben jetzt zu schließen, kreuzt du den ersten Aufstrich und führst kurz danach eine Haarlinie nach rechts weiter, die deinen Abstrich ein zweites Mal kreuzt.

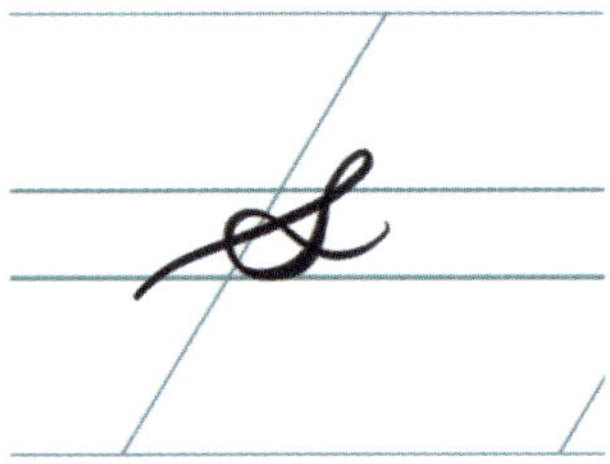

r

Um ein r mit Schlaufe zu schreiben, beginnst du mit einem Aufstrich. Anstelle eines Punkts fügst du aber oberhalb der Mittellinie eine Schlaufe ein. Die Schlaufe hat die gleiche Schräge wie die schräge Hilfslinie. Nach der Schlaufe beendest du den Buchstaben mit dem Abstrich.

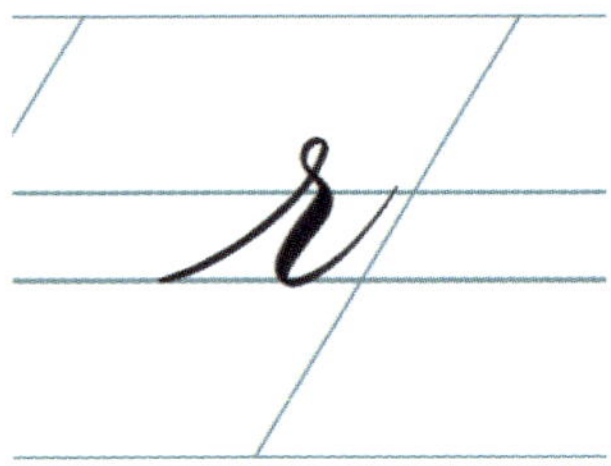

z

Wie auch beim s zu sehen ist, kann eine zusätzliche Schlaufe einen Buchstaben schnell verändern. Beginne für diese Variation des z mit einem leicht gebogenen, horizontalen Strich auf der Mittellinie und lass diesen in eine Schlaufe übergehen. Danach führst du den Abstrich nach links aus. An der Grundlinie wird eine weitere Schlaufe eingesetzt, die wieder in eine geschwungene Horizontale übergeht. Setze zuletzt einen Querstrich in der Mitte des Buchstabens.

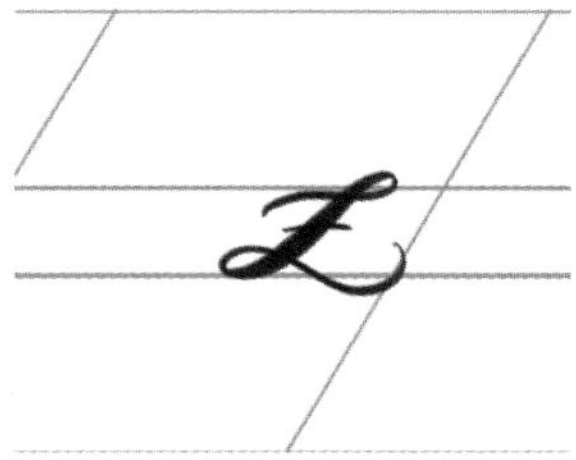

x

Das x beginnt mit einer Zickzackform, danach wird diese mit einem Aufstrich gekreuzt.

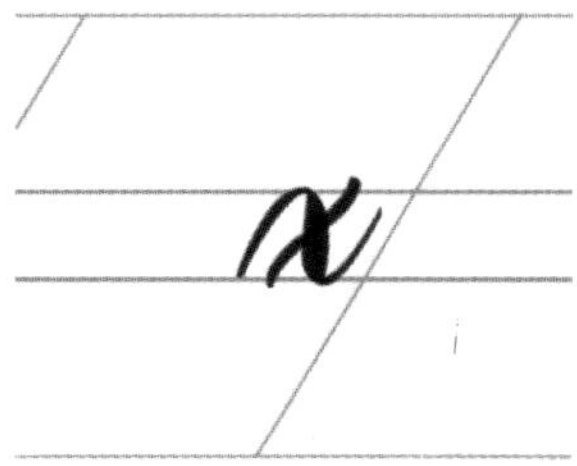

4.5 Großbuchstaben

Grundlagen

Die meisten Großbuchstaben dieses Alphabets haben einen gemeinsamen Ausgangsstrich. Wenn du diesen überall verwendest, hängt das Alphabet wunderbar zusammen und ergibt ein einheitliches Erscheinungsbild.

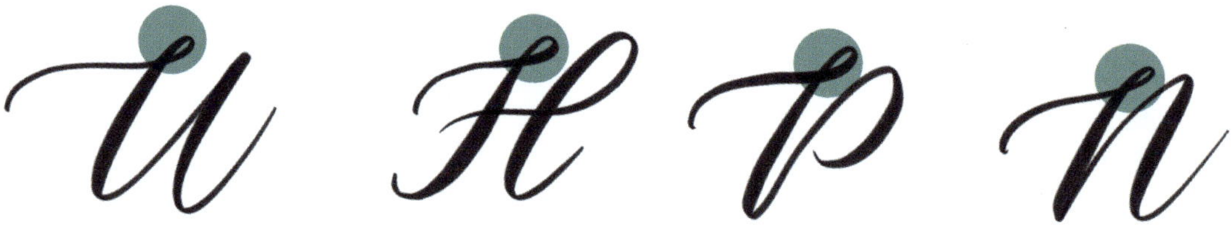

Diese Schlaufe macht das Alphabet lebhaft und kommt oft vor. Falls sie dir zu schwierig ist, versuche die einfachere Variante ohne Schlaufe. Setze dafür an der markierten Stelle ab, bevor du den Abstrich schreibst.

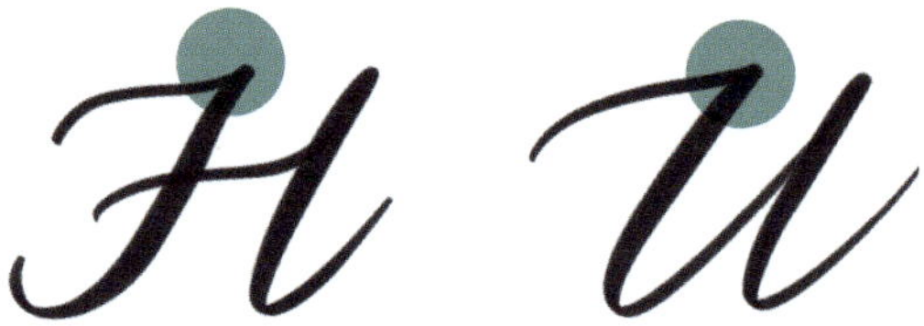

Ein weiteres herausstechendes Merkmal dieses Alphabets ist der Doppelstrich. Führe nach dem Abstrich einen parallelen, dünnen Strich nach oben.

Die Dopplung findet sich auch im O und Q, allerdings ist sie dort im Abstrich.

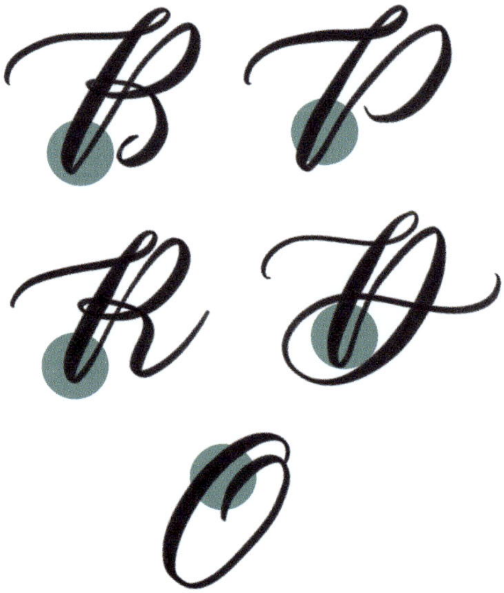

Gruppe U Y V W

Bei dieser Buchstabengruppe ist es besonders wichtig, dass zwischen den Auf- und Abstrichen ein gewisser Abstand bleibt. Nur so kannst du sichergehen, dass der Buchstabe auch genügend Luft hat und nicht zu gedrängt wirkt. Es soll ein kleines Dreieck als Weißraum zu erkennen sein.

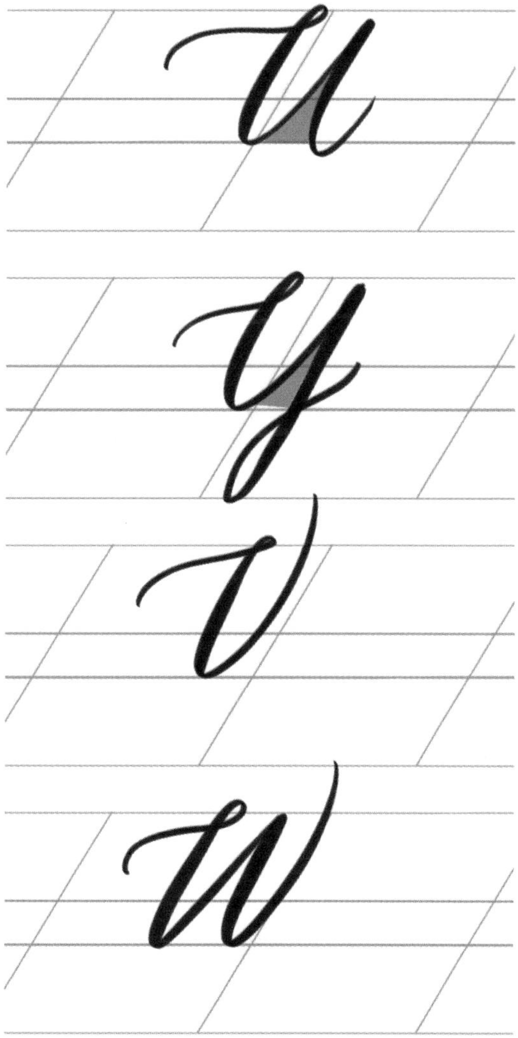

Zu enges U

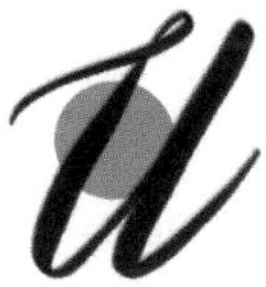

Achte bei V und W darauf, dass die Buchstaben nicht zu breit werden. Das W ist etwas schmaler als wenn zwei V nebeneinander wären.

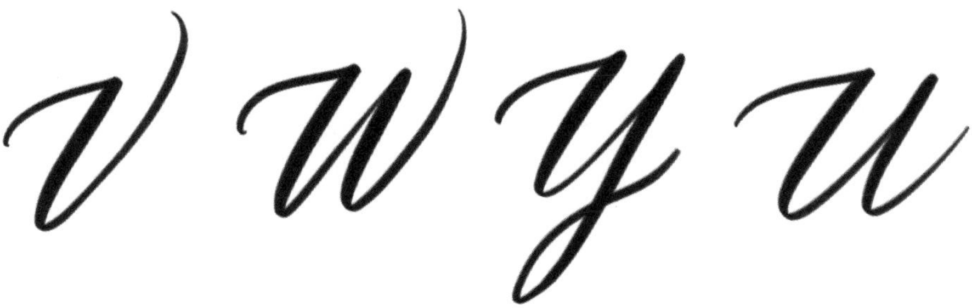

Denke daran, dass du auch die Möglichkeit hast, die einfache Variante zu benutzen.

Gruppe T FP RB

T & F

Diese Buchstaben haben beide den Strich gemeinsam, den du im Spitzfeder-Kapitel als Stamm-Strich kennengelernt hast. Er wird hier aus dem Anfangsstrich mit der kleinen oberen Schlaufe zusammengesetzt.

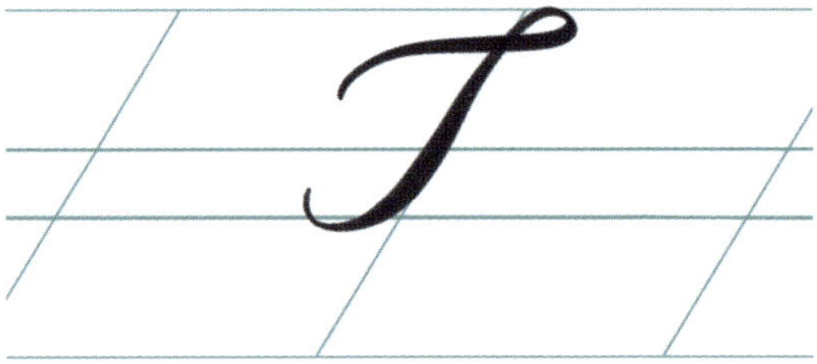

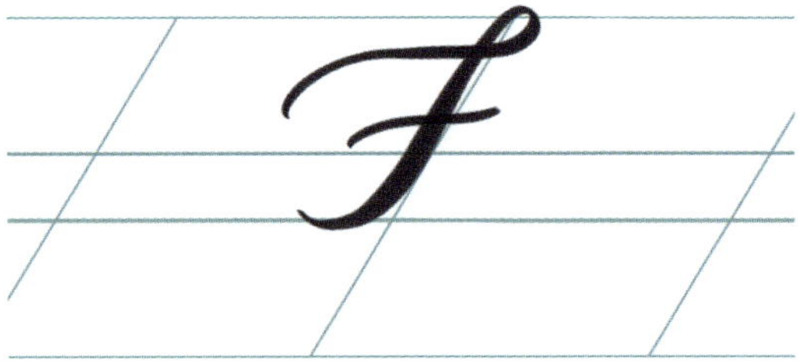

P, B & R

Der Doppelstrich ist eine herausfordernde Übung, macht aber sehr viel her.

Achte darauf, dass du den Brush Pen möglichst parallel zum Abstrich wieder nach oben führst und nicht zu weit nach rechts ausholst.

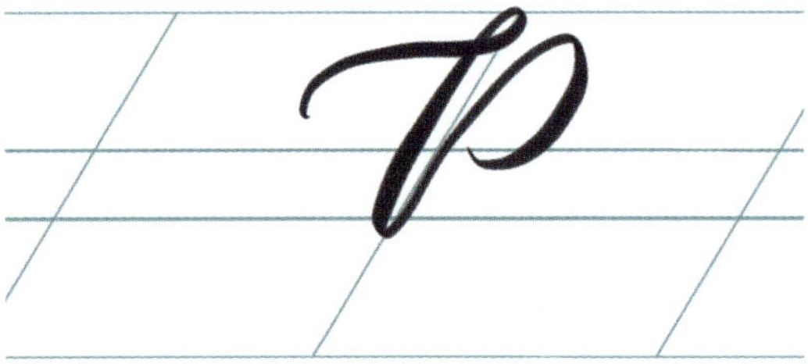

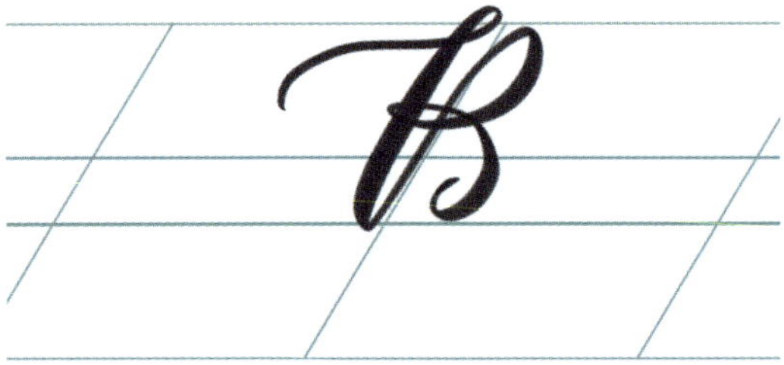

Tipp

Übe den parallelen Doppelstrich erst mal separat, um ein Gefühl dafür zu bekommen.

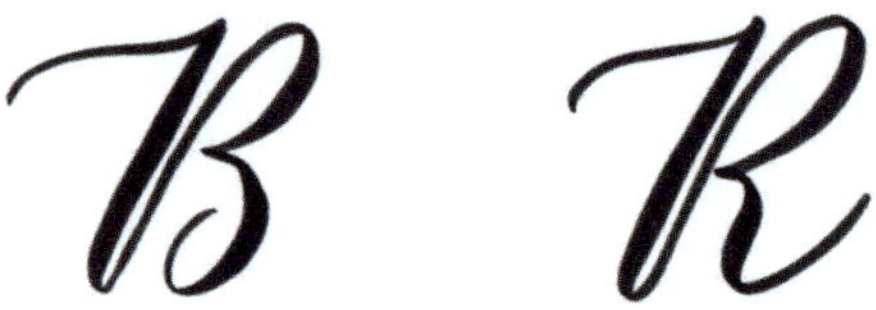

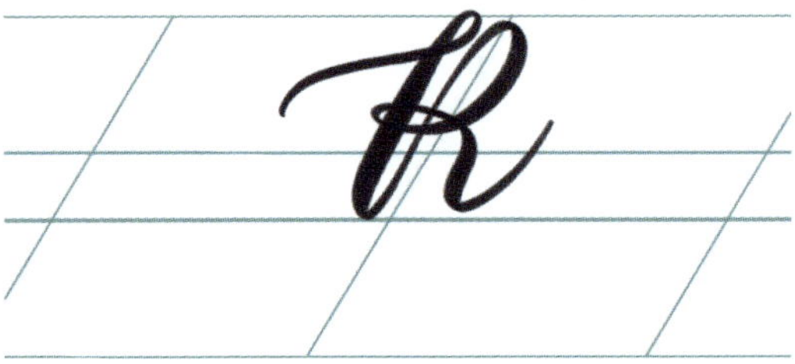

Diese Varianten sind sind besser geeignet für Einsteiger:innen, da keine Schlaufen vorkommen.

Gruppe I JH K Z

I

Auf den ersten Strich, einen horizontalen Anfangsstrich, folgt der Abstrich entlang der schrägen Hilfslinie, also ein Stamm. Wie bereits bei P und F kannst du ihn so weit hinaufführen, dass er erst an der Mittellinie endet.

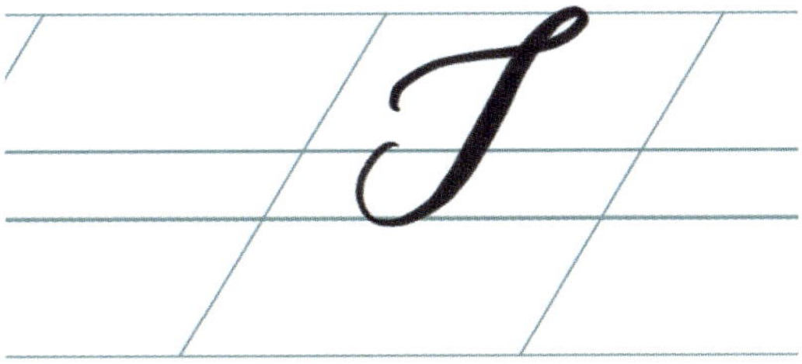

J

Das J sieht gleich aus wie das I, nur dass es eine Unterlänge hat.

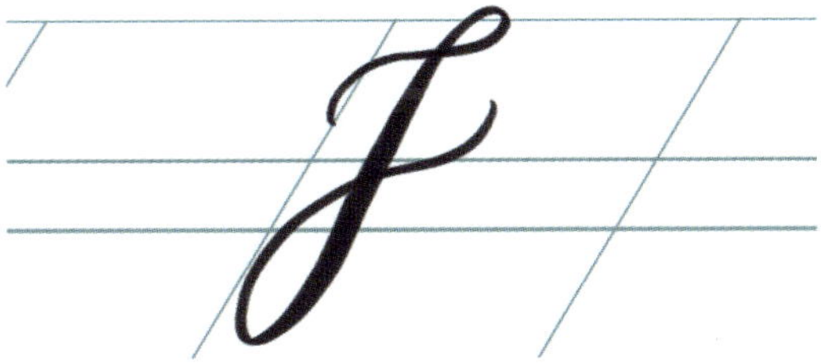

H

Dieses H wird in einem Zug geschrieben. Vereinfacht gesagt ist es eine Kombination aus einem kleinen j und einem kleinen l. Der erste Strich ist, wie in dieser Buchstabengruppe üblich, gebogen und horizontal. Als Nächstes führst du den Stamm-Strich nach unten. Anstatt ihn jedoch enden zu lassen und neu anzusetzen, schreibst du ihn so, als wäre er eine Unterlänge – also als Schlaufe nach oben. Auf der Mittellinie kreuzt du ihn und fügst den nächsten Abstrich an.

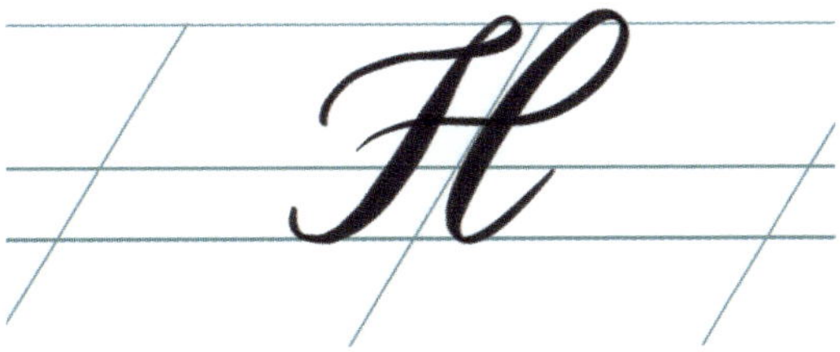

K

Denke bei den Schenkeln des K an eine sich öffnende Mengenklammer: {. Dieses Bild hilft dir dabei, dass die Striche sich in die richtige Richtung biegen.

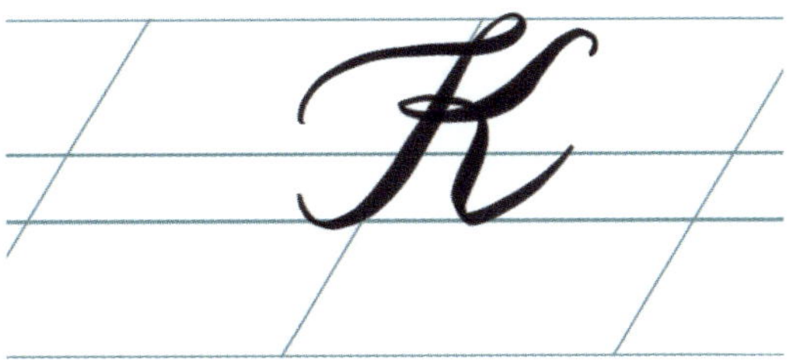

Z

Das Z ist unserem Schreibschrift-Z sehr ähnlich. Achte darauf, dass die horizontalen Striche sich nicht zu sehr biegen.

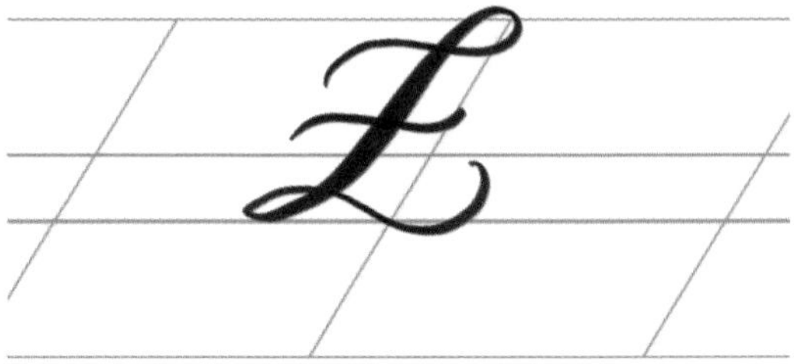

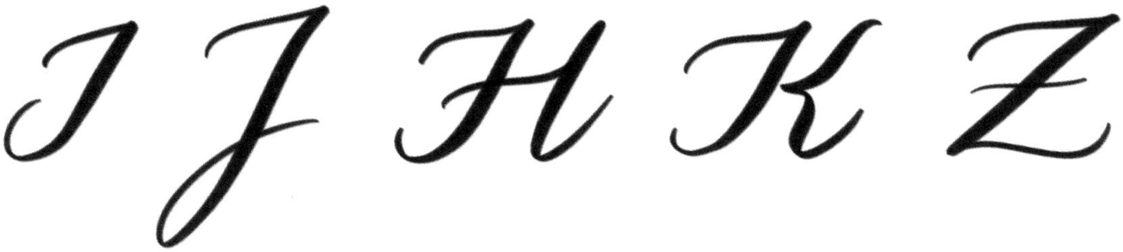

Auch in dieser Gruppe lassen sich die Buchstaben gut vereinfachen.

Gruppe O Q CG

O & Q

Diese Buchstabengruppe basiert auf Ovalen. Der Doppelstrich wiederholt sich hier. Achte darauf, dass der innere und der äußere Strich parallel zueinander sind.

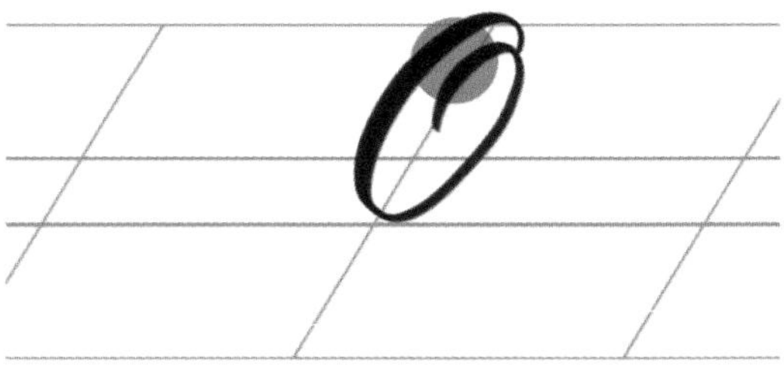

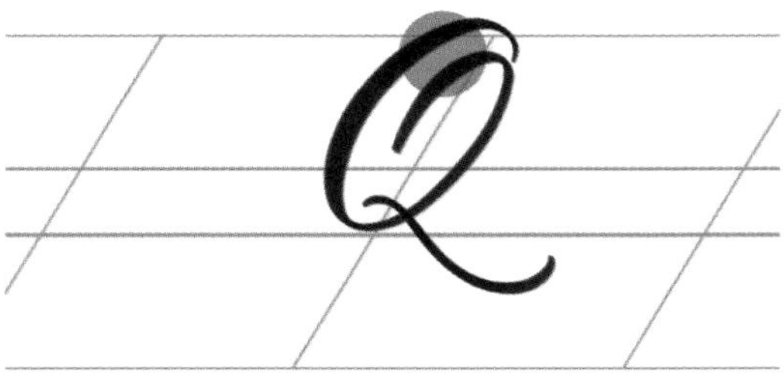

C & G

Bei diesen beiden Buchstaben ist der Anfangsstrich ähnlich wie bei den anderen Gruppen, allerdings ist er flacher und geht in eine größere Schlaufe über. Ein gedankliches Hilfsmittel ist eine schräge 8.

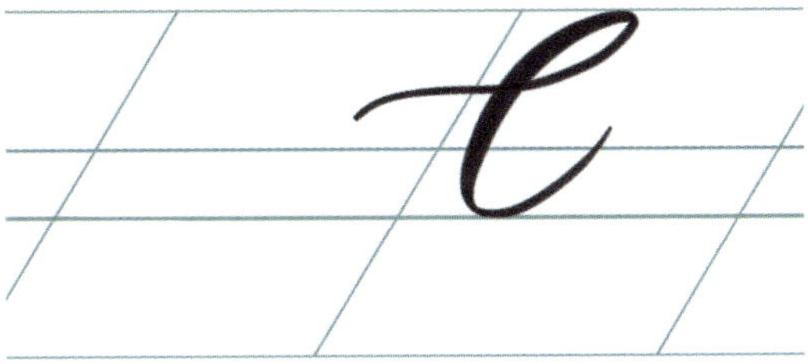

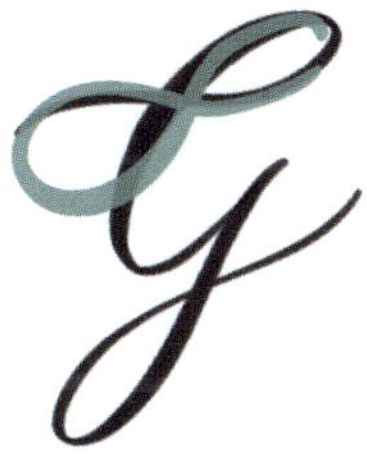

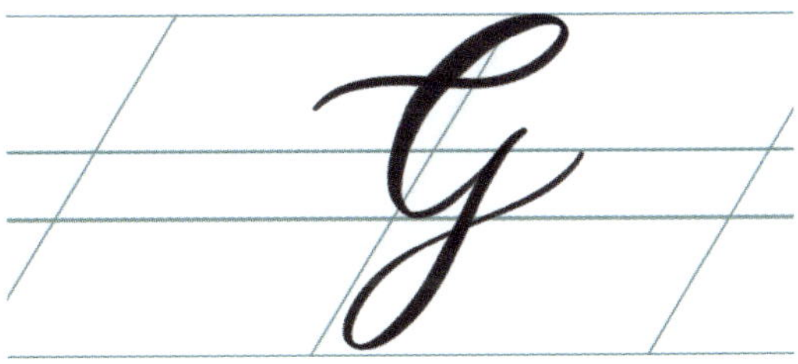

Gruppe L D X

L

Schreibe das L in einem Zug. Führe die auslaufende Schlaufe etwas unter die Grundlinie, das macht den Buchstaben lebendiger.

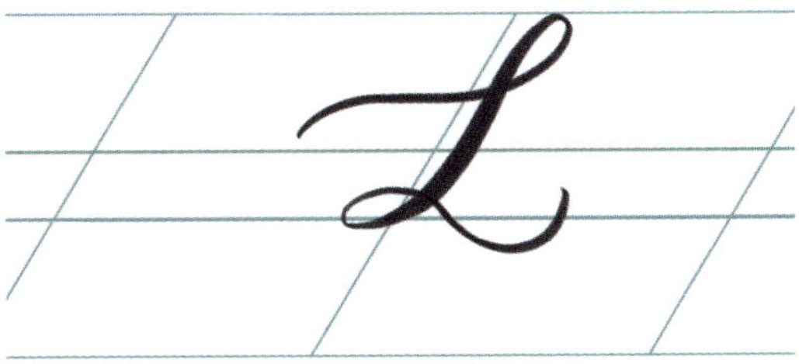

D

Das D ist ein etwas komplizierter, aber dadurch umso schönerer Buchstabe. Schreibe ihn ebenfalls in einem Zug. Hier kommt wieder der Doppelstrich zum Einsatz. Führe die große Schlaufe unter die Grundlinie, um genug Platz für eine ausladende Linie zu haben.

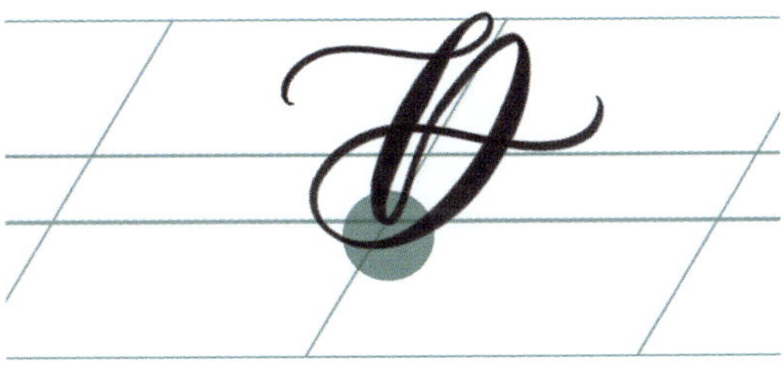

X

Beim X ist der Abstrich nicht an der schrägen Hilfslinie ausgerichtet, der Aufstrich nähert sich dieser ausnahmsweise eher an.

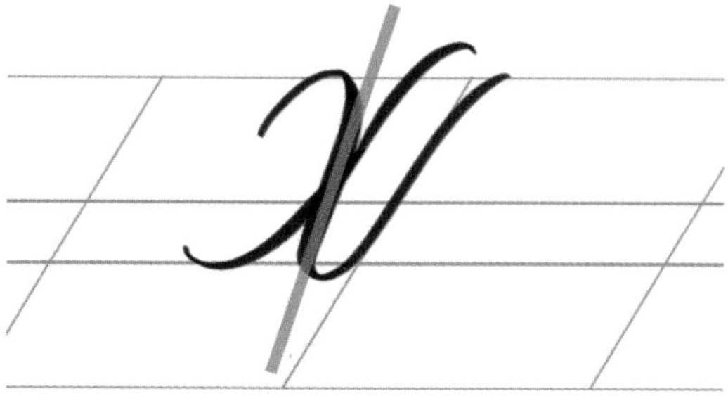

Gruppe S E

S

Meine Lieblingsvariante des großen S beginnt mit einem weitläufigen Aufstrich. Dieser steht nicht so steil zur Grundlinie wie die schräge Hilfslinie. Der Aufstrich geht in eine S-Kurve über und endet in einem großzügigen Oval.

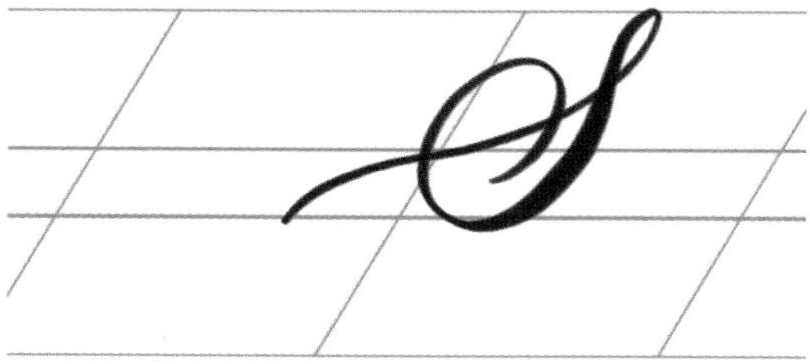

E

Das E besteht aus zwei aufeinandergestapelten Ovalen. Denke beim ersten Strich an die liegende 8, die auch bei C und G vorkommt.

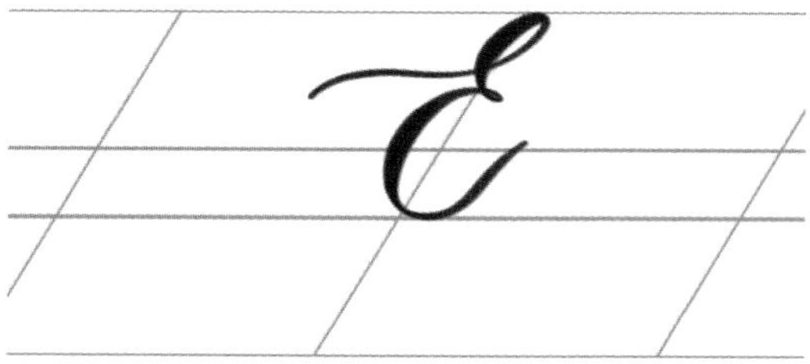

Gruppe N M A

N & M

Bei beiden Buchstaben gilt dasselbe wie beim U: Lass genügend Abstand zwischen Auf- und Abstrich, sodass ein Weißraum in Form eines Dreiecks entsteht.

Beim M ist der zweite Bogen kleiner, um ihm noch etwas Dynamik zu verleihen.

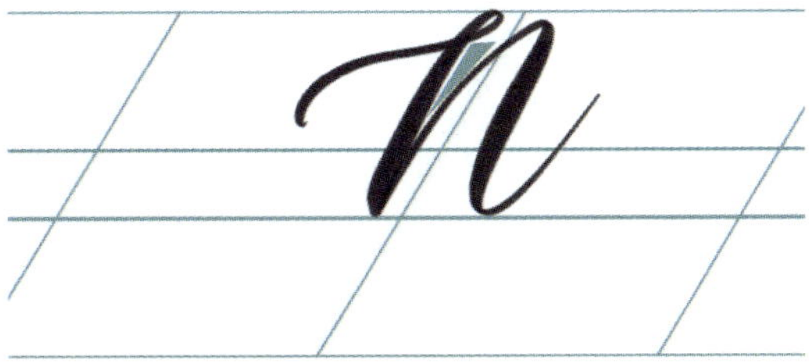

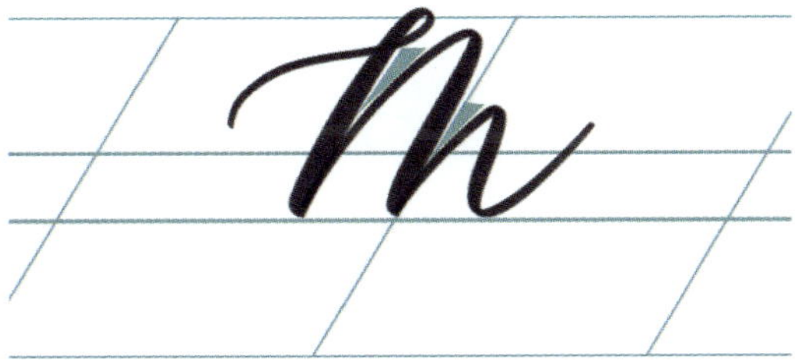

A

Achte beim A darauf, dass es nicht zu breit wird. Dafür muss der Aufstrich relativ steil sein. Der Querstrich kreuzt den Buchstaben etwas oberhalb der Mittellinie.

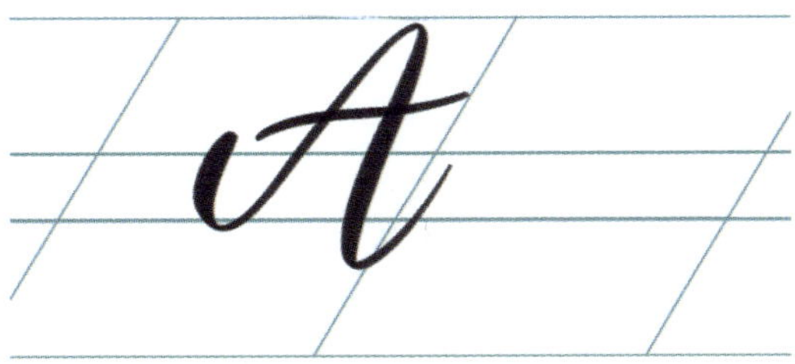

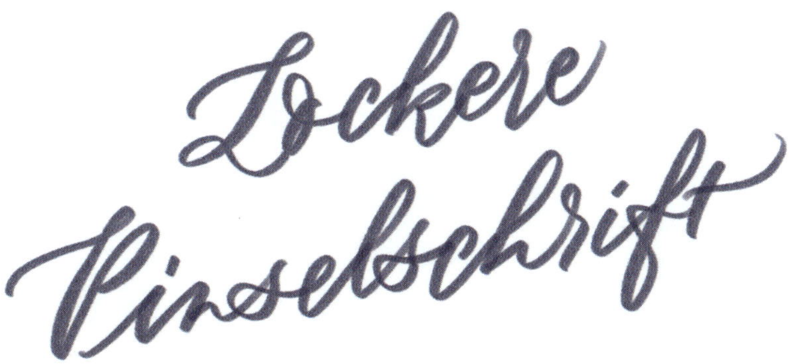

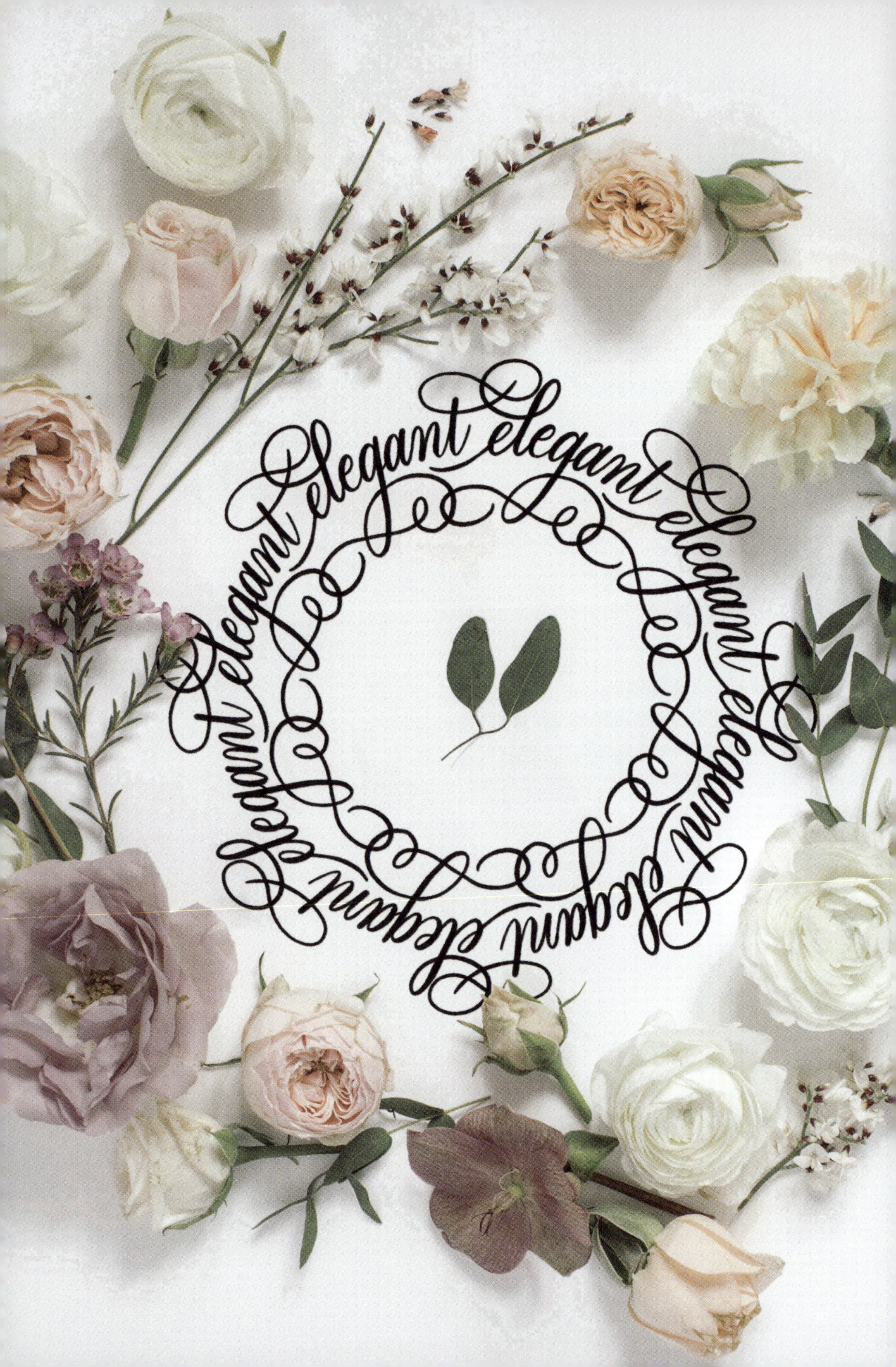
elegant elegant elegant elegant elegant elegant elegant elegant

4.6 Zusatzalphabet

Das Brush-Alphabet lässt sich auch hervorragend mit der Spitzfeder schreiben, versuche es doch einmal.

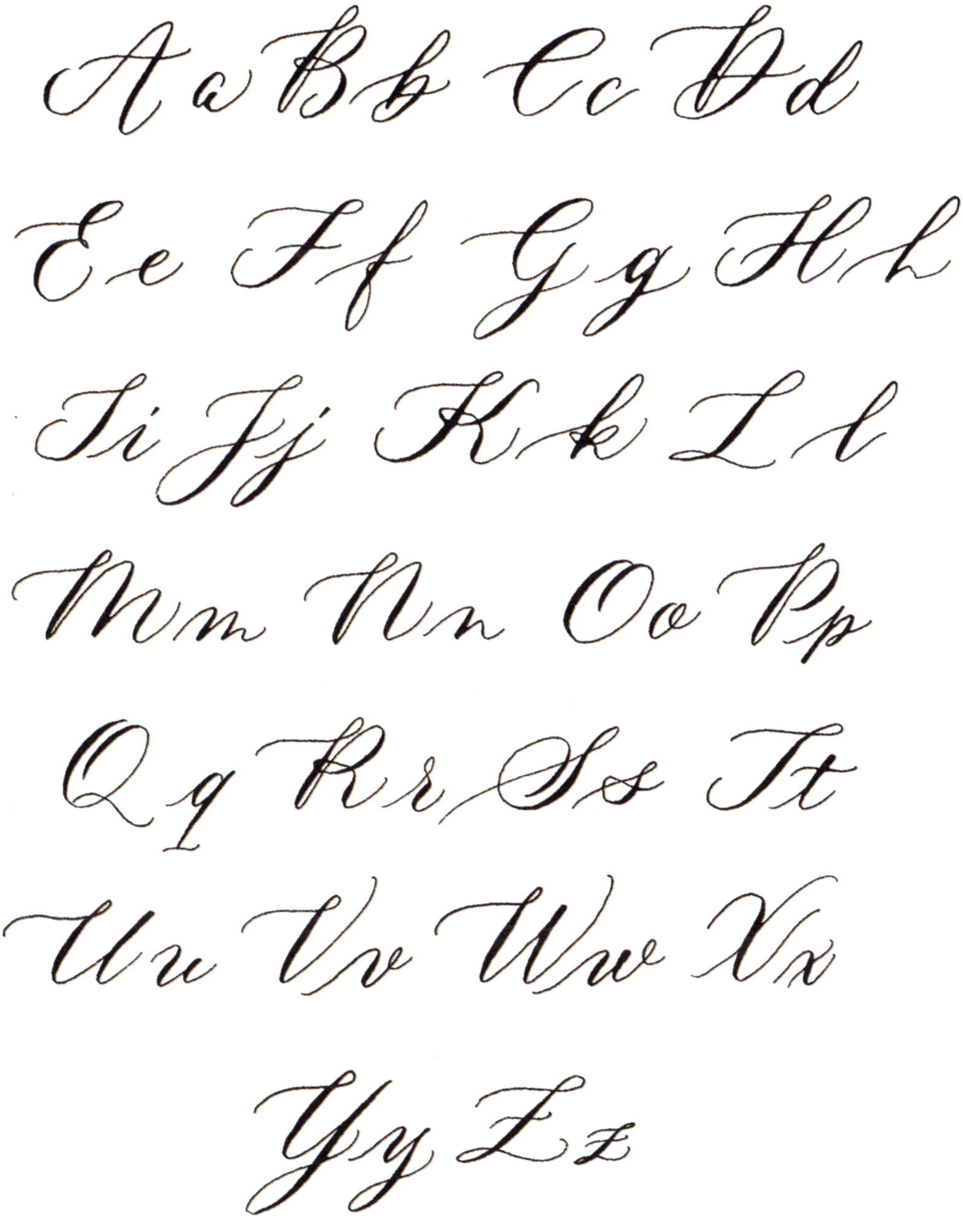

4.7 Weitere Künstler:innen

Folgende Künstler:innen sind Meister:innen mit dem Pinsel. Schau sie dir an und lass dich inspirieren!

- Franziska Jilg, @franziska.jilg
- @joluvian
- Luca Barcellona, @lucabarcellona
- Barbara Calzolari, @barbaracalzolari
- Wanissa Somsuphangsri, @wanisssa

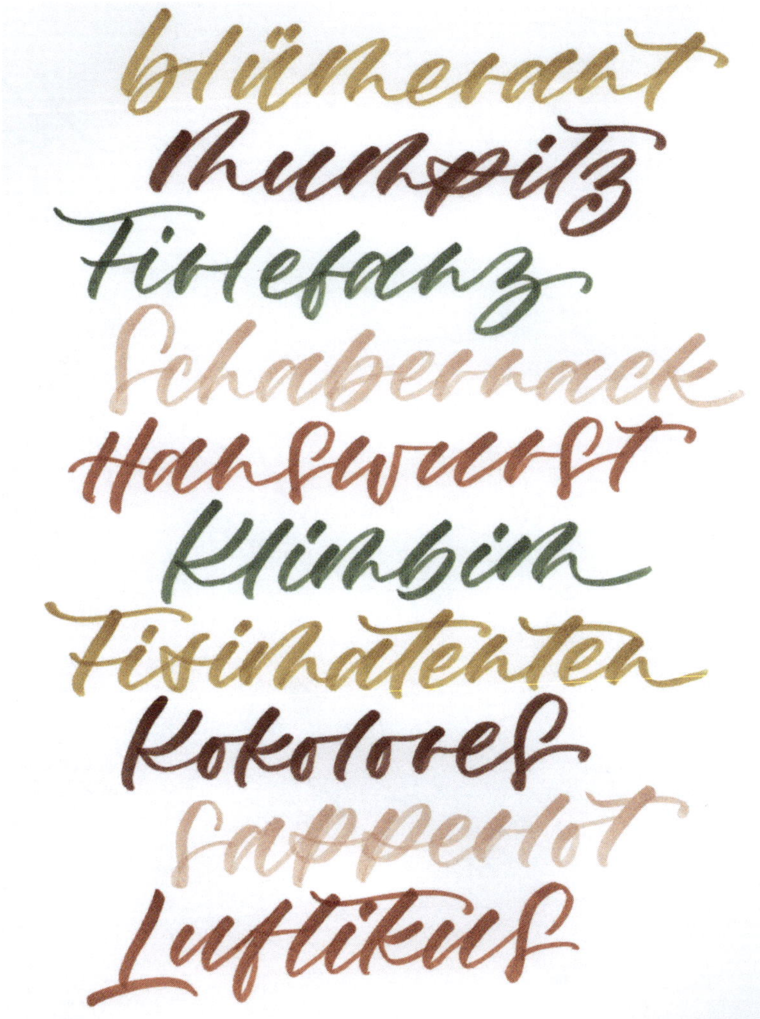

Brush Lettering © Marion Andersen (Letterling)
Die Buchstabenformen und der Stil sind einzigartig, dennoch sind auch bei diesem lebhaften Stil die Gestaltungsprinzipien und die Regeln des Werkzeugs eindeutig erkennbar und werden nicht gebrochen.
letterling.net – instagram.com/letterling

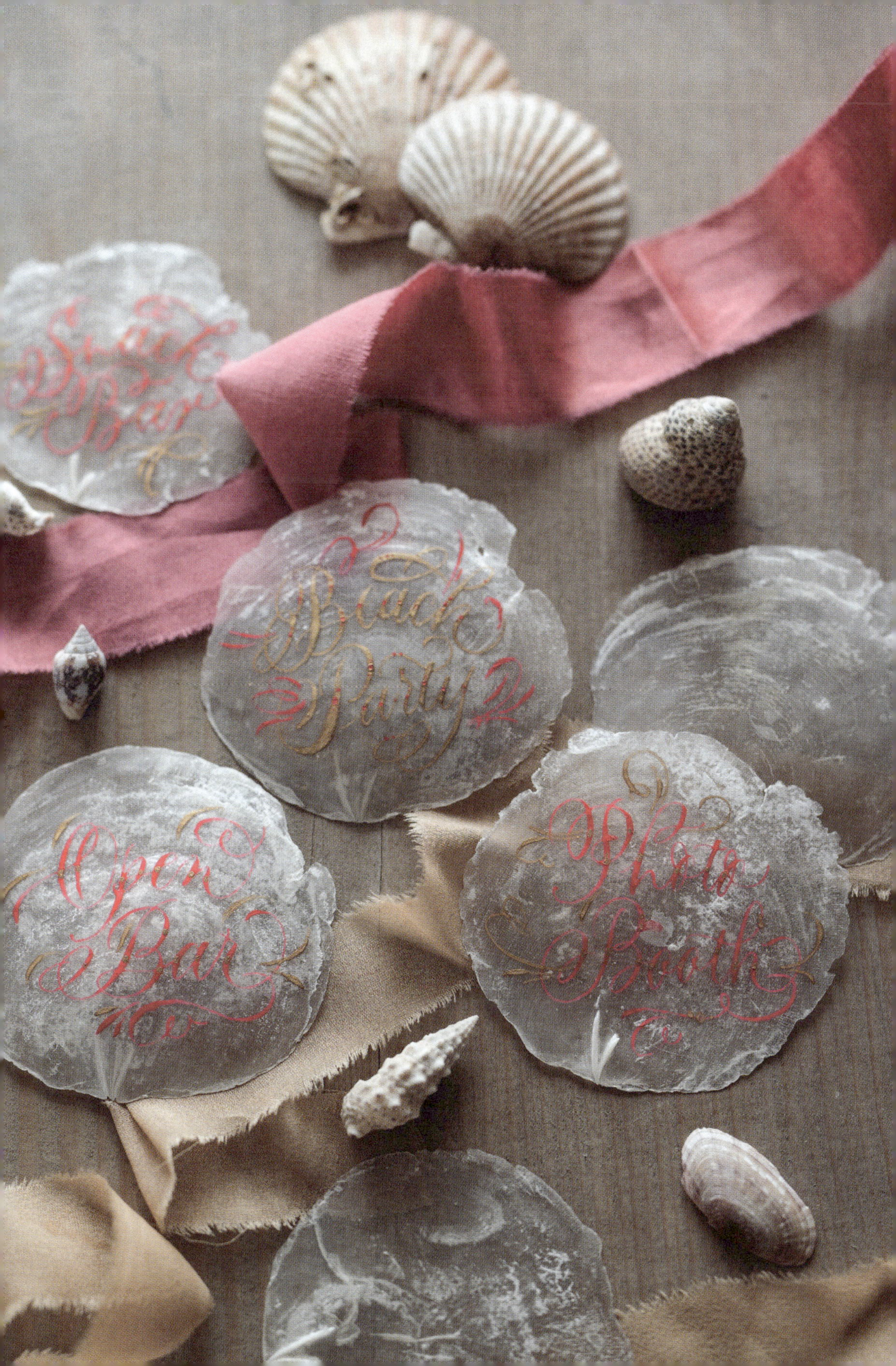
Snack Bar
Beach Party
Open Bar
Photo Booth

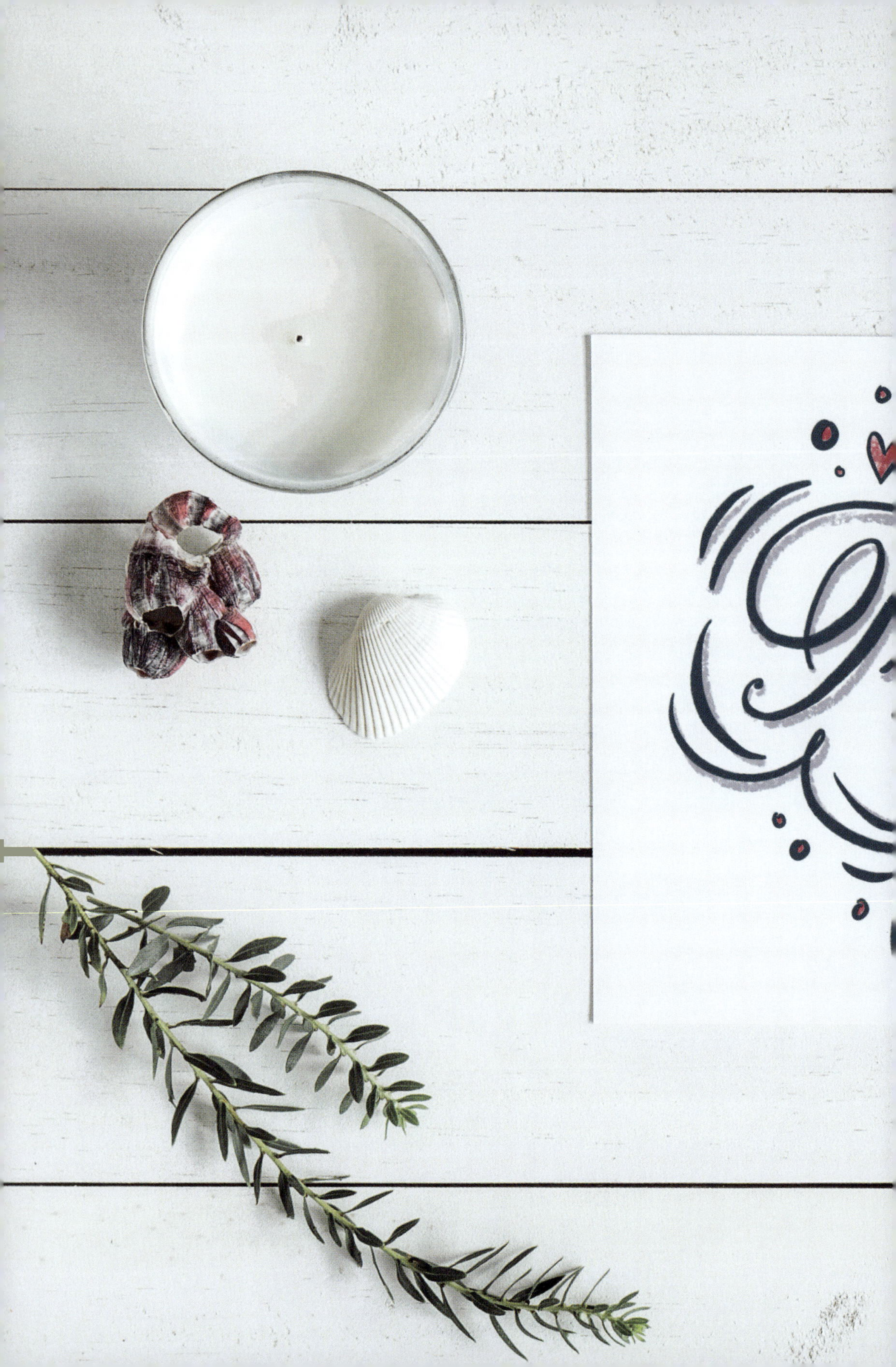

5 Faux Calligraphy

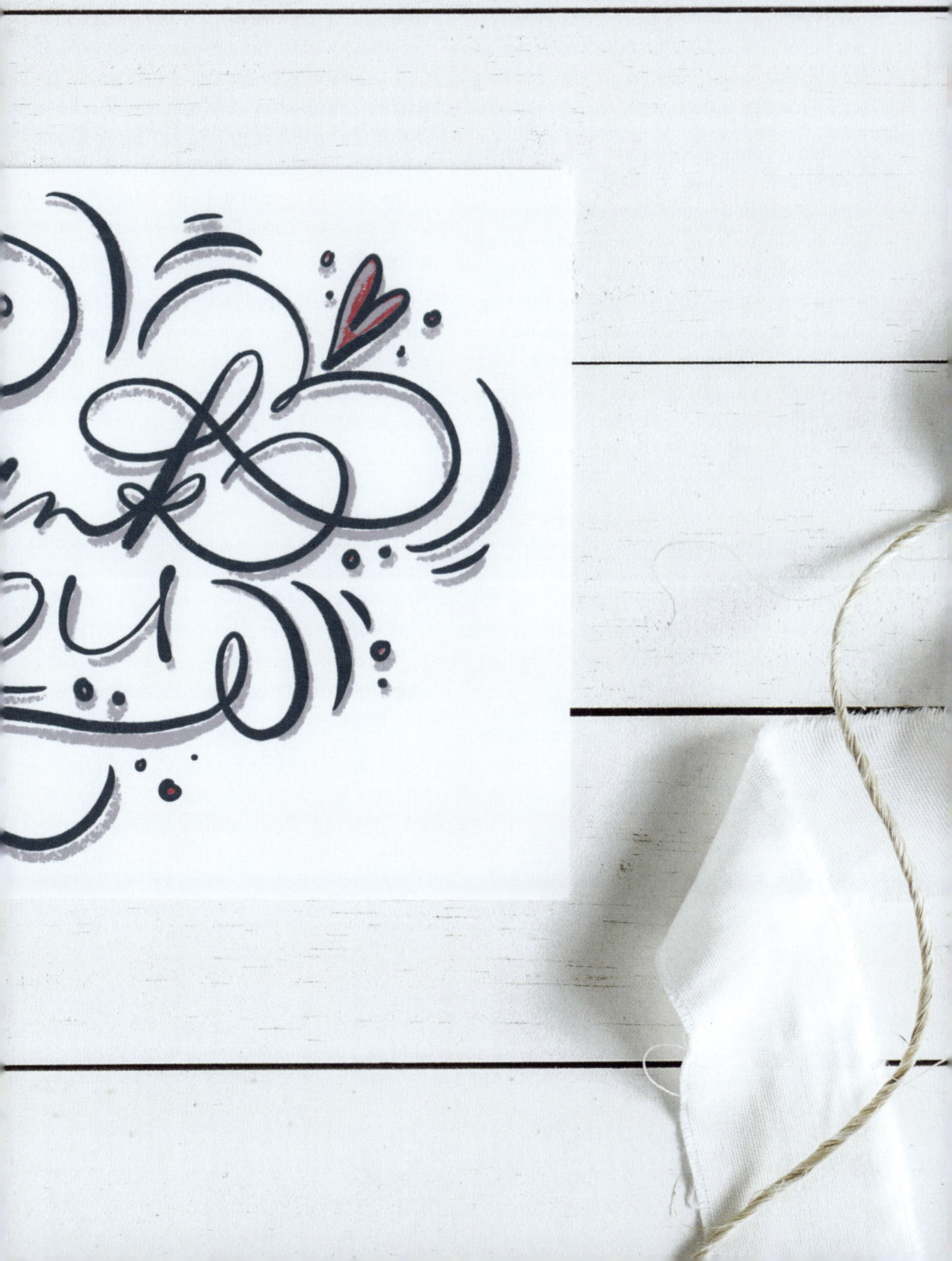

5.1 Einführung

Unter Faux Calligraphy versteht man das Zeichnen von Schrift, die den Eindruck erweckt, als wäre sie mit der Spitzfeder geschrieben worden. »Faux« ist das französische Wort für »falsch«.

Nachdem du das Kapitel zur Spitzfeder-Kalligrafie gelesen oder zumindest überflogen hast, ist dir inzwischen klar, wie das Grundprinzip funktioniert. Abstriche, also Striche von oben nach unten, sind dick, während Aufstriche, also Striche von unten nach oben, dünn sind. Diesem Prinzip folgt auch die Faux Calligraphy, nur dass hier nicht das Werkzeug (z.B. die Spitzfeder oder der Brush Pen) die Arbeit für dich macht, sondern du diesen Effekt händisch einzeichnest.

Faux Calligraphy ist z.B. dann praktisch, wenn du auf größeren Formaten arbeitest, bei denen eine Spitzfeder zu klein wäre. Eine weitere Einsatzmöglichkeit sind Oberflächen, auf denen eine Spitzfeder oder ein Brush Pen nicht hält, z.B. auf einer Kreidetafel oder auf Glas. Auch wenn du gerade keine Spitzfeder bei der Hand hast (absurd, ich weiß!), ist Faux Calligraphy eine praktische Alternative.

Ich persönlich empfehle auf jeden Fall, vorab die Grundlagen der Spitzfeder-Kalligrafie zu lernen, damit du ein Gefühl für den Aufbau der Buchstaben bekommst und weißt, wo die Striche schattiert sein sollen.

5.2 Material

Für die Faux Calligraphy brauchst du kein spezielles Material. Du kannst sie mit dem Fineliner zeichnen oder mit der Füllfeder.

Beachte nur, dass du die Stärke deines Stifts so wählst, dass du die Linien gut nachziehen kannst und die Buchstaben dabei nicht zu dick werden.

Auch die Wahl des Papiers ist bei der Faux Calligraphy nicht so kritisch wie z.B. bei der Spitzfeder-Kalligrafie. Ein herkömmliches Skizzen- oder Druckerpapier reicht hier für den Anfang.

Auch eine Kreidetafel und ein Kreidemarker können Spaß machen und haben den Vorteil, dass du die Oberfläche immer wieder reinigen und neu beschreiben kannst.

5.3 Form der Schattenstriche

Bei der Faux Calligraphy geht es weniger um Grundstriche als darum zu lernen, welche Striche sich an welcher Stelle verdicken lassen. Zuerst einmal musst du wissen, welches Werkzeug du nachahmen möchtest – Brush Pen oder Spitzfeder. Ich zeige dir hier die Faux Calligraphy auf Basis der Spitzfeder.

Sehen wir uns dazu die Grundstriche der Spitzfeder genauer an.

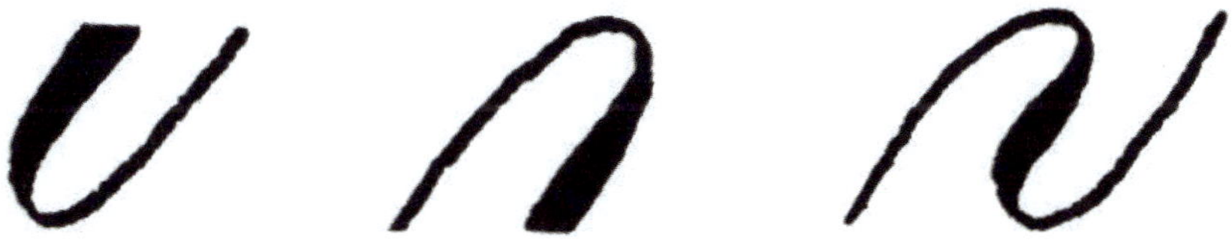

Wie du sehen kannst, nimmt der Druck (also die Dicke) gleichmäßig ab bzw. zu. Dieser Effekt soll bei der Faux Calligraphy emuliert werden.

Der größte Fehler, den du machen kannst ist. einfach einen geraden Strich nach unten zu ziehen, ohne den sanften Übergang von dick zu dünn (oder umgekehrt) zu bedenken. So sieht die Schrift amateurhaft aus.

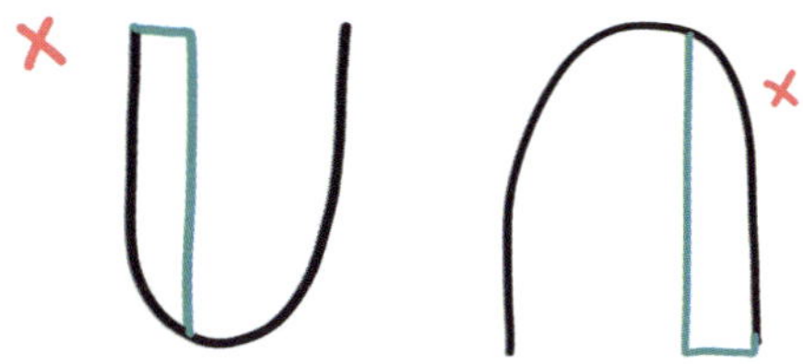

Tipp

Pause ein Spitzfeder- oder Brush-Alphabet ab. Dadurch bekommst du ein Gefühl dafür, wie die Striche zusammenlaufen und wo die Schattenstriche sich befinden.

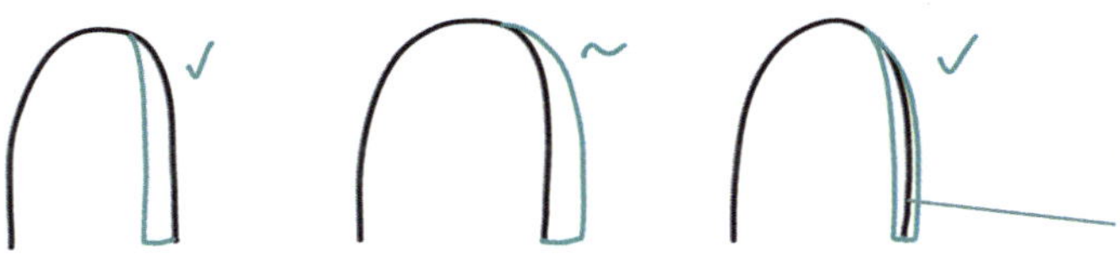

Die Schattenstriche schmiegen sich parallel an die Hauptlinie des Buchstabens.

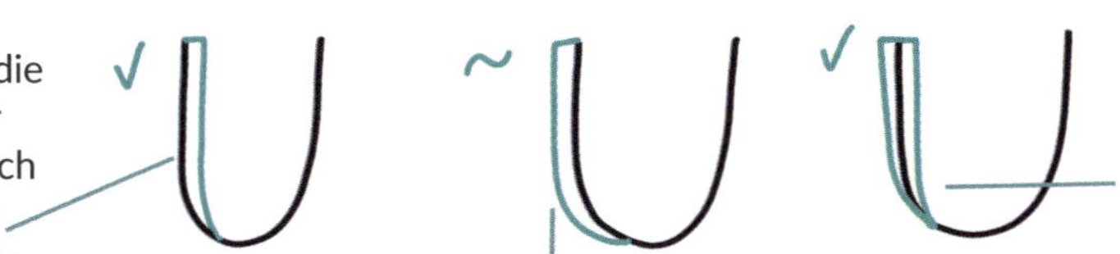

Die innere Linie schmiegt sich an die Kurve, sodass der Schattenstrich nach unten hin dünner wird. Eine elegante Lösung für schmale Buchstaben.

Die Schattierung ist zwar schön und nimmt nach unten hin ab, aber der Buchstabe wird zu breit.

Dadurch, dass der Schattenstrich auf beiden Seiten nach unten hin schmaler wird, entsteht ein ausgeglichenes Erscheinungsbild.

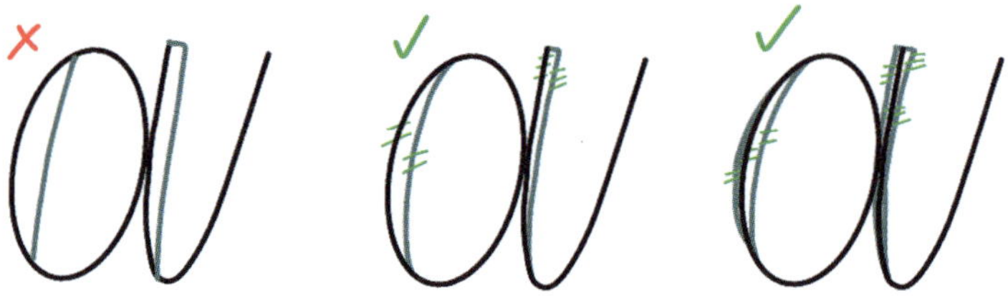

Hier noch einmal anhand des kleinen a veranschaulicht: Rechts sind die Bögen alle parallel, links zu gerade.

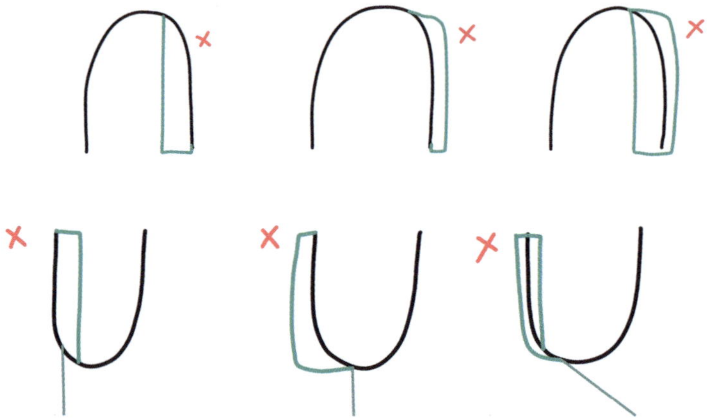

Der gerade Strich nach unten lässt den Buchstaben unelegant wirken.

Zeichne keinesfalls zu weit seitlich, sodass du umständlich wieder zum Buchstaben zurückfinden musst.

Auf den ersten Blick sieht das okay aus, in Wirklichkeit findet sich hier dasselbe Problem wie bei der linken Variante.

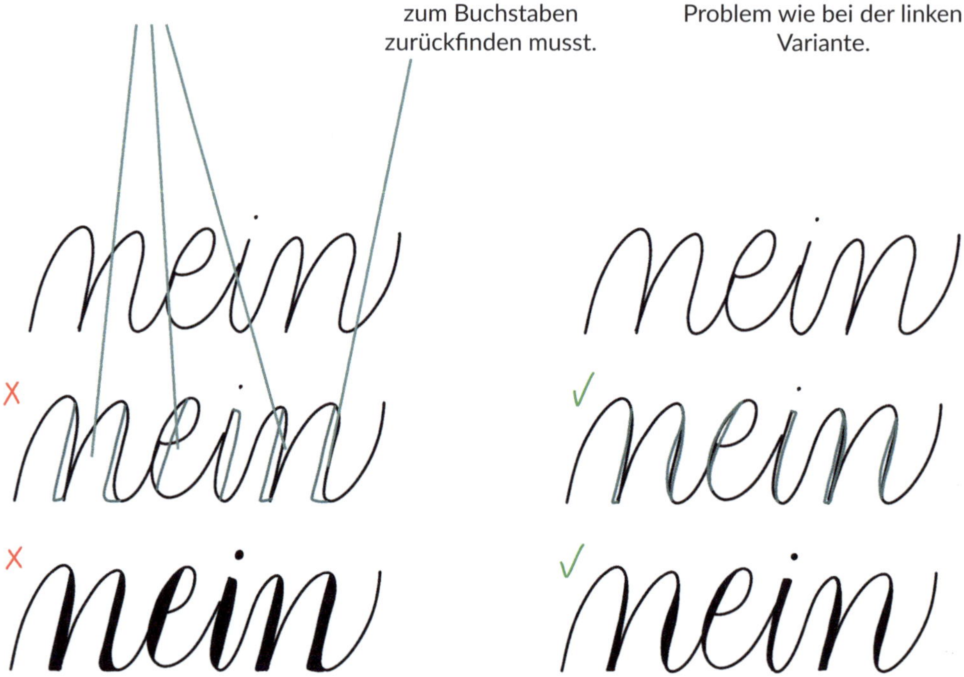

5.4 Position der Schattenstriche

Es gibt mehrere Möglichkeiten, die Abstriche zu verdicken. Die Wahl der Position hängt von der Breite der Buchstaben und dem Wort ab, in dem sie sich befinden.

Das Erscheinungsbild des Worts verändert sich dadurch deutlich. Beachte besonders die Stellen, wo sich mehrere Linien überlagern und überlege dir, welchen Effekt du erzielen möchtest.

Verdickung links

Verdickung rechts

Verdickung beidseitig

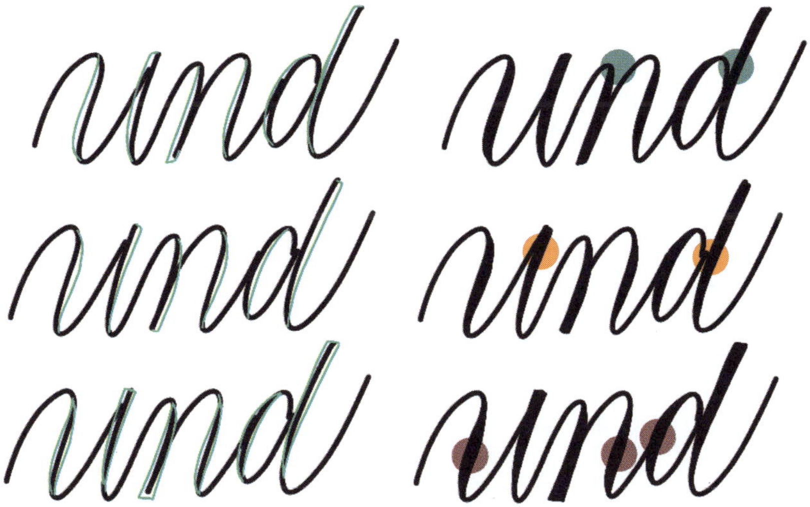

Bei der Verdickung rechts entsteht mehr Abstand zwischen den einzelnen Strichen und der Buchstabe wirkt locker.

Bei der Verdickung links entstehen sehr schöne Abschlüsse und die Buchstaben sehen aus, als wären sie aus einem Guss.

Die beidseitige Verdickung ist besonders bei den Rundungen attraktiv, da sie dort besonders ausgewogen erscheinen. Bei der Kalligrafie würde sich die Feder auch in beide Richtungen öffnen, daher ist diese Variante optimal.

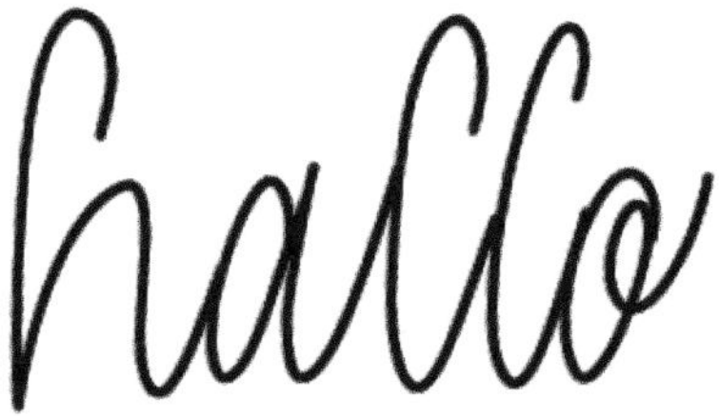

Mit der Position der Verdickung hängt auch ein weiteres Detail zusammen, auf das du achtgeben solltest: die Laufweite deiner Wörter, also den Abstand zwischen den Buchstaben.

Achte darauf, dass dieser nicht zu schmal ist – sonst hast du keinen Platz mehr, um die Abstriche zu verdicken.

Eine Möglichkeit, Schattenstriche zu setzen, wenn wenig Platz ist, besteht darin, die Formen an der Innenseite zu verdicken. So ist der Weißraum innerhalb der Buchstaben zwar kleiner, aber du nimmst bei den Verbindungsstrichen keinen Platz weg.

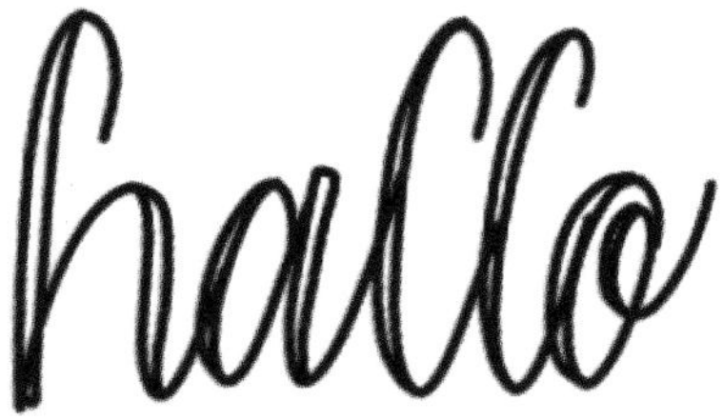

Außen verdickt

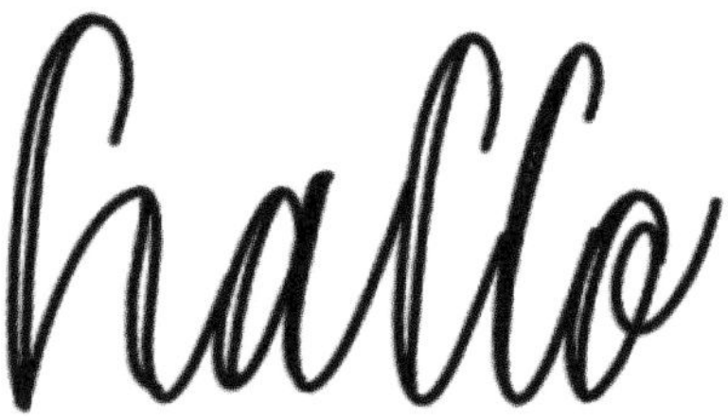

Innen verdickt –
die Buchstaben wirken schmaler.

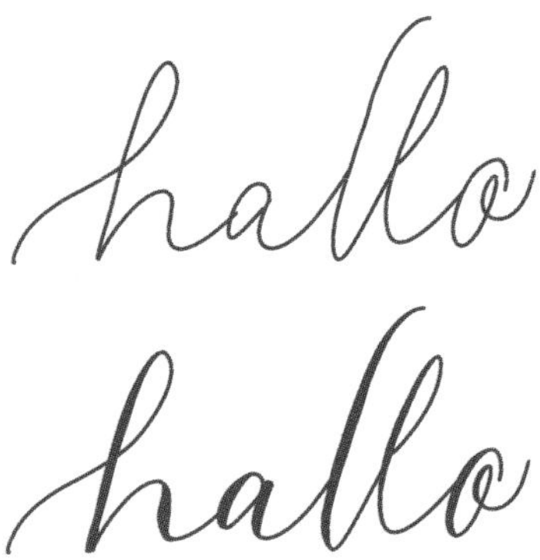

Hier noch ein Vergleich von einem Wort mit hoher Laufweite und einem Wort mit schmaler Laufweite. Beim oberen Beispiel gibt es mehr Spielraum, die Buchstaben zu verdicken, weil genug Platz ist. Bei der unteren Variante ist etwas mehr Überlegung erforderlich.

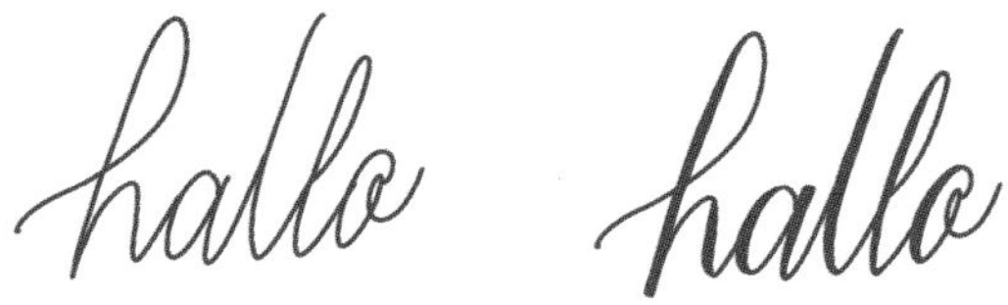

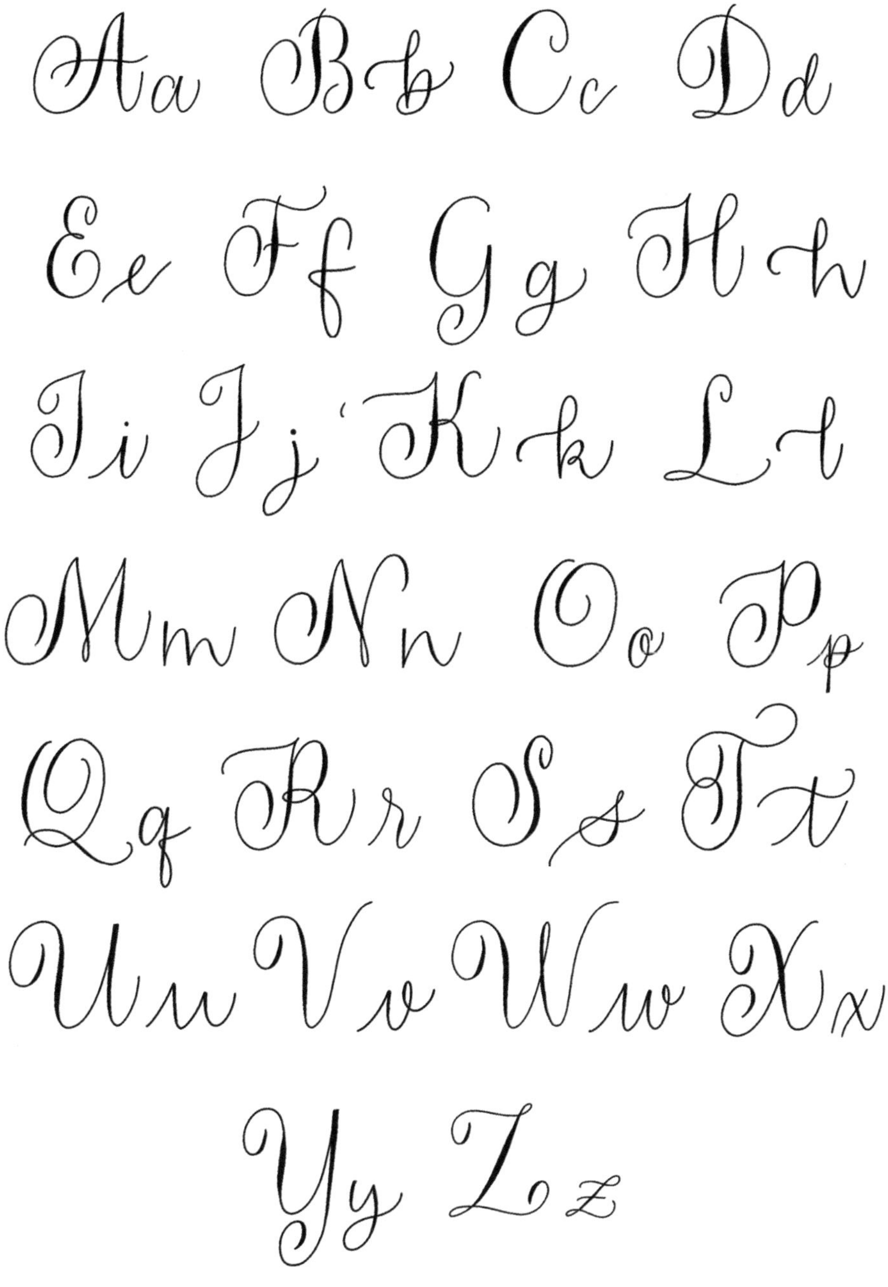
Aa Bb Cc Dd
Ee Ff Gg Hh
Ii Jj Kk Ll
Mm Nn Oo Pp
Qq Rr Ss Tt
Uu Vv Ww Xx
Yy Zz

5.5 Kleinbuchstaben

Buchstaben mit Ovalen: Gruppe a o d c e

Bei dieser Buchstabengruppe ist es besonders wichtig, darauf zu achten, dass die Rundungen schön parallel zueinander sind und die Schattierung dennoch oben und unten abnimmt.

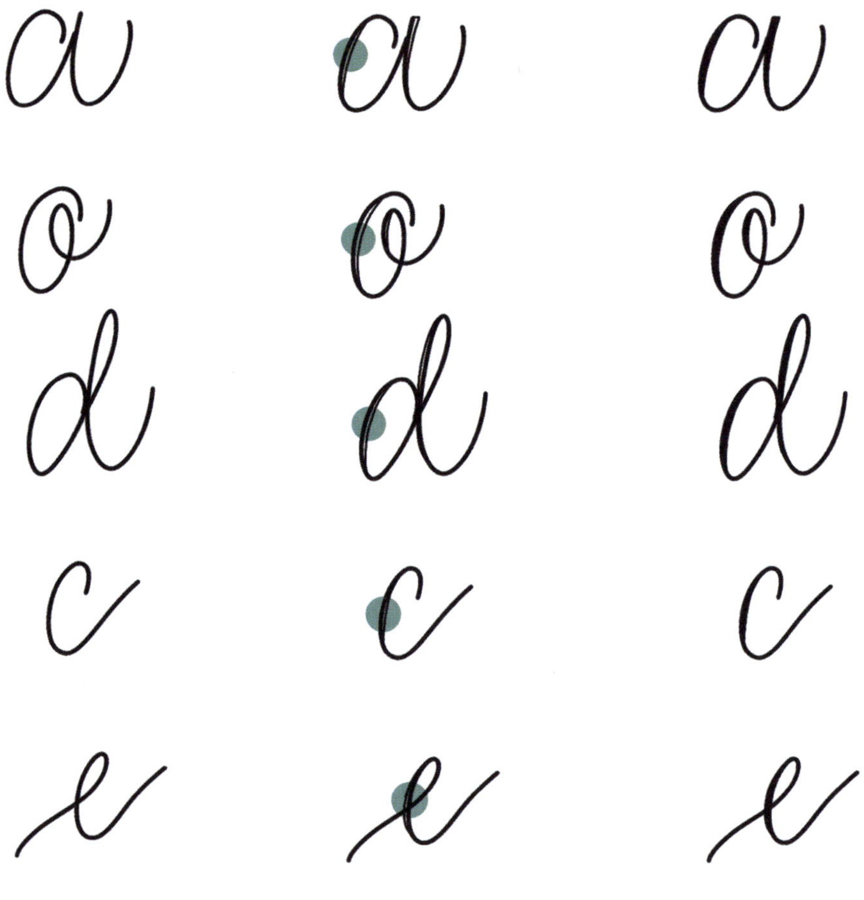

Buchstaben mit Unterlänge: Gruppe j g q y p

Achte bei diesen Buchstaben darauf, dass genug Abstand zwischen dem Abstrich der Unterlänge und dem ersten Element ist. Nur so hast du genug Platz, um dann den Abstrich zu verdicken.

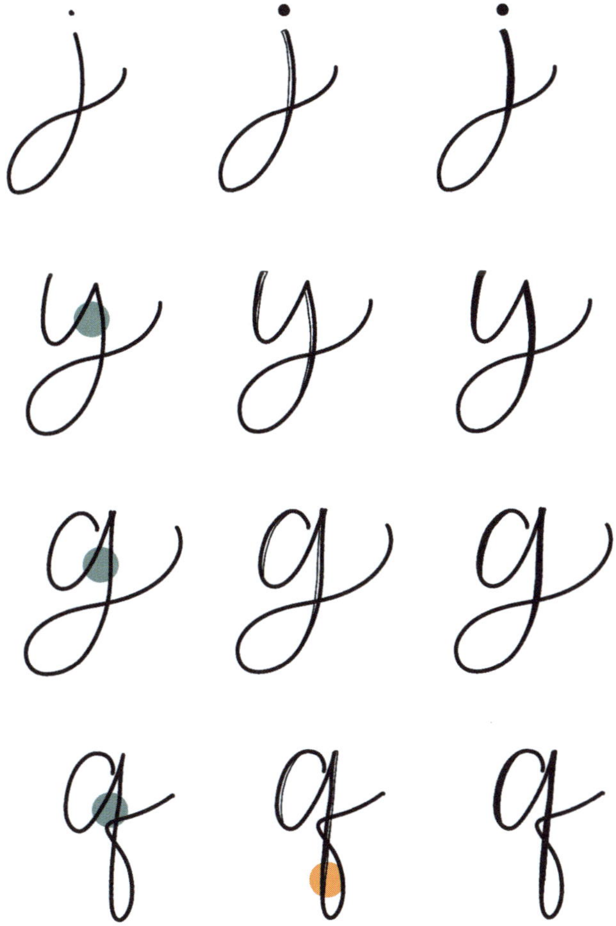

Beim q ist die Verdickung rechts, da sie sonst den anderen Strichen in die Quere kommen würde.

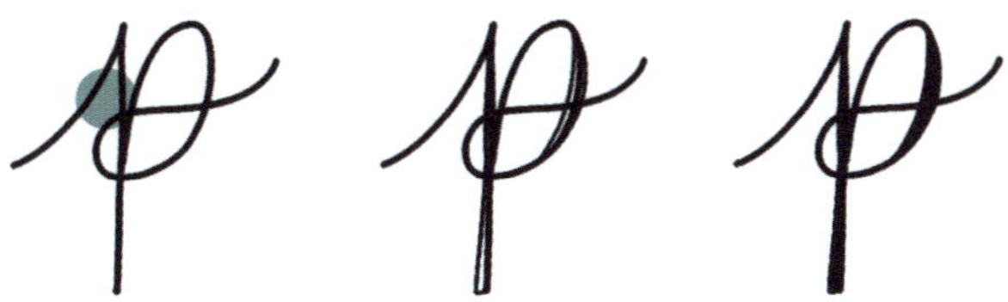

Buchstaben mit Oberlänge: Gruppe l b h k f

Achte darauf, dass du – auch wenn dieser Bogen schattiert wird – trotzdem mit einer Haarlinie endest. Wenn du Kalligrafie nachahmst, sollen die Striche nie dick enden. In der Kalligrafie lässt du den Druck auf die Feder nach, bevor du sie anhebst, so nimmt die Strichstärke noch einmal ab, bevor du absetzt.

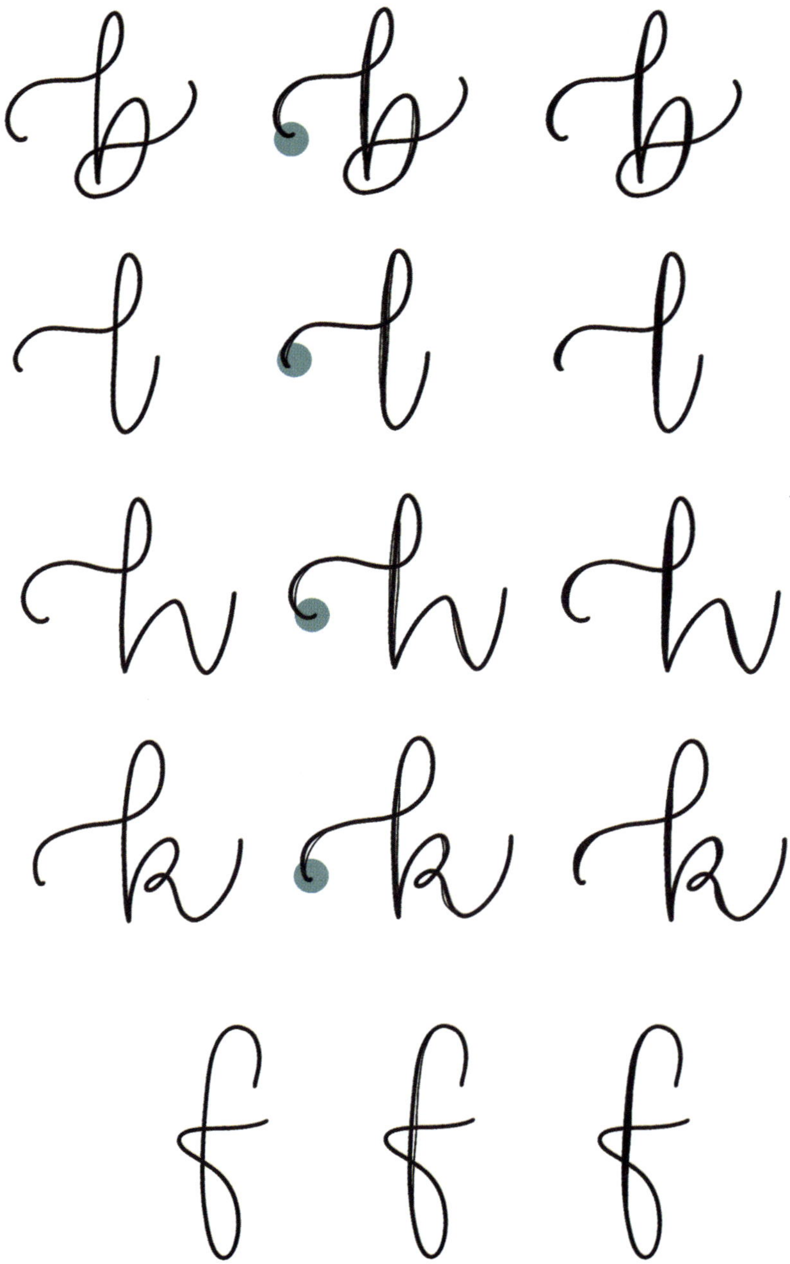

Buchstaben mit Bögen und Wellen: m n u v w i

Achte bei diesen Buchstaben darauf, dass genug Abstand zwischen dem Abstrich der Unterlänge und dem ersten Element ist. Nur so hast du genug Platz, um dann den Abstrich zu verdicken.

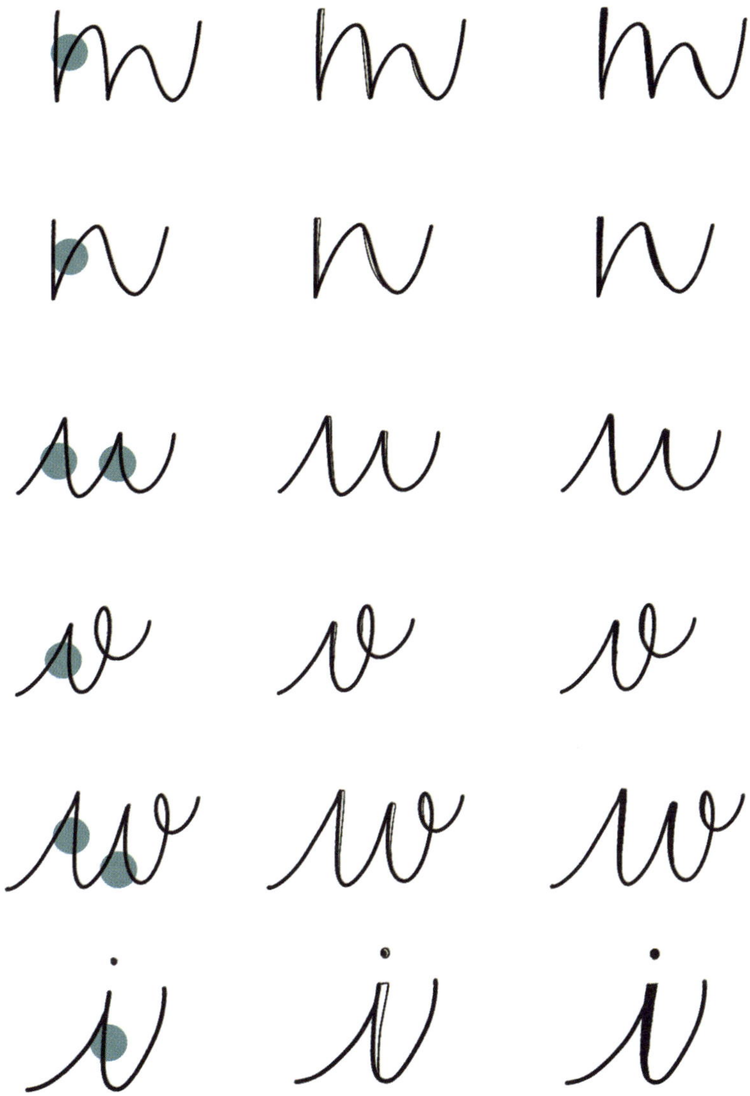

Spezielle Buchstaben: r s t x z

Bei r und s ist es besonders wichtig, dass die Buchstaben nur an einer sehr kleinen Stelle verdickt werden. Achte darauf, dass alle anderen Linien dünn bleiben.

Beim t kannst du dich beim Querbalken austoben. Viel Spaß dabei!

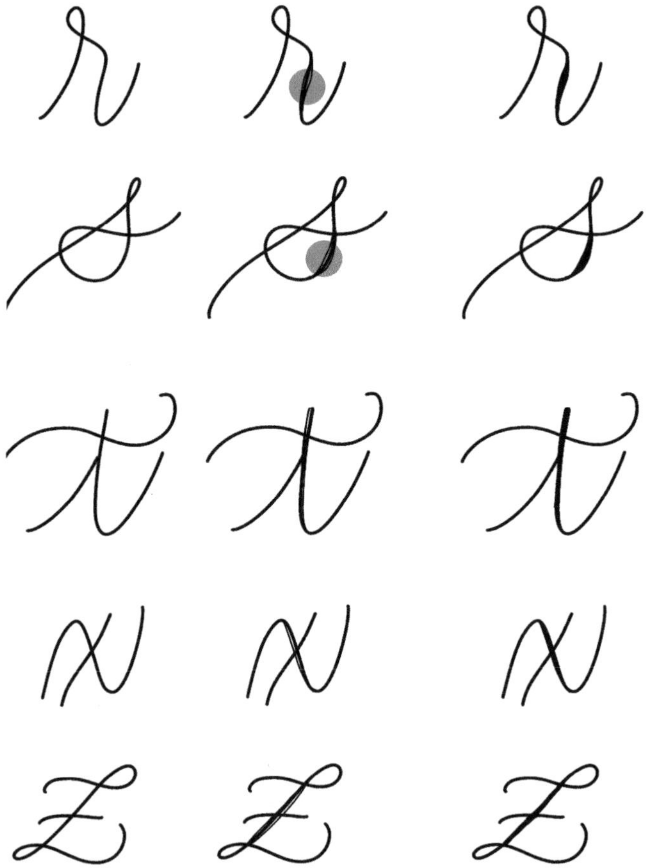

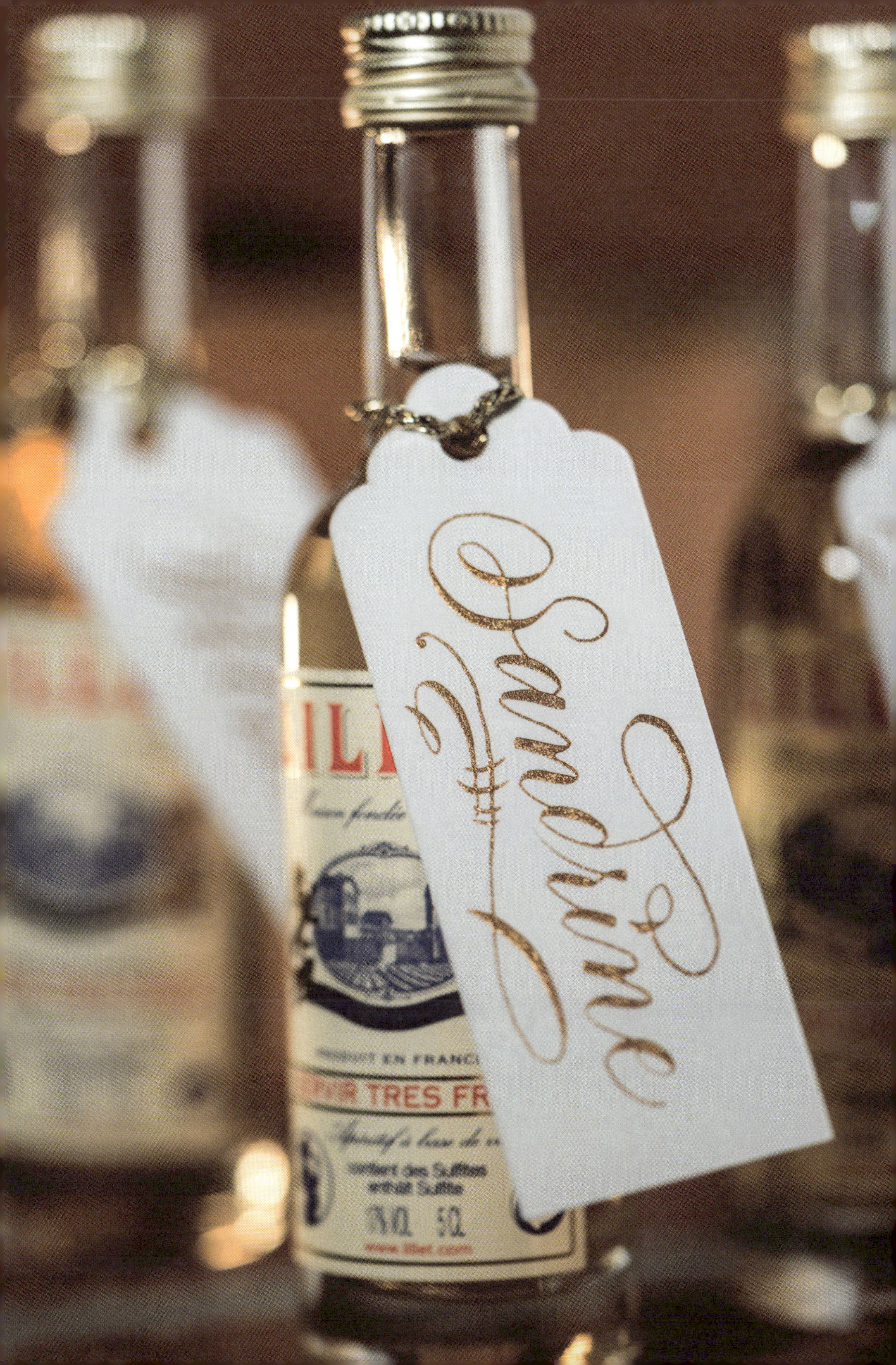

5.6 Großbuchstaben

Um ein möglichst einheitliches Alphabet zu schaffen, gibt es bei den Großbuchstaben Elemente, die sich immer wieder wiederholen. Diese Regel gilt übrigens nicht nur für dieses Alphabet. Damit ein harmonisches Gesamtbild entsteht, sollten ähnliche Elemente in verschiedenen Buchstaben zu sehen sein. So ist gleich erkennbar, dass sie zusammengehören. Hier sind es die offenen Ovale am Ende und innerhalb der Buchstaben.

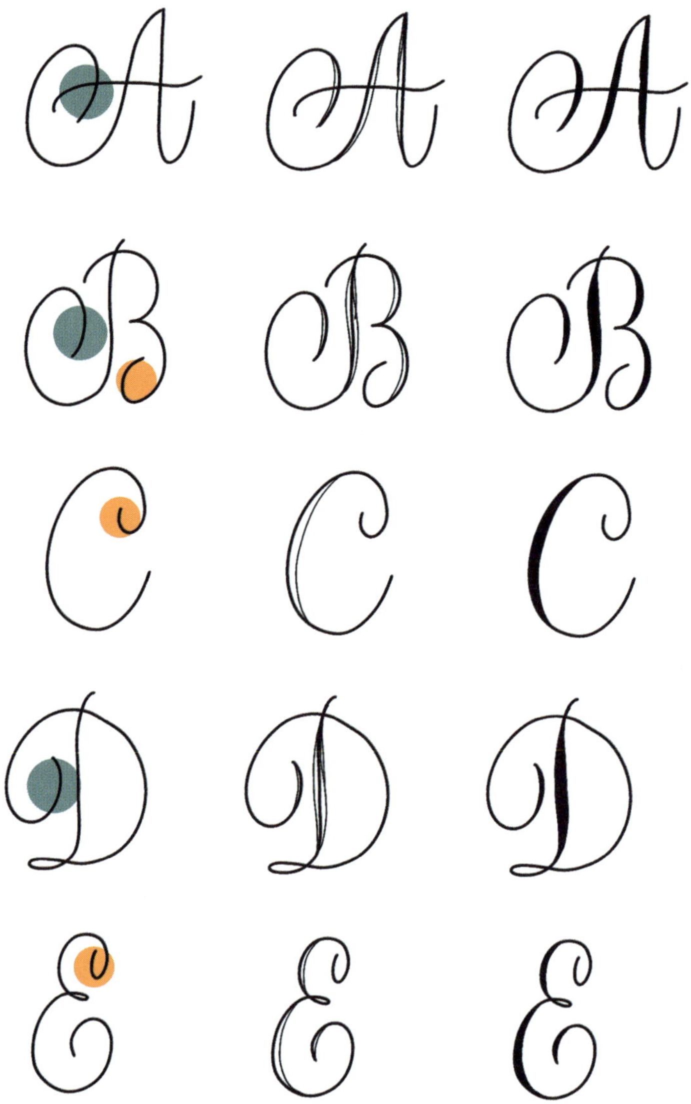

- Das Element des großen Ovals wiederholt sich bei mehreren Buchstaben.
- Auch der zweite kleine Kringel ist ein sich wiederholendes Element.

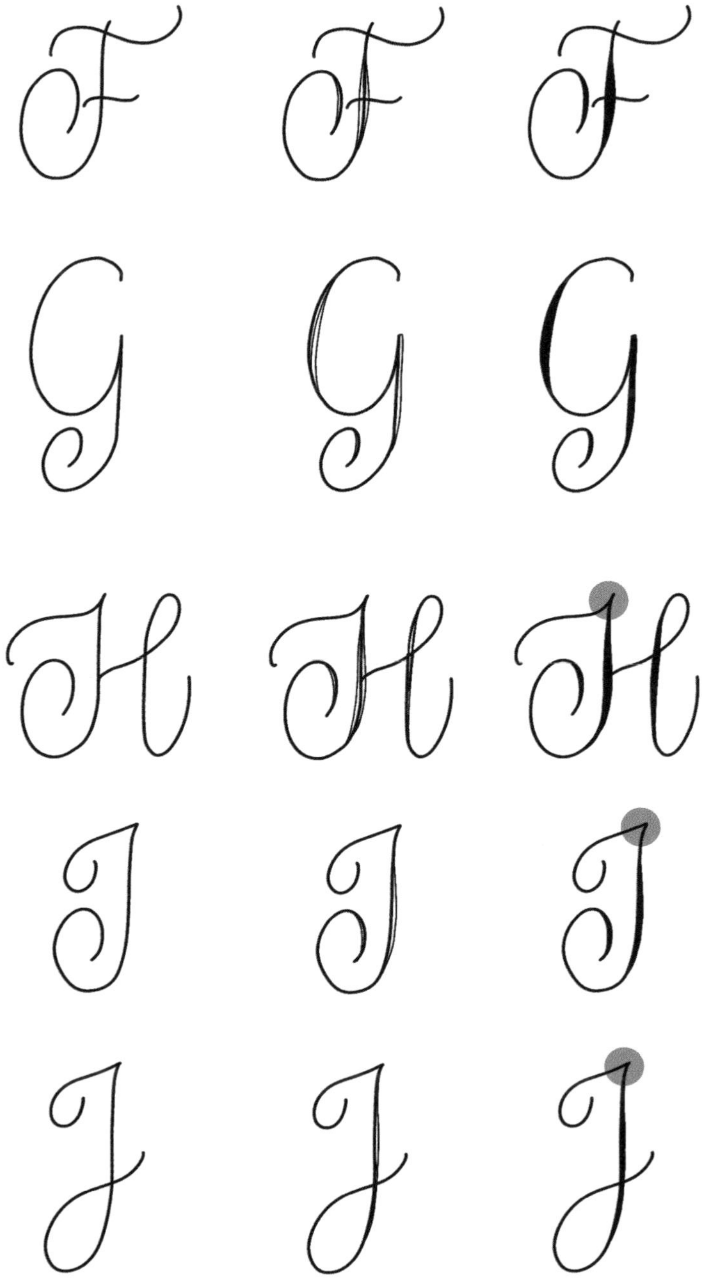

Achte darauf, die Abstriche noch nicht ganz oben zu verdicken.

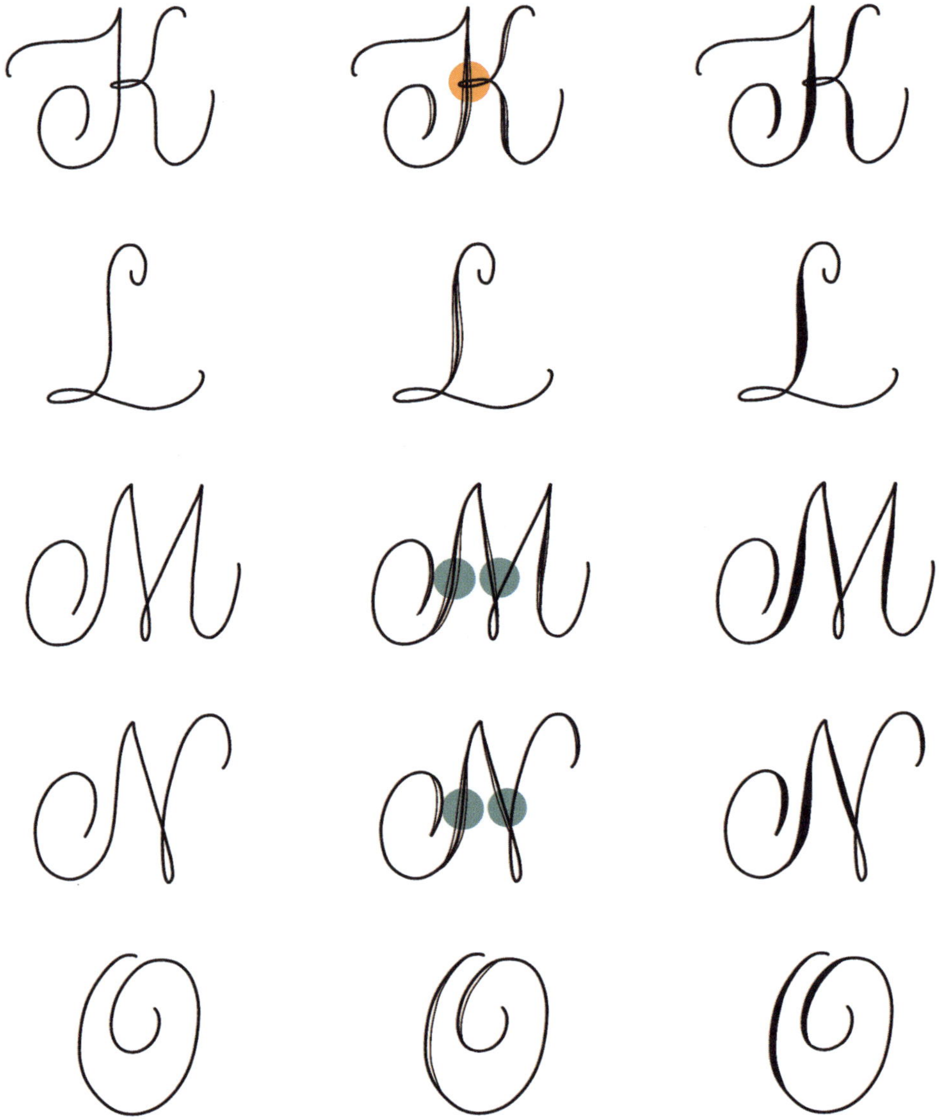

- Achte beim K darauf, dass der Zwischenraum der kleinen Schlinge noch erkennbar ist.
- Das Besondere am M und N ist, dass zwei Abstriche, also zwei Verdickungen, nebeneinanderstehen.

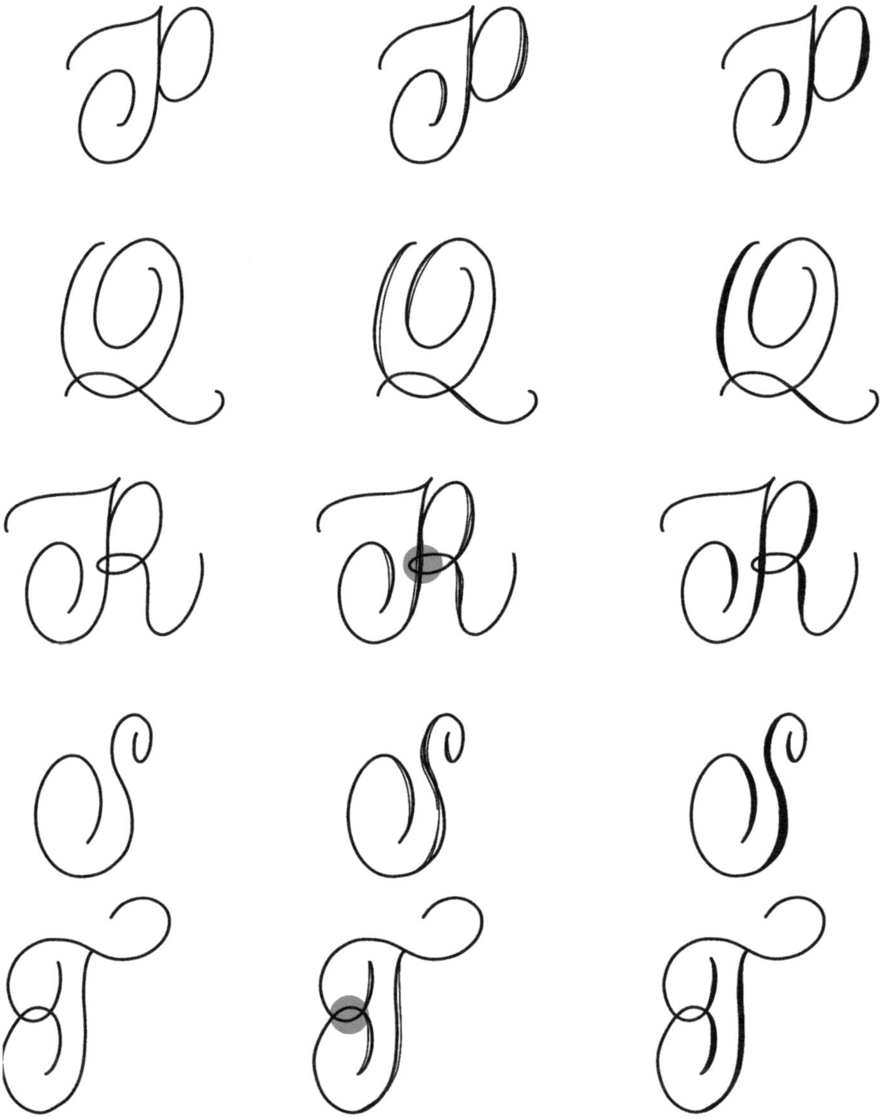

Achte an diesen Stellen darauf, dass keine optisch zu dunklen Flecken entstehen – der Weißraum und Abstand zwischen den einzelnen Strichen soll noch gut erkennbar sein.

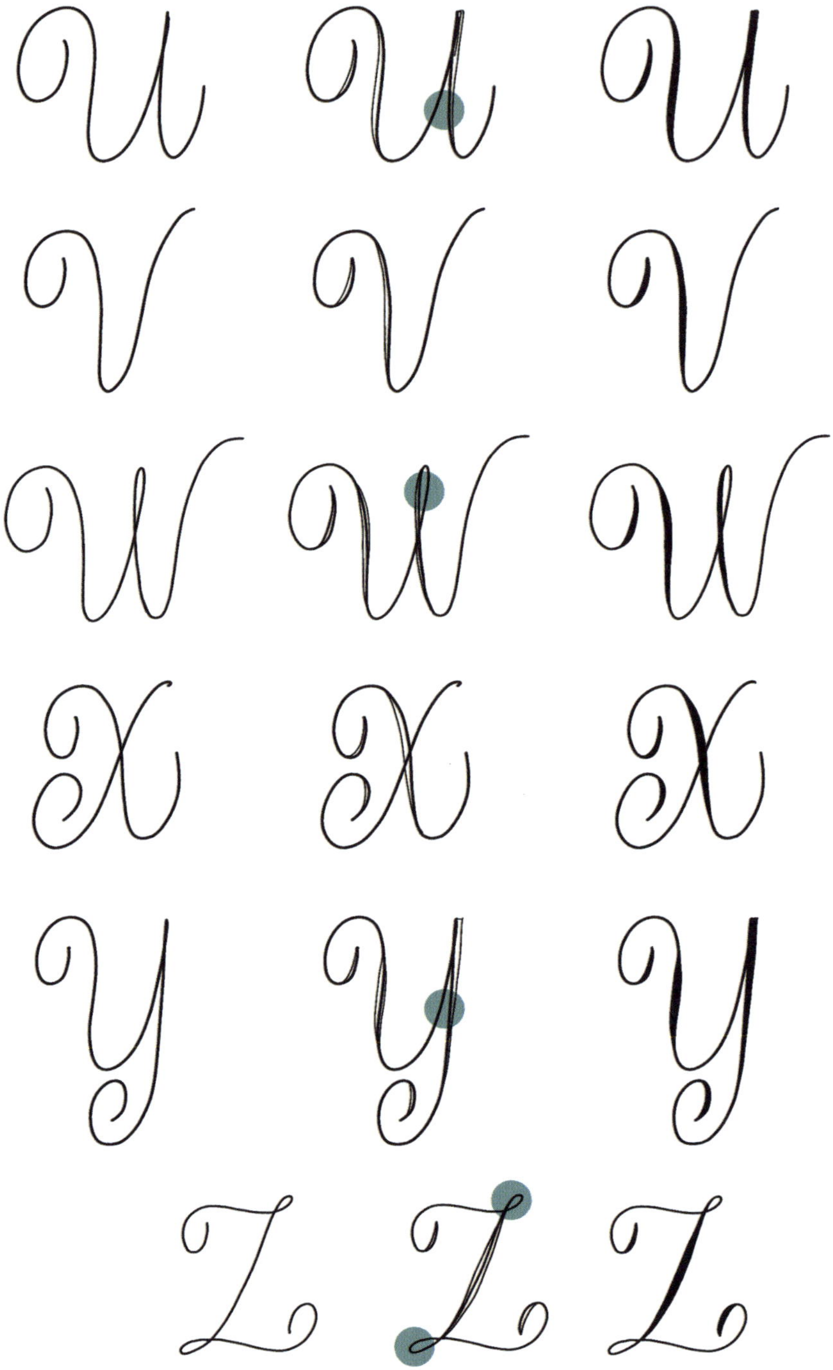

Achte an diesen Stellen darauf, dass keine optisch zu dunklen Stellen entstehen – der Weißraum und Abstand zwischen den einzelnen Strichen soll noch gut erkennbar sein.

5.7 Weitere Künstler:innen

Folgende Künstler:innen haben Faux Calligraphy gemeistert und sind einen Blick wert – natürlich gibt es noch viel mehr, aber hier findest du einen Anfang.

- Marion Anders, @lettering
- Julia Winkler, @sushimoon

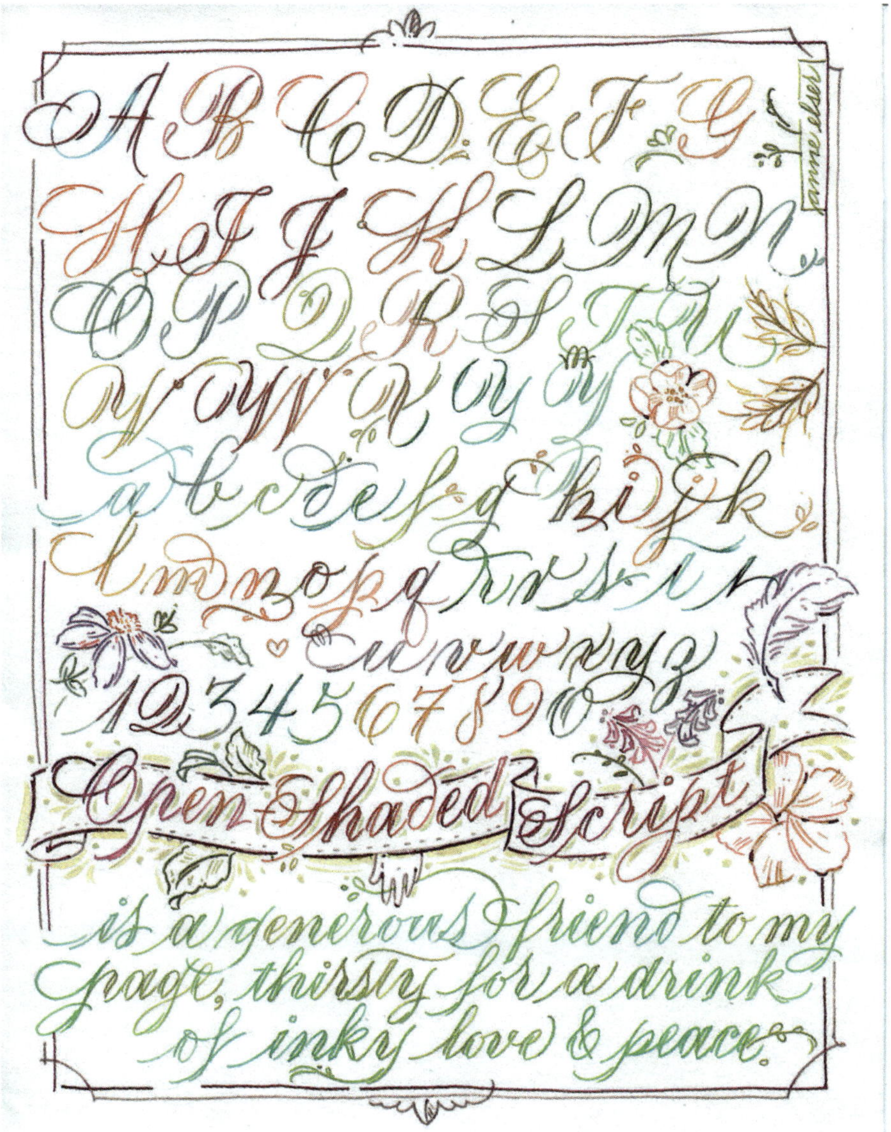

© Anne Elser, OPEN SHADED SCRIPT

»Open-Shaded Script constructs letter forms by describing the swell or shade made by a pointed pen with at least two contour monoline strokes, drawn in the same stroke sequence seen in traditional scripts (such as Roundhand, Copperplate). The second stroke of a shade or extension of a hairline acts as a mentor stroke to the previous and is meant to offer gentle correction to curves (if needed) and to suggest the growth of a flourish, flower, leaf, or vine, all with an open heart and gentle hand.« – Anne Elser über ihre Schrift

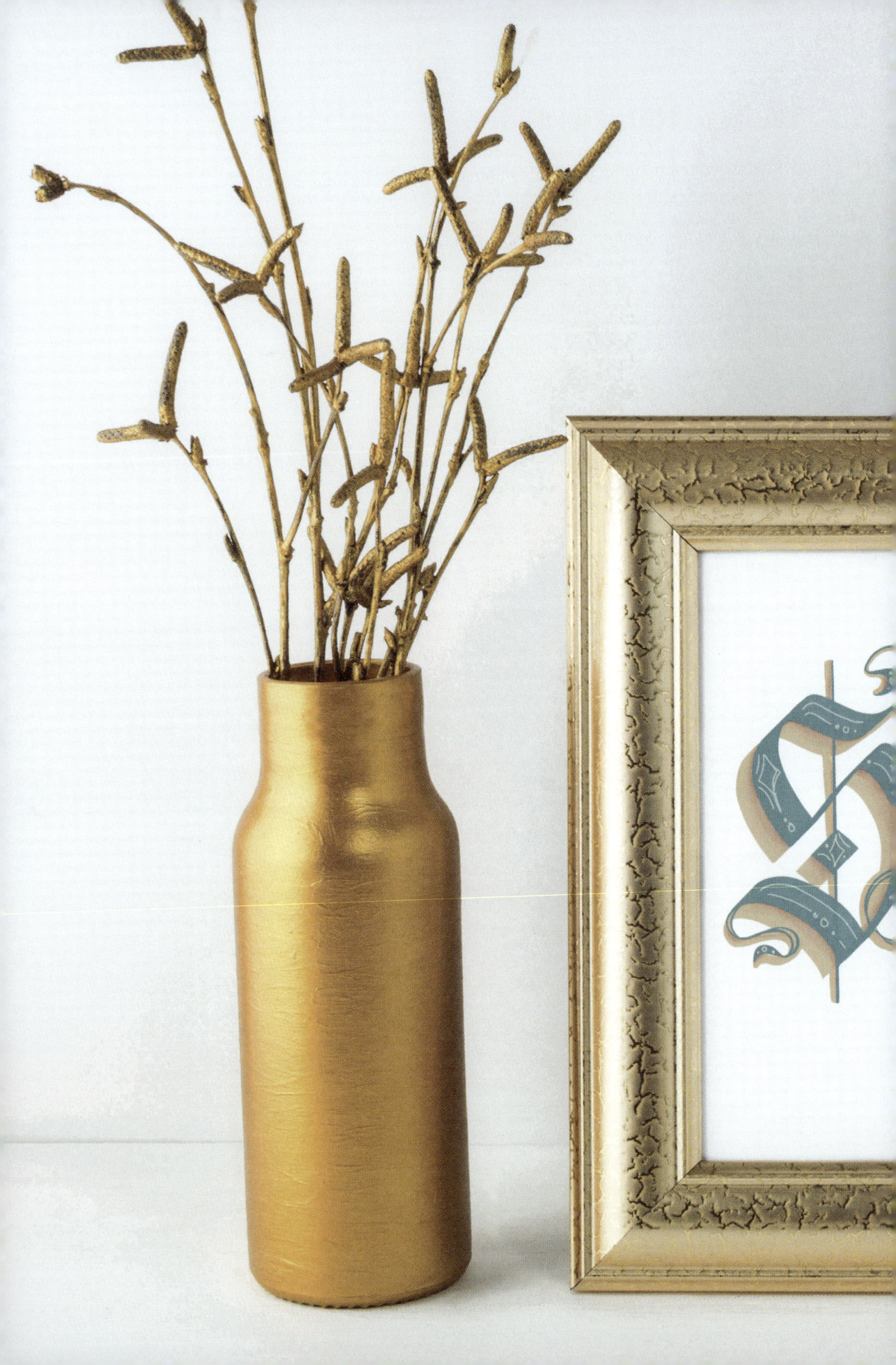

6 Handlettering

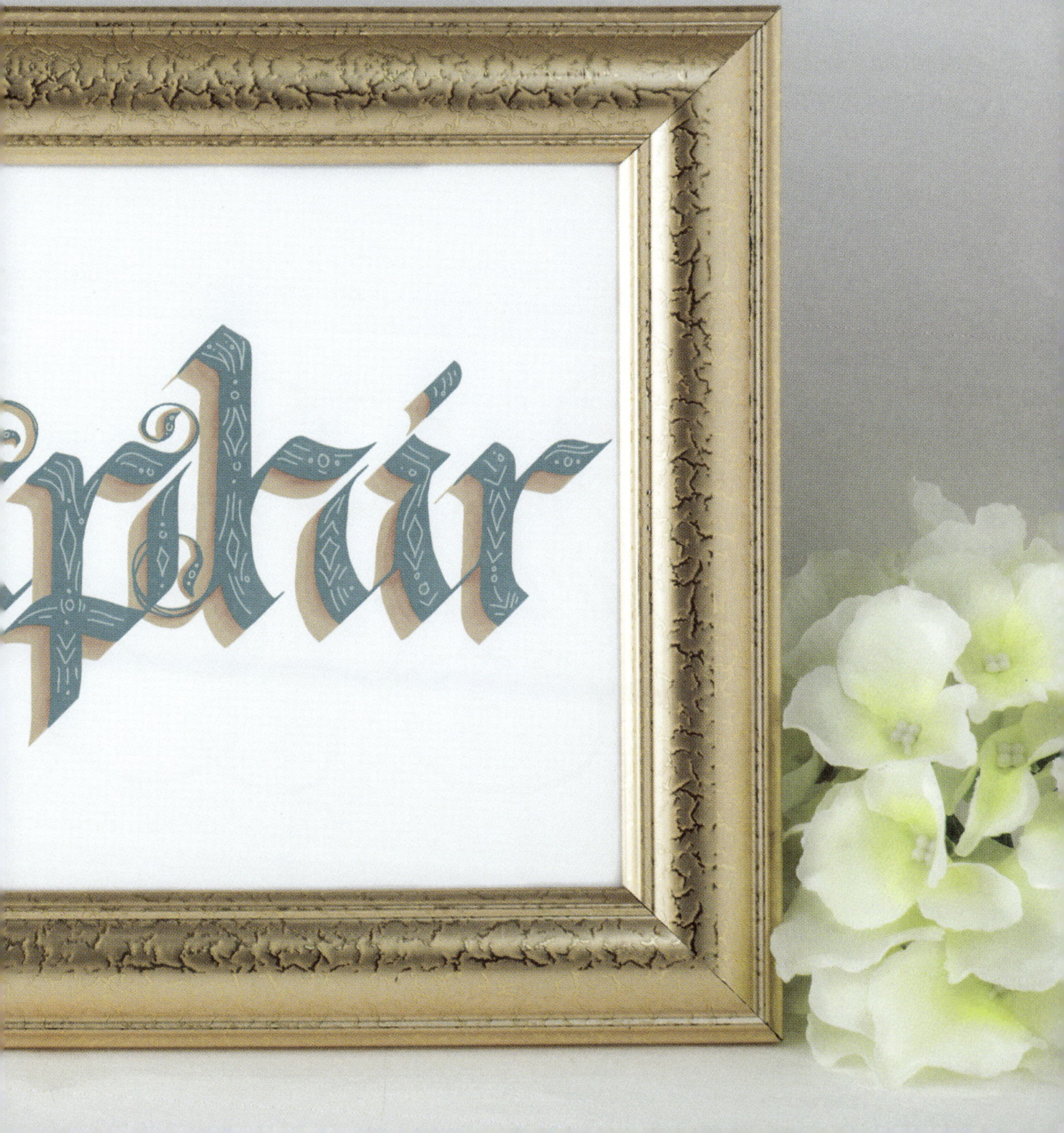

6.1 Einleitung

Nachdem du die Kalligrafie geübt hast, kannst du dich nun mit gutem Gewissen an das Thema Handlettering wagen. Denn das baut auf der Kalligrafie auf. Richtig gelesen – ohne Kalligrafie gäbe es kein Handlettering, denn irgendwo müssen die Formen ja auch herkommen.

So stützen sich viele Stile des Handletterings direkt auf kalligrafische Vorlagen und selbst die Schriften, bei denen es nicht offensichtlich ist, haben einen gewissen kalligrafischen Hintergrund.

In diesem Buch kann ich dir nur einen kleinen Einblick in die Welt des Handletterings geben, am Schluss des Kapitels findest du Empfehlungen für weitere Künstler:innen, die dir das Thema noch ausführlicher beibringen können.

Mach dich nun noch einmal mit den Grundbegriffen aus Kapitel 1 vertraut, damit du für dieses Kapitel gut gerüstet bist.

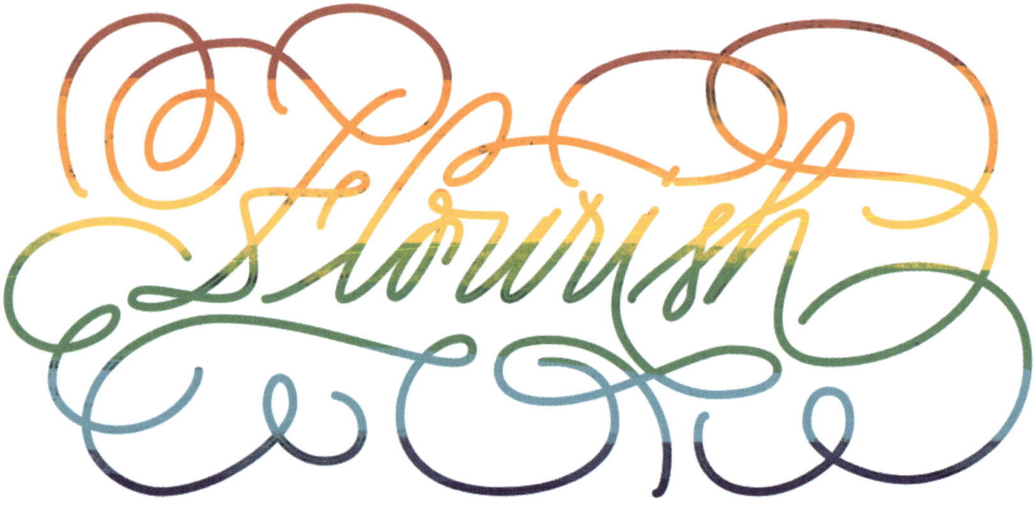

6.2 Schriftklassen

Um eigene Schriften zu zeichnen, musst du erst einmal wissen, was es überhaupt für Arten von Schriften gibt, auf die du dich stützen kannst. Dir alle vorzustellen, würde den Rahmen dieses Buchs sprengen, daher gibt es nur einen kleinen Einblick.

Serifenschriften

Unter Serifen versteht man zusätzliche Abschlussstriche am Ende der Buchstabenstriche. Eine sehr bekannte Serifenschrift ist z.B. Times New Roman.

Serifenschriften werden z.B. im Fließtext in Zeitungen eingesetzt, da sich das Auge an den Serifen »festhält« und der Lesefluss erleichtert wird. Aber auch im Lettering sind Serifenschriften attraktiv und gern gesehen. Sie werden z.B. gerne bei Überschriften eingesetzt.

Der Kontrast zwischen dicken und dünnen Linien ist sehr ausgeprägt, was daran liegt, dass sie auf der Schrift mit der Feder basieren.

Beispiel: Antiqua

Die Antiqua ist, wie der Name schon verrät, eine Schrift, die auf die römische Antike zurückgeführt werden kann. Sie basiert, wie sehr viele Schriften, auf der römischen Capitalis. So nennt man den Versal-Schriftstil (also nur Großbuchstaben), der auf der berühmten Trajansäule in Rom verwendet wurde. Dort wurden die Buchstaben mit dem Breitpinsel vorgeschrieben und dann in Stein gemeißelt, sie können aber mit der Breitfeder emuliert werden. Die dazu passenden Kleinbuchstaben wurden erst später auf Basis der karolingischen Minuskel entwickelt.

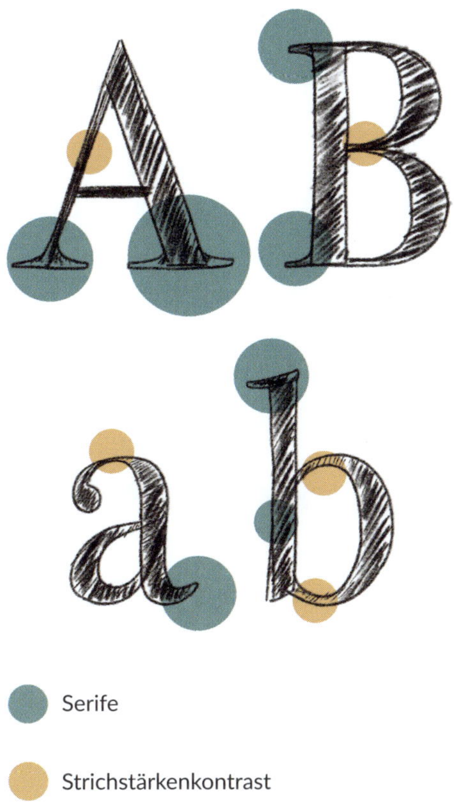

Beispiel: Egyptienne

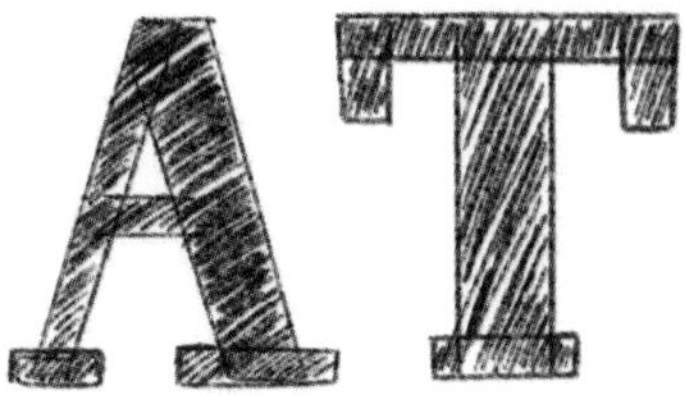

Unter einer Egyptienne oder serifenbetonten Antiqua versteht man eine Schrift, bei der die Serifen besonders ausgeprägt sind. Sie sind besonders für großflächige Anwendungen, wie z.B. Plakate, geeignet.

Serifenlose Schriften (Sans Serif/Grotesk)

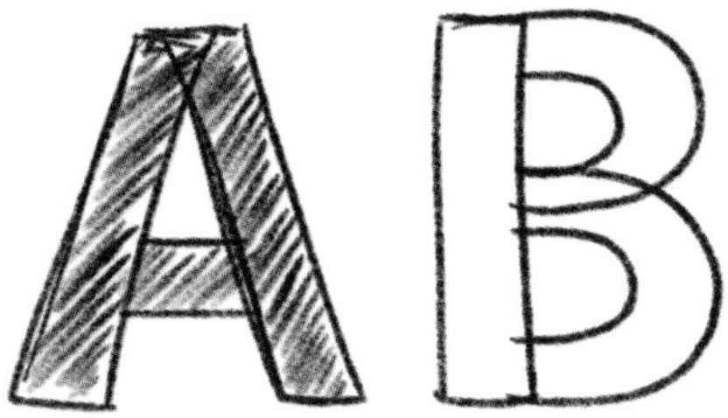

Serifenlose Schriften sind flexibel, da sie auf zusätzliche Elemente (wie Serifen oder Schnörkel) verzichten. Dadurch lassen sie sich besonders gut mit anderen Schriften kombinieren.

Der Kontrast zwischen dick und dünn ist hier nicht ganz so ausgeprägt wie bei Serifenschriften.

Die in der Schule gelernte Druckschrift ist ebenfalls eine serifenlose Schrift ohne Strichstärkenkontrast.

Gebrochene Schriften

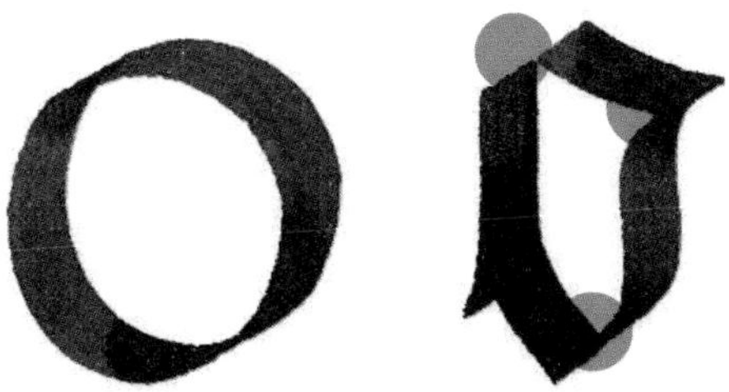

Gebrochene Stellen

Unter gebrochenen Schriften versteht man Schriften, bei deren Buchstaben erkennbar ist, wo das Schreibwerkzeug abgesetzt wurde – die Rundungen werden auseinandergebrochen und sind nunmehr eckig. Sie basieren auf der Schreibweise der Bandzugfeder.

Beispiel: Fraktur

Eine der bekanntesten gebrochenen Schriftstile ist die Fraktur. Sie erfreut sich heutzutage im Lettering-Bereich größter Beliebtheit.

6.3 Material

Stifte

Um das Handlettering zu erlernen, brauchst du erst mal nicht viel Material. Ein Bleistift und ein paar Fineliner in verschiedenen Stärken reichen, dazu empfehle ich dir noch einen Brush Pen und verschiedene Federn, um die Kalligrafie dahinter auszutesten.

Produktempfehlungen:

- Faber-Castell TK 9400 Fallminenstift mit 2 mm Mine in HB oder B
- Copic Multiliner Fineliner 0,1-0,5 mm oder
- Pigma Micron Fineliner 0,1-0,5 mm
- Pilot Parallel Pen in 3,8 mm zum kalligraphischen Vorschreiben

Fallminenstift

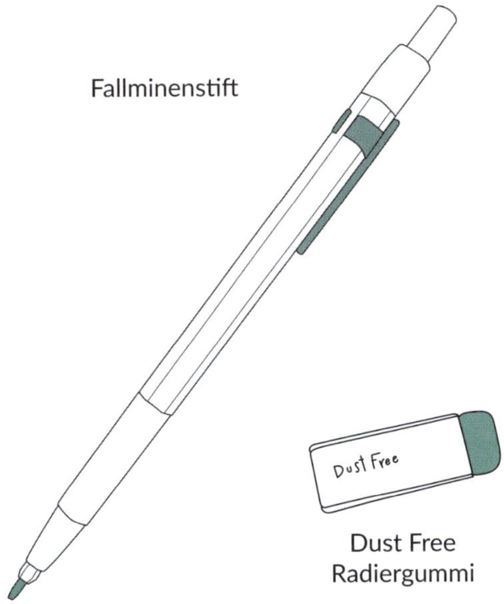

Dust Free Radiergummi

Stifte, Upgrade

Wenn du gerne bunt werden möchtest und deine Arbeit aufpeppen willst, gibt es eine riesige Auswahl an bunten Finelinern und Brush Pens.

Produktempfehlungen:

- Gelly Roll Gelstifte
- Gelstifte von Pentel
- Pilot Slicci für extrem feine Linien
- Pentel Dual Metallic Glitzergelstifte

Papier

Zum Skizzieren benötigst du ein simples Skizzenpapier, dazu zählen die meisten Blöcke aus dem Künstlerbedarf. Für finale Werke eignet sich Papier mit einer höheren Grammatur, z.B. 200 g/m².

Produktempfehlungen:

- Für die Skizze: Canson XL Croquis
- Hahnemühle Nostalgie
- Hahnemühle Bamboo Mixed Media

6.4 Methoden

Es gibt verschiedene Herangehensweisen an das Zeichnen von Schriften. Diese möchte ich dir hier vorstellen,

Kalligrafisch vorschreiben

Bei dieser Methode nutzt du deine Kalligrafie-Skills, um zuerst das Grundgerüst der Buchstaben zu schreiben. Dann zeichnest du die Buchstaben auf einem frischen Blatt mithilfe eines Lightpads oder auch auf Transparentpapier nach und veränderst sie so, dass sie deinen Vorstellungen entsprechen. Du kannst dafür die Stifte nehmen, die dir am besten gefallen, oder auch digital arbeiten, indem du die Arbeit z.B. einscannst oder abfotografierst und dann am Computer oder iPad zeichnest.

Beispiel: Fesch

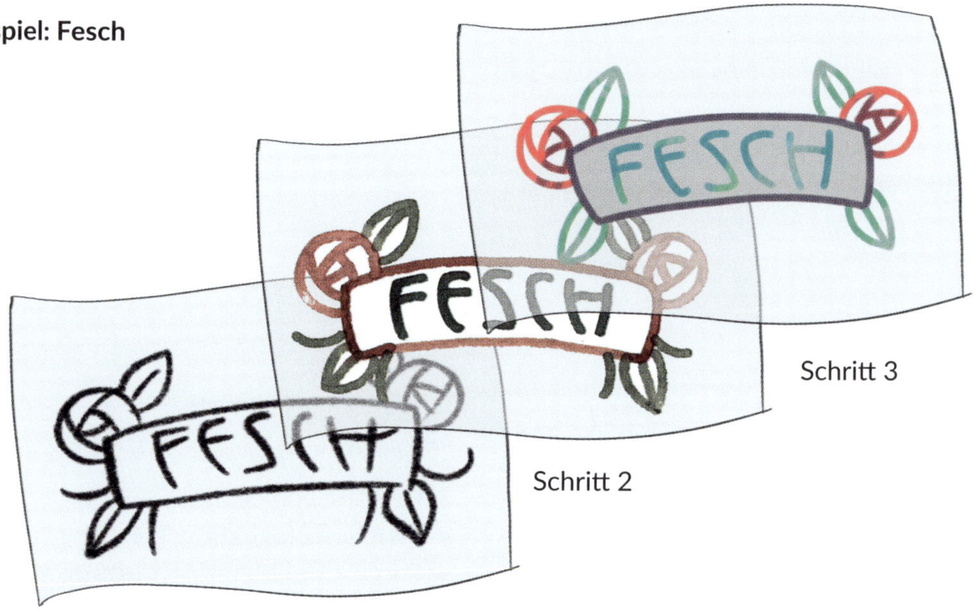

Schritt 1

Schritt 2

Schritt 3

Schritt 1: Bleistiftskizze
Auf einem Blatt Skizzenpapier habe ich den Text vorgeschrieben und die Position der Blumen und Blätter festgelegt. Skizziere ruhig so lange, bis dir das Resultat gefällt. Du kannst z.B. Transparentpapier nehmen, dann hast du immer gleich den Direktvergleich.

Schritt 2: Redisfeder
Über die Skizze habe ich ein frisches Blatt Papier gelegt. Dann habe ich mit einer Redisfeder und verschiedenen Farben über die Skizze gepaust. Diesen Schritt kannst du so oft wiederholen, bis dir das Resultat gefällt.

Schritt 3: Digital
Ich habe die Kalligrafie eingescannt und dann digital auf dem iPad in Procreate noch einmal darübergepaust. Ich wollte einen Farbeffekt, der mit der Feder allein schwer umzusetzen war.

Beispiel: In stiller Anteilnahme

Bei diesem Beispiel habe ich mit der Bandzugfeder das Wort »Anteilnahme« kalligrafiert, »in stiller« mit der Füllfeder. Anschließend habe ich diese Vorlage abfotografiert und begonnen, auf dem iPad in Procreate darüberzulettern.

Du brauchst natürlich kein iPad – mit Transparentpapier und Fineliner klappt das genauso.

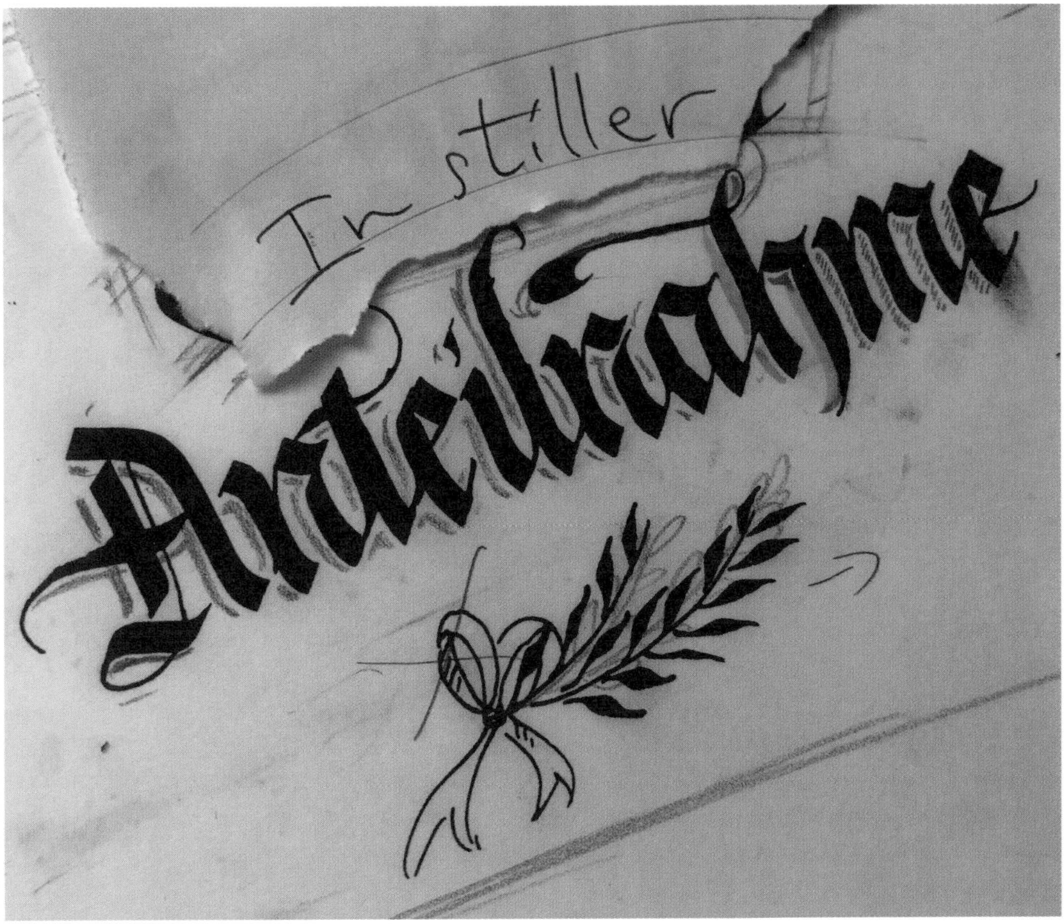

Als Stil für das Wort »Anteilnahme« habe ich eine kompakte Fraktur mit der Bandzugfeder gewählt. Diese vermittelt die Schwere eines Verlusts. Die oberen Worte haben einen größeren Buchstabenabstand (Laufweite) und sind dünner, somit wirken sie nicht so schwer, sondern leichter und stiller als das Wort »Anteilnahme«.

Ich zeichne nicht nur die Kontur, sondern die vollständigen Elemente der Buchstaben. So kann ich besser nachkorrigieren.

Design-Umentscheidungen sind in dieser Phase auch noch gut möglich.

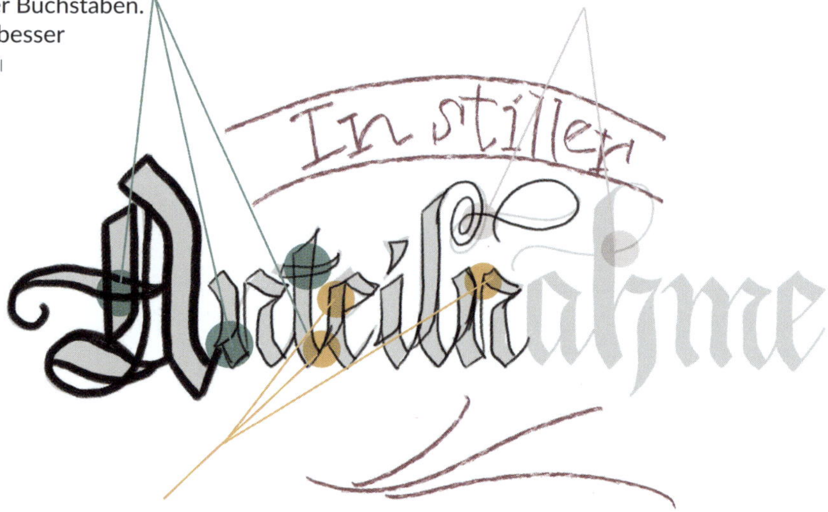

Durch den Direktvergleich mit der darunterliegenden Ebene lassen sich unschöne Elemente schnell korrigieren.

Aufbauen

Eine weitere Art, Buchstaben zu zeichnen, ist es, sie Strich für Strich aufzubauen. Diese Technik wurde durch den Kalligrafen Yves Leterme in den letzten Jahren besonders beliebt. Diese Methode wirkt einfach, erfordert aber ein hohes Maß an Feingefühl für den Bleistift und sehr gute Kontrolle.

Für diese Technik benötigst du nur einen dünnen, harten Bleistift. Schreibe zuerst deine Buchstaben vor, indem du, wie in Kapitel 2 »Kalligraphie mit dem Bleistift«, den Druck des Bleistifts variierst. Lass bei dieser Technik bei den vertikalen Linien den Druck in der Mitte des Abstrichs nach. Danach führst du langsam deinen Bleistift immer und immer wieder über dieselbe Stelle und lässt dabei immer den Druck an derselben Stelle nach. So werden die Buchstaben Strich für Strich dicker. Wiederhole diese Technik so oft, bis dir der Buchstabe dick genug ist.

Achte darauf, dass die Kanten nicht zu verschwommen werden und die Buchstabenabschlüsse präzise sind.

Ein kalligrafisches Grundwissen ist hier von Vorteil: Überlege dir, wo die Striche sich verdicken würden, wenn du mit der Feder schreiben würdest.

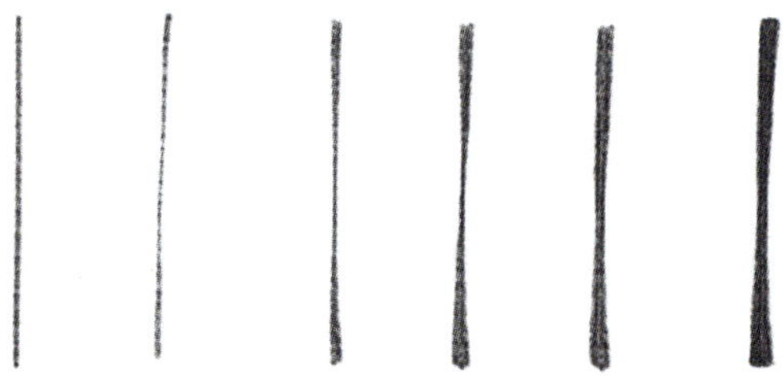

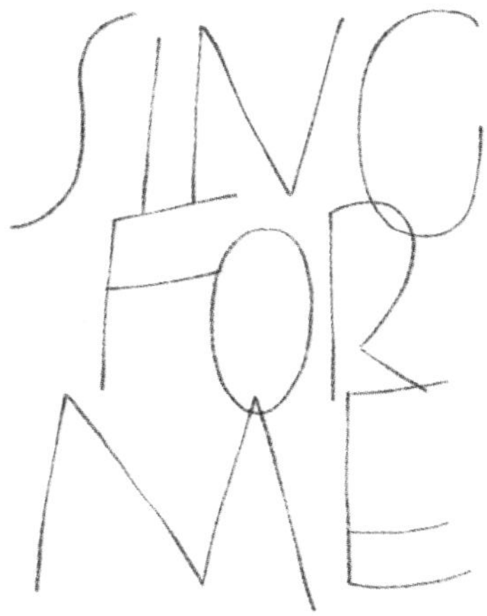

1. Das Grundgerüst: Die Strichanfänge sind stärker ausgeprägt als die Mitten der Striche.

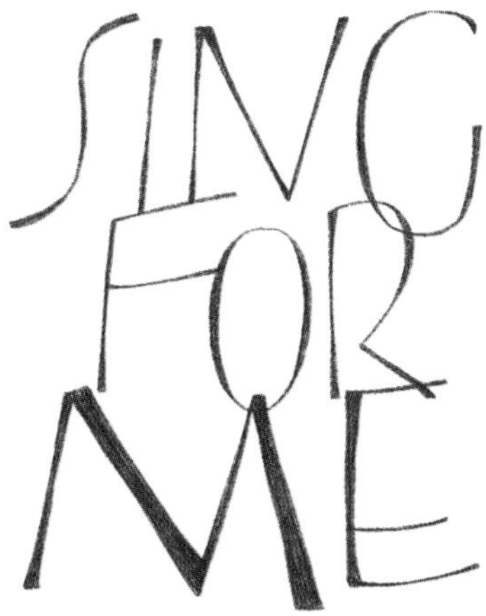

2. Mit dem Bleistift habe ich die Striche mehrmals nachgezeichnet und mir dabei überlegt, wo ich mit einer Feder Druck ausüben würde. An diesen Stellen habe ich fester aufgedrückt oder bin die Linie öfter nachgefahren.

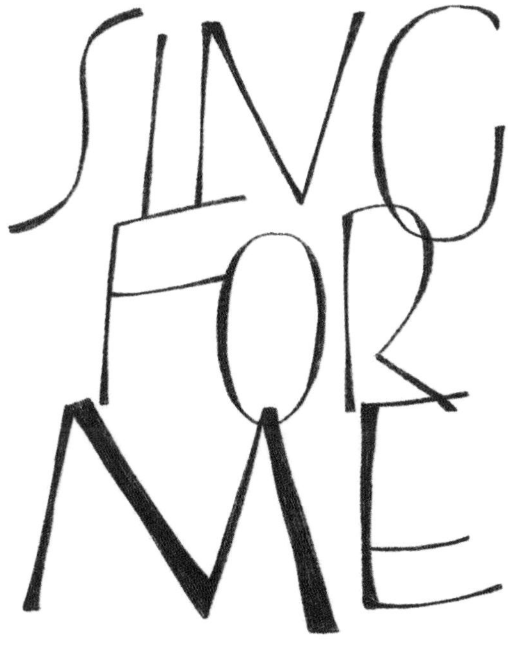

3. Durch erneutes Nachzeichnen der Linien entsteht ein einheitlicheres Bild, bei dem die Bleistiftstriche nicht mehr so eindeutig zu erkennen sind. Zusätzlich habe ich die Kanten bereinigt. Überall ist es nicht gelungen – entdeckst du meinen Fehler? Er ist beim letzten E links unten – die Kante ist ein unsauberer Fleck. Um sie zu bereinigen, könnte ich den unteren horizontalen Strich noch dicker machen.

Pencil Lettering © Jurgen Vercaemst
Jurgen Vercaemst ist ein belgischer Künstler, der sich auf aufgebaute Buchstaben mit dem Bleistift spezialisiert hat. Dieses Alphabet hat er ausschließlich mit diesem Werkzeug gezeichnet – er wechselt zwischen seiner einzigartigen Art zu schraffieren und den Outlines fließend hin und her.

Zeichnen & Konstruieren

Die Methode, an die jede:r sofort beim Wort Handlettering denkt, ist das »einfache« Zeichnen von Buchstaben – locker flockig aus dem Handgelenk. Ich habe eine schlechte Nachricht für dich: Auch hier ist viel Übung erforderlich.

Um Buchstaben »aus dem Bauch heraus« zeichnen zu können, solltest du mit ihrer Anatomie und ihren Besonderheiten vertraut sein. Dafür empfehle ich dir, dir verschiedene Alphabete anzusehen und nachzuzeichnen. So baust du dir nach und nach ein Repertoire auf.

Wenn du dir selbst ein Alphabet aufbaust, überlege dir vorab die Details.

Überlege dir, wie dick oder wie rund das Erscheinungsbild sein soll. Wie breit sollen die Buchstaben werden? Wird es ein schmales Alphabet oder ein breites? Sind die Linien fett oder dünn? Wenn du dir dazu Gedanken machst und das Alphabet in deinem Kopf Form annimmt, bringe es aufs Papier.

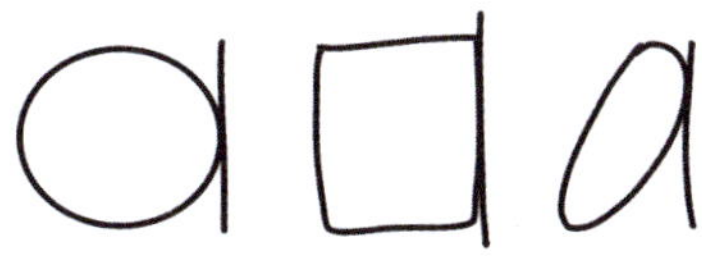

Wie soll z.B. die Grundform des a aussehen? Rund? Eckig? Geneigtes Oval?

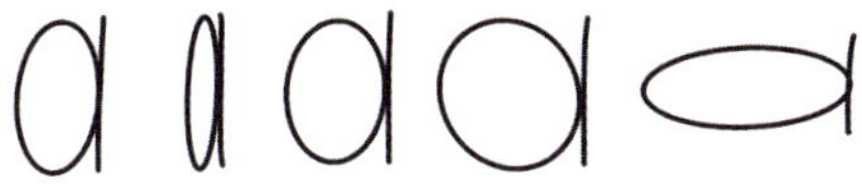

Wie breit sollen die Buchstaben sein?

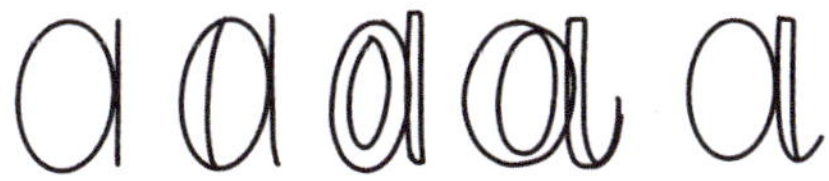

Welche Strichstärke sollen die Buchstaben haben? Soll diese gleichmäßig oder an kalligrafische Strichstärken-Variationen angelehnt sein?

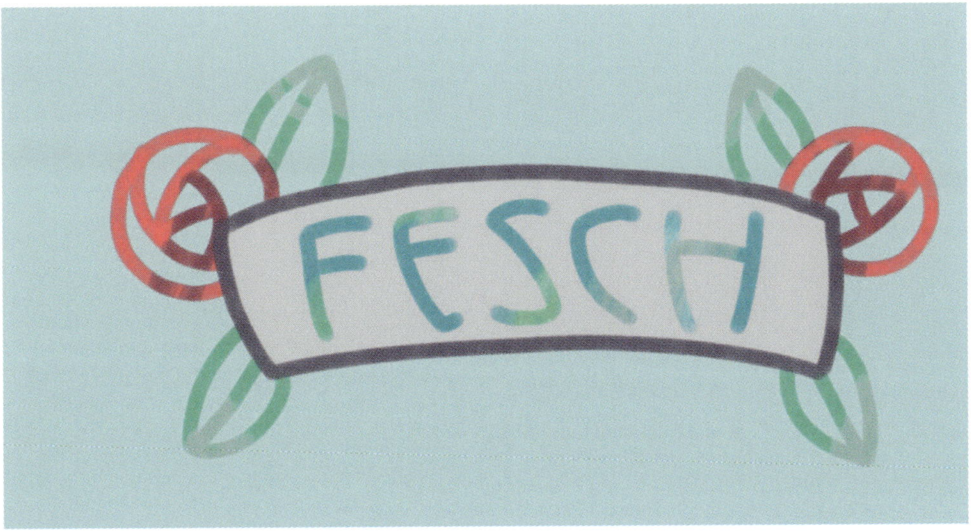

Verzierungen und kreative Details

Um dein Lettering zu etwas Besonderem zu machen, gibt es zahlreiche Möglichkeiten, um es zu verändern und abzuwandeln. Wie es am Ende aussieht, bleibt deiner Fantasie überlassen!

Ich habe eine praktische Übersicht zusammengestellt, welche Möglichkeiten es gibt, um Buchstaben zu verändern. Natürlich gibt es noch unendlich viel mehr! Lege dir eine Bibliothek an, z.B. auf Pinterest, oder einen Ordner auf deinem Computer. Noch besser ist es, wenn du ein Skizzenbuch hast und neue Ideen, über die du stolperst und die dir gefallen, gleich darin festhältst. Wenn du dann einmal keine Ideen hast, sieh noch einmal dort nach.

Hier noch ein paar Ideen.

- Gewicht
- Proportionen
- Form
- Strichstärke(nkontrast)
- Serifen
- Abschlüsse
- Verzierungen
- Innenleben
- Neigung
- Farbe
- Schatten
- 3D

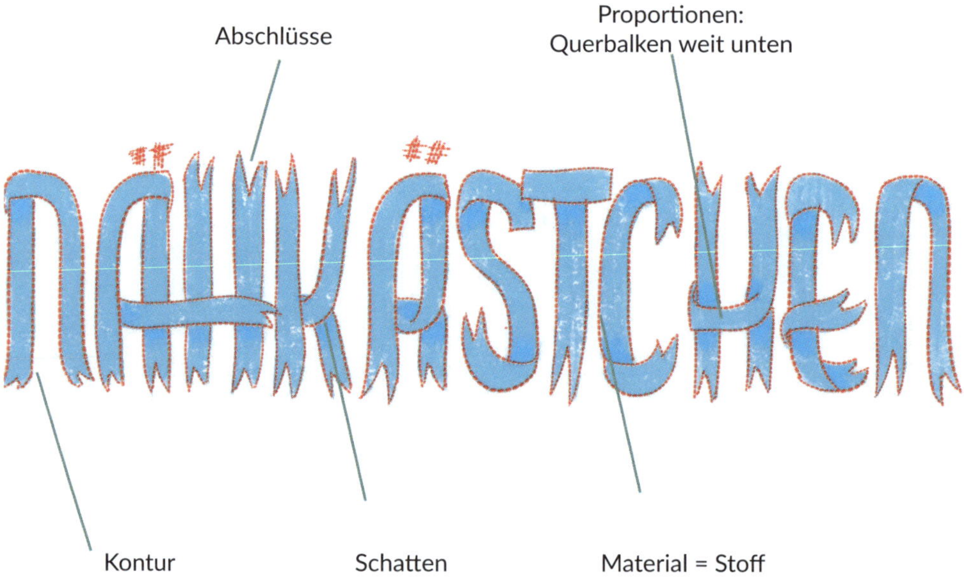

KONTUR

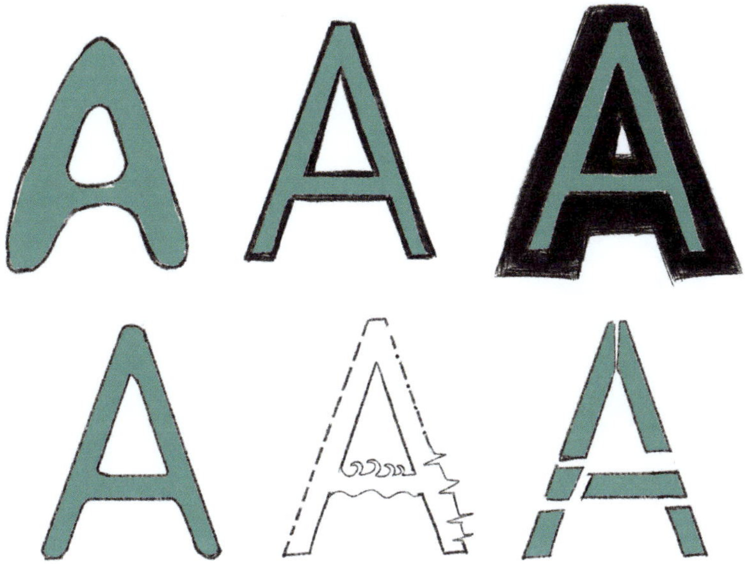

MATERIAL

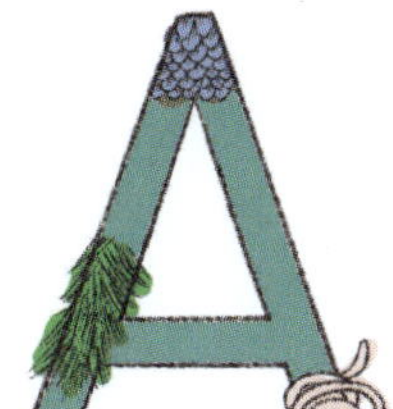

SCHATTEN

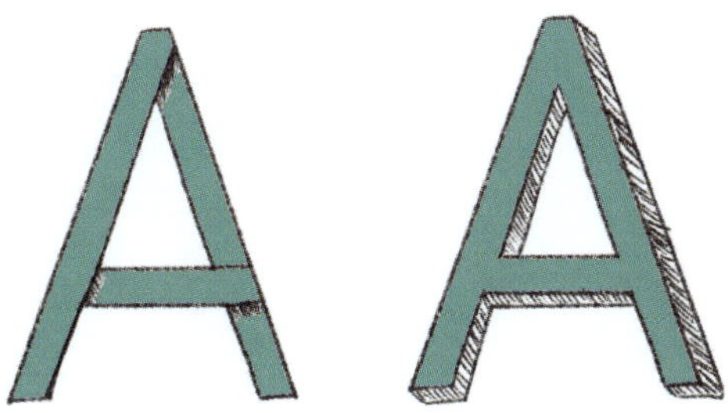

SERIFEN

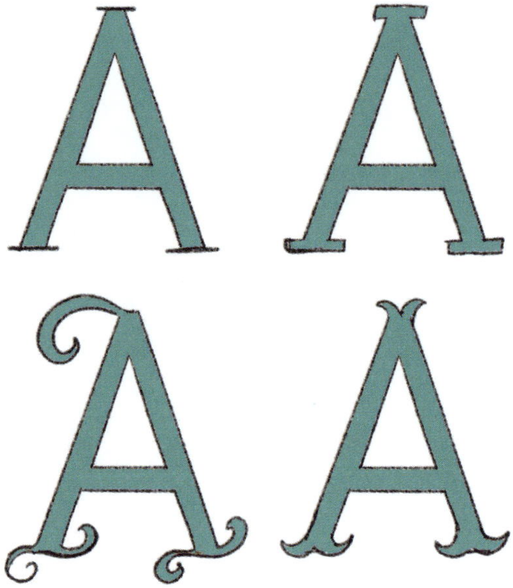

ABSCHLÜSSE

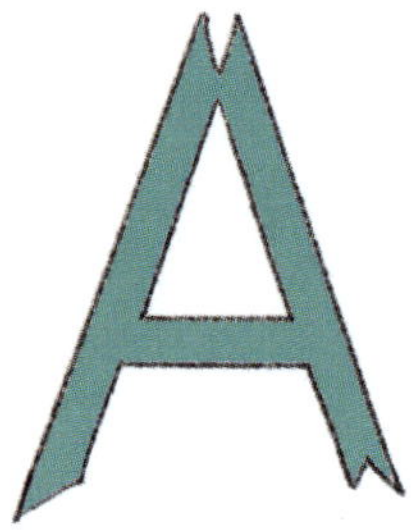

BASIC

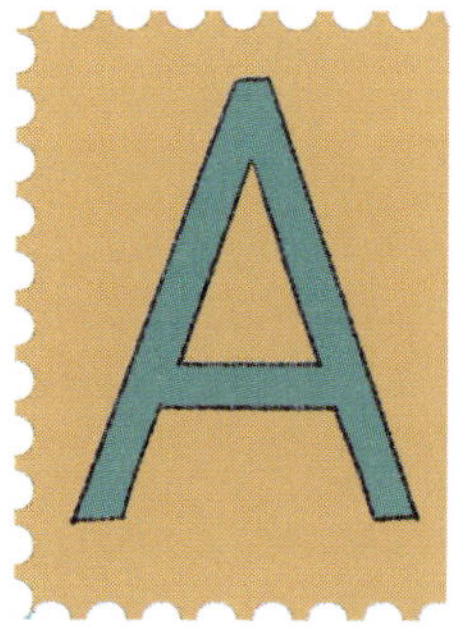

FÜLLUNG

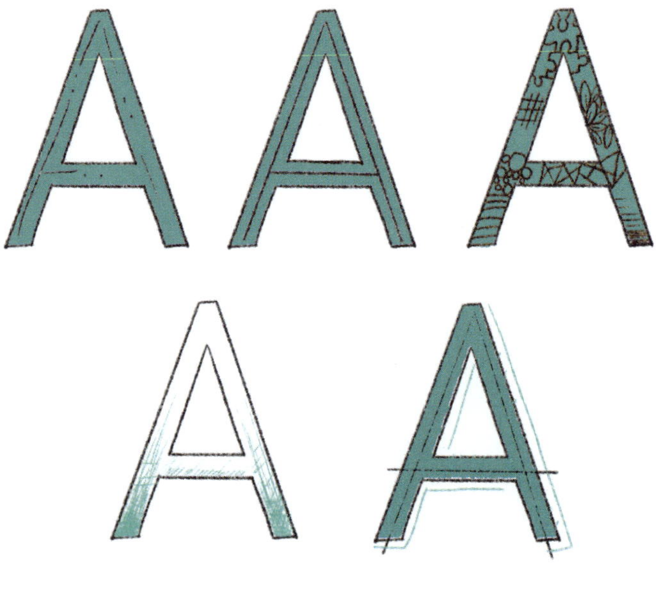

BASIC LINIE

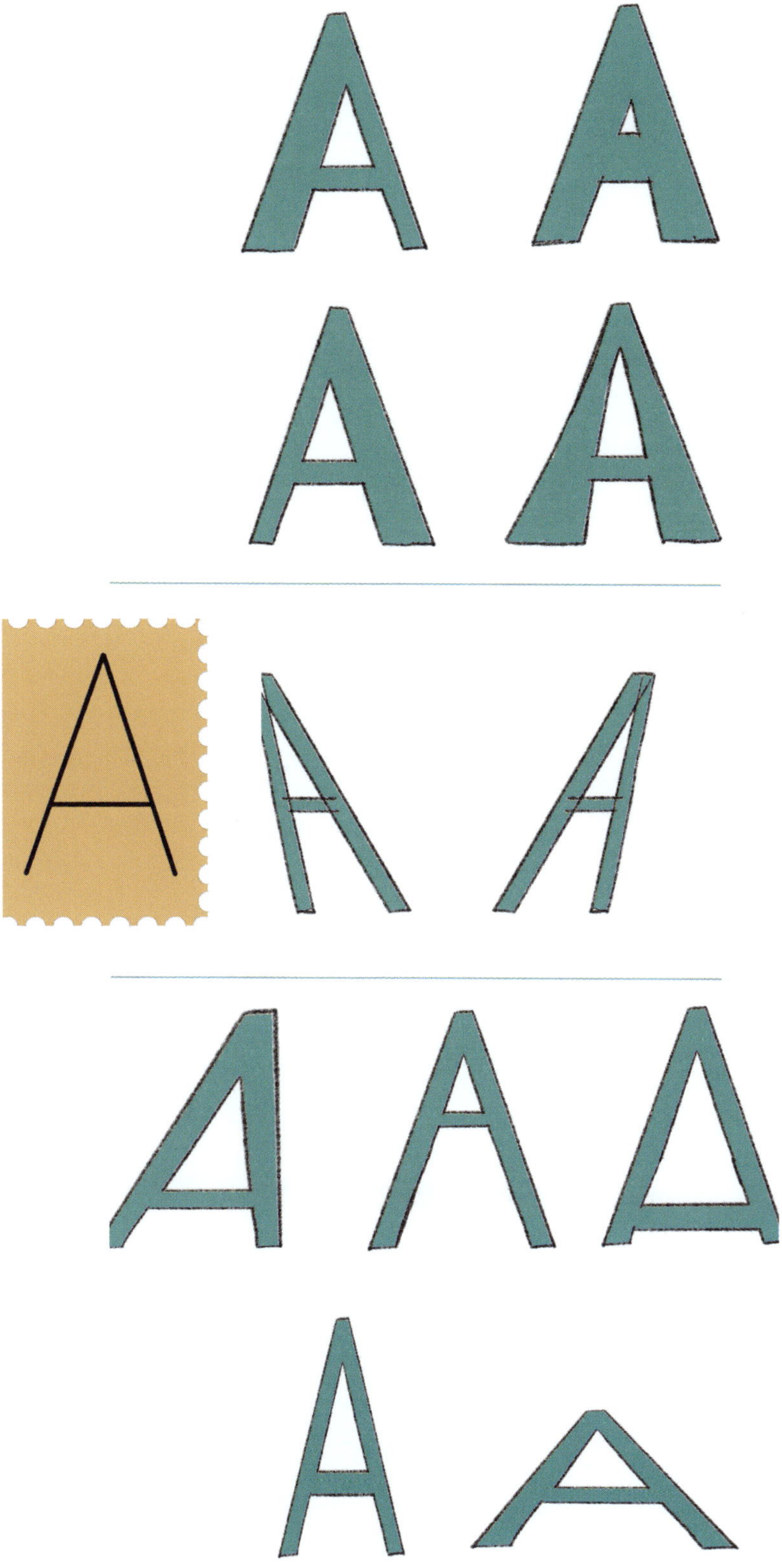

STRICHSTÄRKENKONTRAST

NEIGUNG

PROPORTIONEN

6.5 Basic-Alphabete

Im Folgenden findest du einige Alphabete mit verschiedenen Eigenschaften zum Abzeichnen und Variieren. Ich zeige dir anhand dieser Alphabete, wie ich beim Zeichnen von Buchstaben vorgehe. Die Dinge, auf die du achten kannst, sind hervorgehoben.

Meistens wirst du für deine Letterings keine ganzen Alphabete entwickeln, aber zur Veranschaulichung habe ich dennoch zwei schicke Alphabete für dich.

Serifenloses Alphabet

Das erste Alphabet ist ein relativ simples serifenloses Alphabet. Ich habe es dir so aufgezeichnet, dass die Striche sich teilweise überlappen. Es ist nämlich meist einfacher, die Buchstaben in mehreren Schritten zu zeichnen. Viel Skizzieren ist involviert.

Folgende Abfolge halte ich dabei ein:

Schritt 1: Überlegungen

- Wie sollen die Punzen aussehen?
- Wie groß sollen die Bäuche werden?
- Wie breit sollen die Buchstaben werden?

Sieh dir hier gerne noch einmal die vorigen Seiten für kreative Ideen an.

Schritt 2: Skizze

In der Skizze versuche ich, diese Überlegungen festzuhalten. Es darf beliebig oft radiert, durchgepaust und neu gezeichnet werden.

Schritt 3: Ausgefüllte Skizze

In diesem Schritt fülle ich die Buchstaben aus, um ein Gefühl für deren Dicke und Dichte zu bekommen. Es hilft, wenn du das Blatt von dir wegbewegst und die Augen zusammenkneifst, sodass die Buchstaben verschwimmen. Wenn du dann nur weiße und schwarze Flecken siehst, sind Inkonsistenzen leichter zu erkennen, als wenn du von all den Linien und Details abgelenkt wirst.

Diesen Schritt kannst du beliebig oft wiederholen.

Schritt 4: Lineart

Im letzten Schritt ziehst du die Linien mit einem Werkzeug deiner Wahl nach. Im gegenüberliegenden Beispiel habe ich es beim Bleistift belassen, da mir dieser Look gefällt.

(Optional)
Schritt 5: Verzierungen

Wichtig

Es gibt viele Dinge zu beachten. Achte darauf, dass folgende Dinge einheitlich und harmonisch sind:

- Breite der dicken Striche
- Breite der dünnen Striche
- Weißraum
- Winkel bei den schrägen Buchstaben
- Rundungen
- Punzen
- Strichabschlüsse
- Querbalken

Für das Skizzieren der Kleinbuchstaben habe ich noch ein paar Tipps für dich, die aus dem Typedesign (also der Entwicklung von Fonts) kommen. Es gibt ein paar Grundbuchstaben, von denen sich die meisten anderen Buchstaben ableiten lassen. Das zu wissen, ist extrem hilfreich, wenn du dir ein eigenes Alphabet ausdenken möchtest.

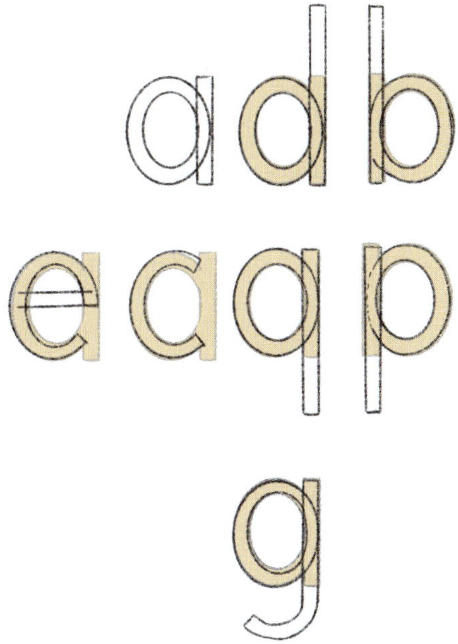

Ein solcher Buchstabe ist das kleine a. Du kannst von ihm direkt das d ableiten, indem du den Abstrich verlängerst. Spiegle es und du hast ein b. d und b kannst du drehen, um q und p zu erhalten. Vom q ist es nicht mehr weit zum g, hier fügst du nur einen Bogen an. Und das c und e sind die linke Seite des a.

Tipp

Einige Anpassungen in der Breite sind meist trotzdem noch nötig, damit das optische Erscheinungsbild ausgewogen ist. Aber diese Technik ist schon mal ein hervorragender Anfang.

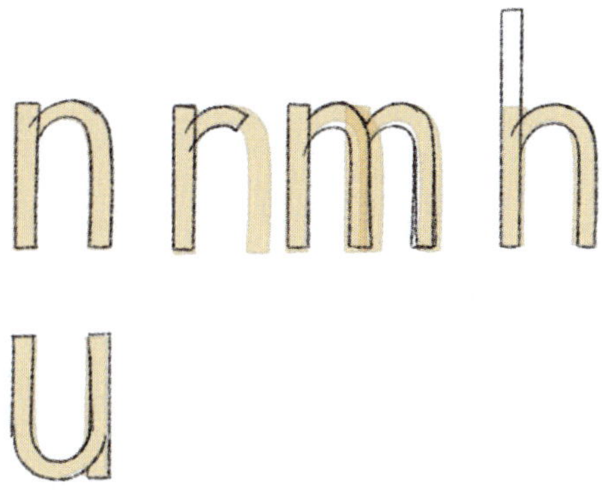

Das n ist ebenfalls ein Ausgangsbuchstabe für viele andere Buchstaben. Das u ist ein gedrehtes n; das r ist ein abgeschnittenes n. Achte beim m darauf, dass die Bögen schmaler sind als beim n, sonst wird es zu breit. Das h ist ein n mit einer Oberlänge.

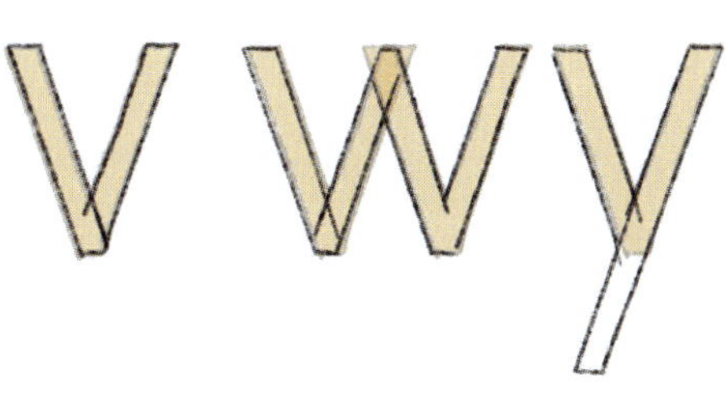

w und y stammen vom v ab. Achte beim w besonders auf den Mittelteil. Es darf auch etwas schmaler sein als zwei aneinandergereihte v.

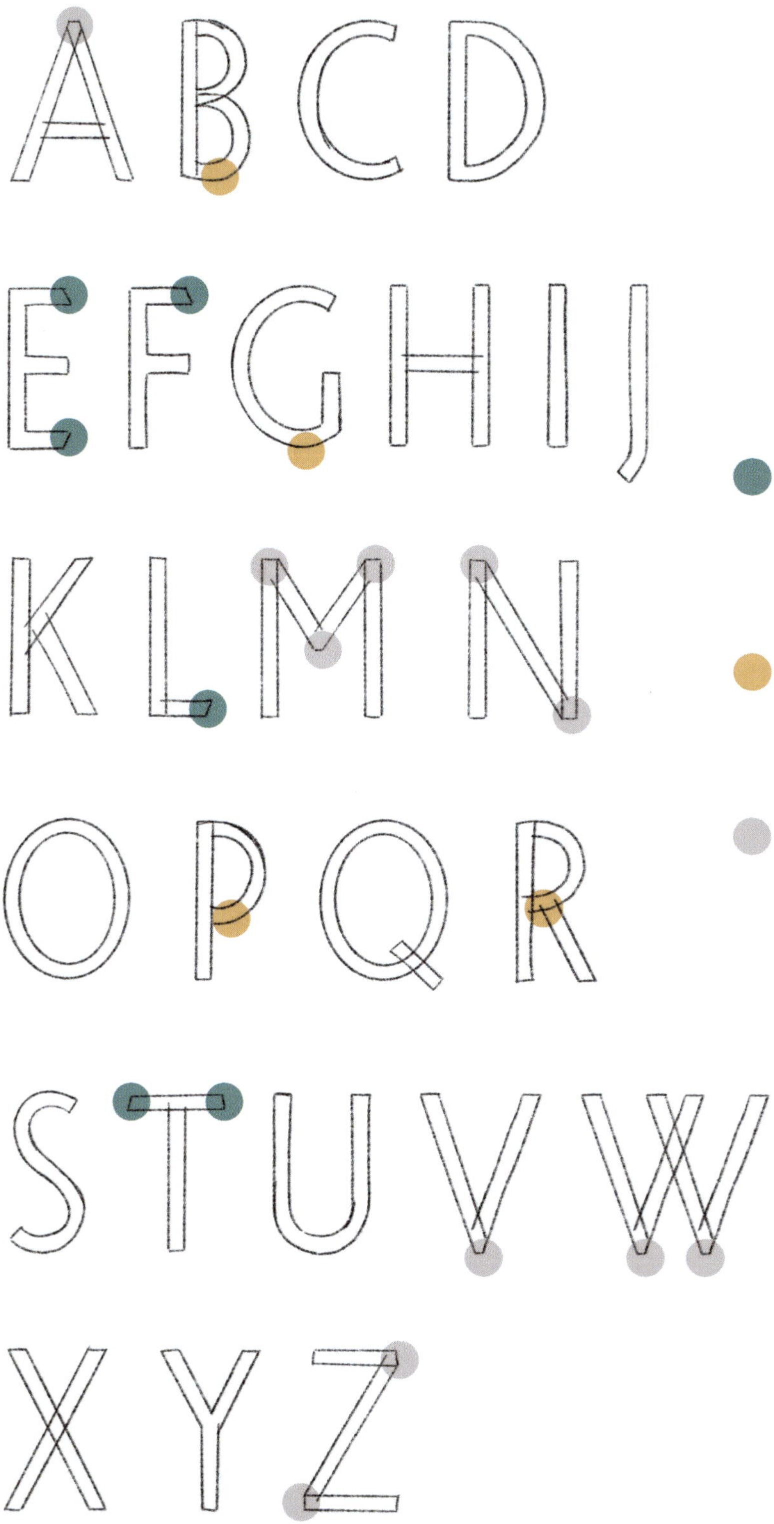

Ein Element, das die Buchstaben etwas lebendiger macht, sind die schrägen Abschlüsse der Querbalken.

Die Rundungen bewegen sich zuerst ein wenig abwärts und schließen nicht gerade ab.

Die Abschlüsse sind nicht spitz, sondern abgeflacht. So wirken die Buchstaben etwas breiter und nicht so kantig.

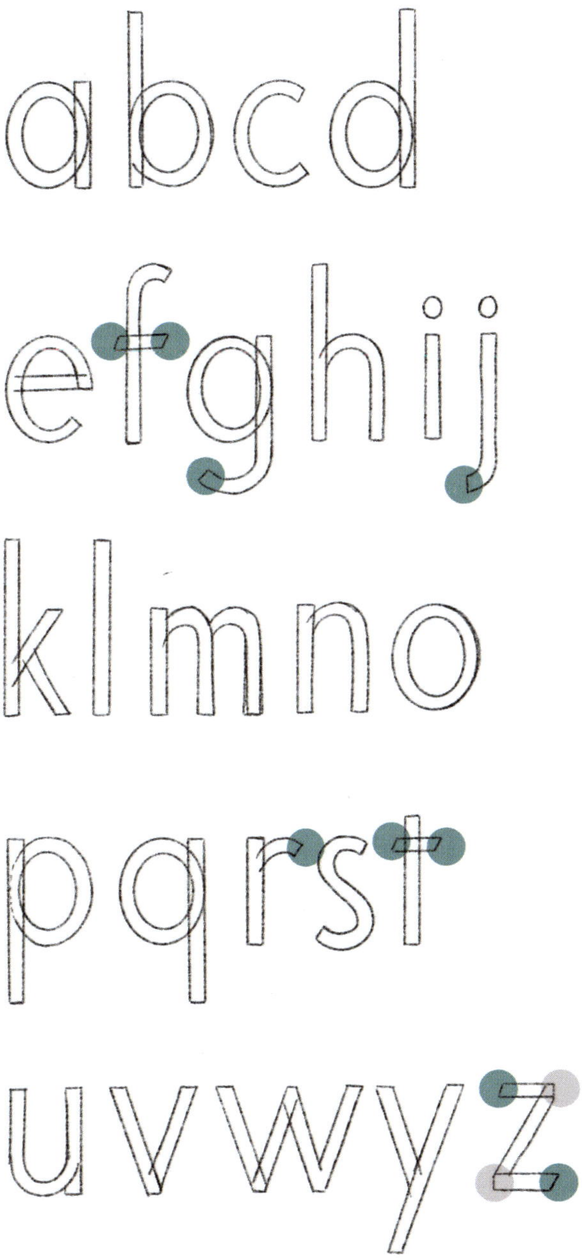

Ein Element, das die Buchstaben etwas lebendiger macht, sind die schrägen Abschlüsse der Querbalken.

Die Abschlüsse sind nicht spitz, sondern abgeflacht. So wirken die Buchstaben etwas breiter und nicht so kantig.

ABCDEFG
HIJKLMN
OPQRST
UVWXYZ

abcdefghij
klmnopqrst
uvwyz

Serifen-Alphabet

Beim folgenden Serifen-Alphabet wollte ich ein extra fettes Alphabet gestalten. Ich zeichne die Buchstaben nicht von A bis Z, sondern nach Gruppen, die gemeinsame Elemente haben, z.B. gerade Linien, schräge Linien, Bäuche, Rundungen …

Dabei gehe ich folgendermaßen vor:

Schritt 1: Überlegungen

Wie fett sollen meine Serifen werden? Sollen sie blockartig sein, verziert oder spitz zulaufend?

- Wie sollen die Punzen aussehen?
- Wie groß sollen die Bäuche werden?
- Wie breit sollen die Buchstaben werden?

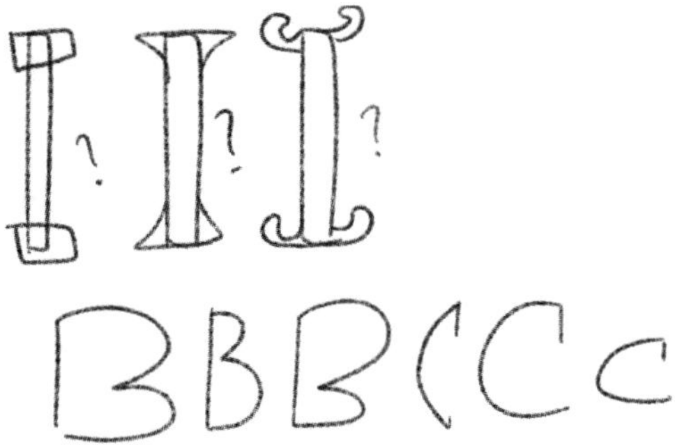

Schritt 1

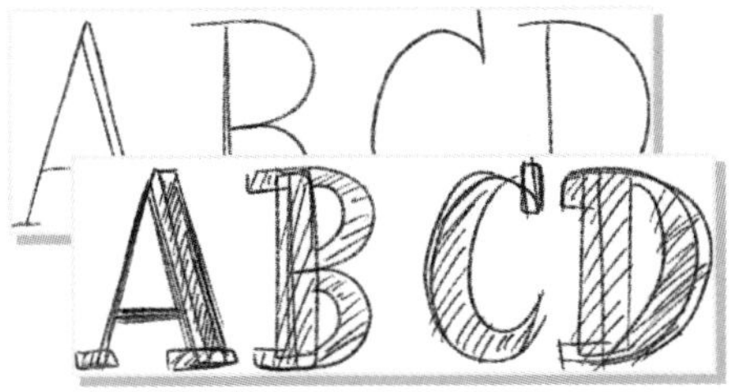

Schritt 2

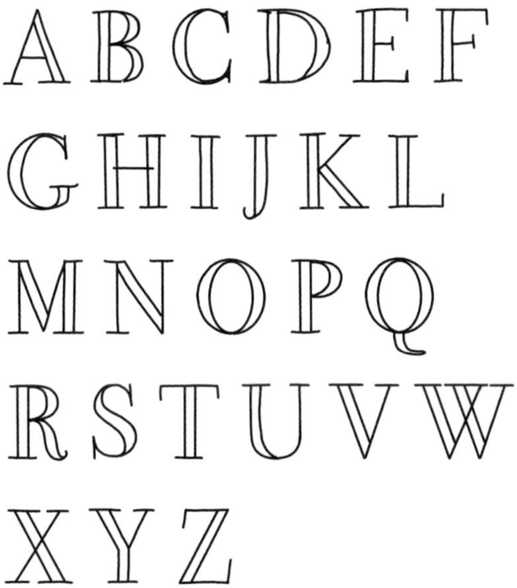

Links ein sehr grober Entwurf, den ich anschließend verworfen habe.

Hinweis

Handlettering kann ein langwieriger Prozess sein. Hab keine Angst davor, deine Skizzen zu verwerfen und neu zu beginnen.

Schritt 2: Skizze

In der Skizze versuche ich, diese Überlegungen festzuhalten. Es darf beliebig oft radiert, durchgepaust und neu gezeichnet werden.

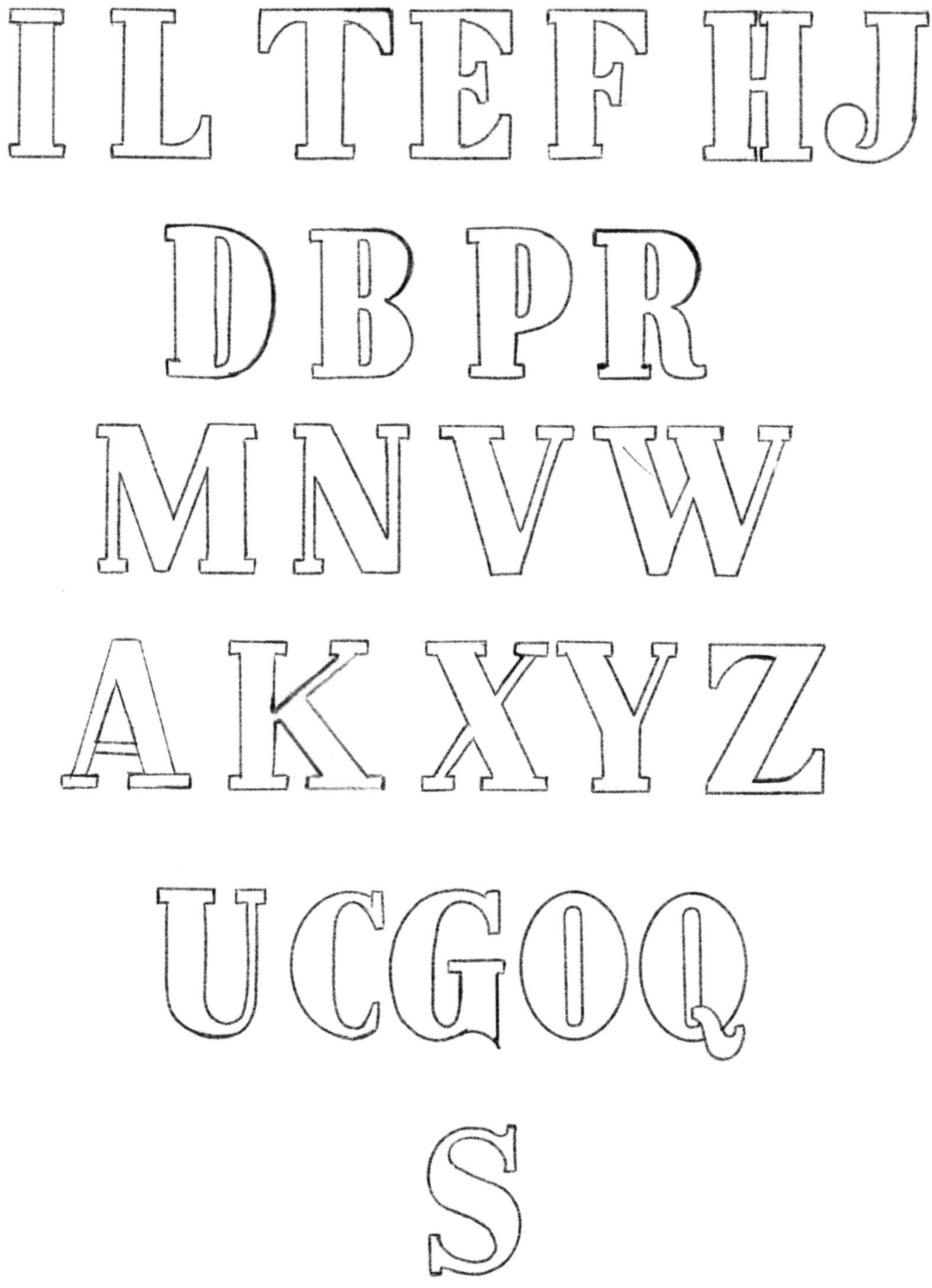

Wichtig

Es gibt viele Dinge zu beachten. Achte darauf, dass folgende Dinge einheitlich und harmonisch sind:

- Breite der dicken Striche (1)
- Breite der dünnen Striche (2)
- Höhe der Serifen (3)
- Weißraum
- Winkel bei den schrägen Buchstaben
- Rundungen (5)
- Punzen
- Strichabschlüsse
- Querbalken

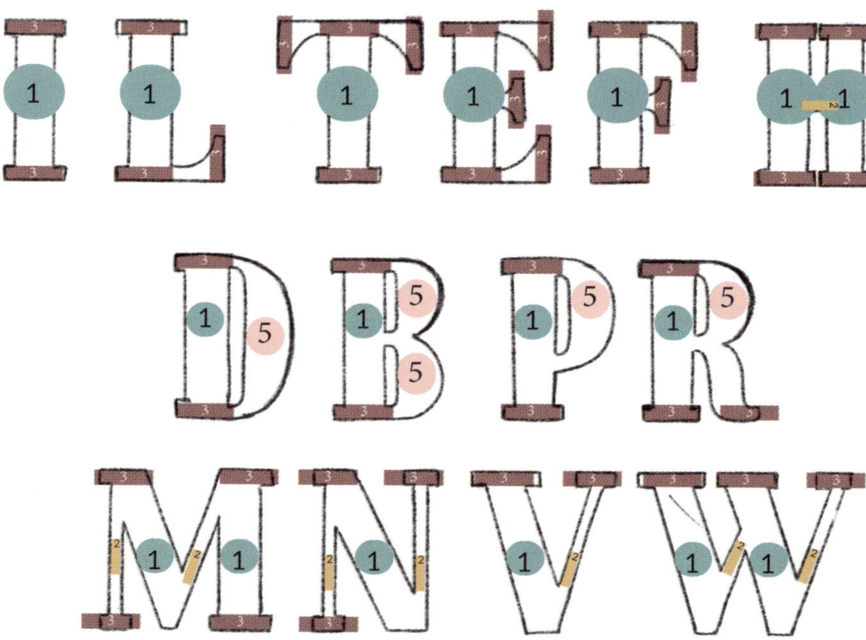

Schritt 2 Fortsetzung

Schritt 3: Ausgefüllte Skizze

In diesem Schritt fülle ich die Buchstaben aus, um ein Gefühl für deren Dicke und Dichte zu bekommen. Es hilft, wenn du das Blatt von dir wegbewegst und die Augen zusammenkneifst, sodass die Buchstaben verschwimmen. Wenn du dann nur weiße und schwarze Flecken siehst, sind Inkonsistenzen leichter zu erkennen, als wenn du von all den Linien und Details abgelenkt wirst.

Diesen Schritt kannst du beliebig oft wiederholen.

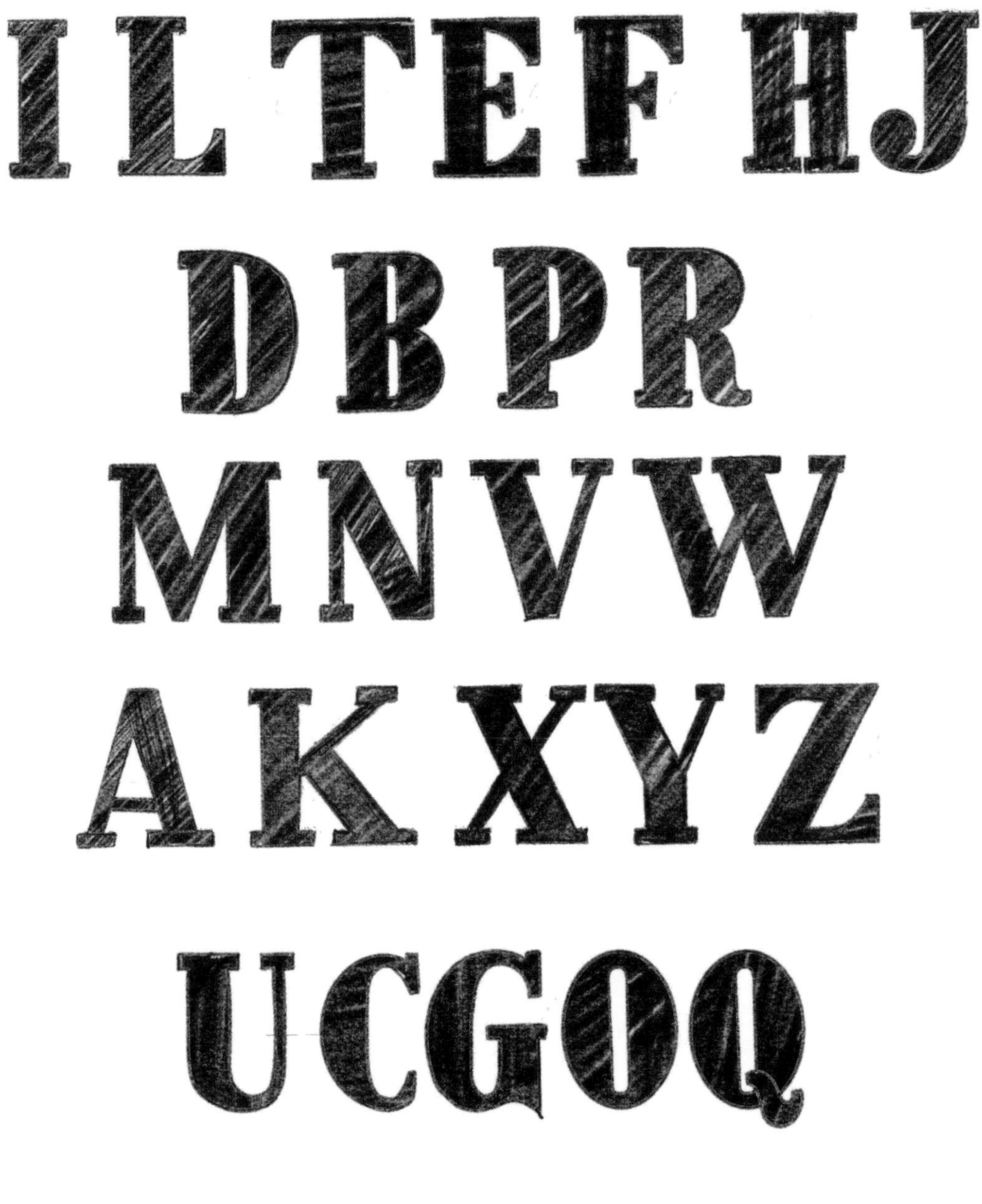

Schritt 4: Lineart

Im letzten Schritt ziehst du die Linien mit einem Werkzeug deiner Wahl möglichst klar nach.

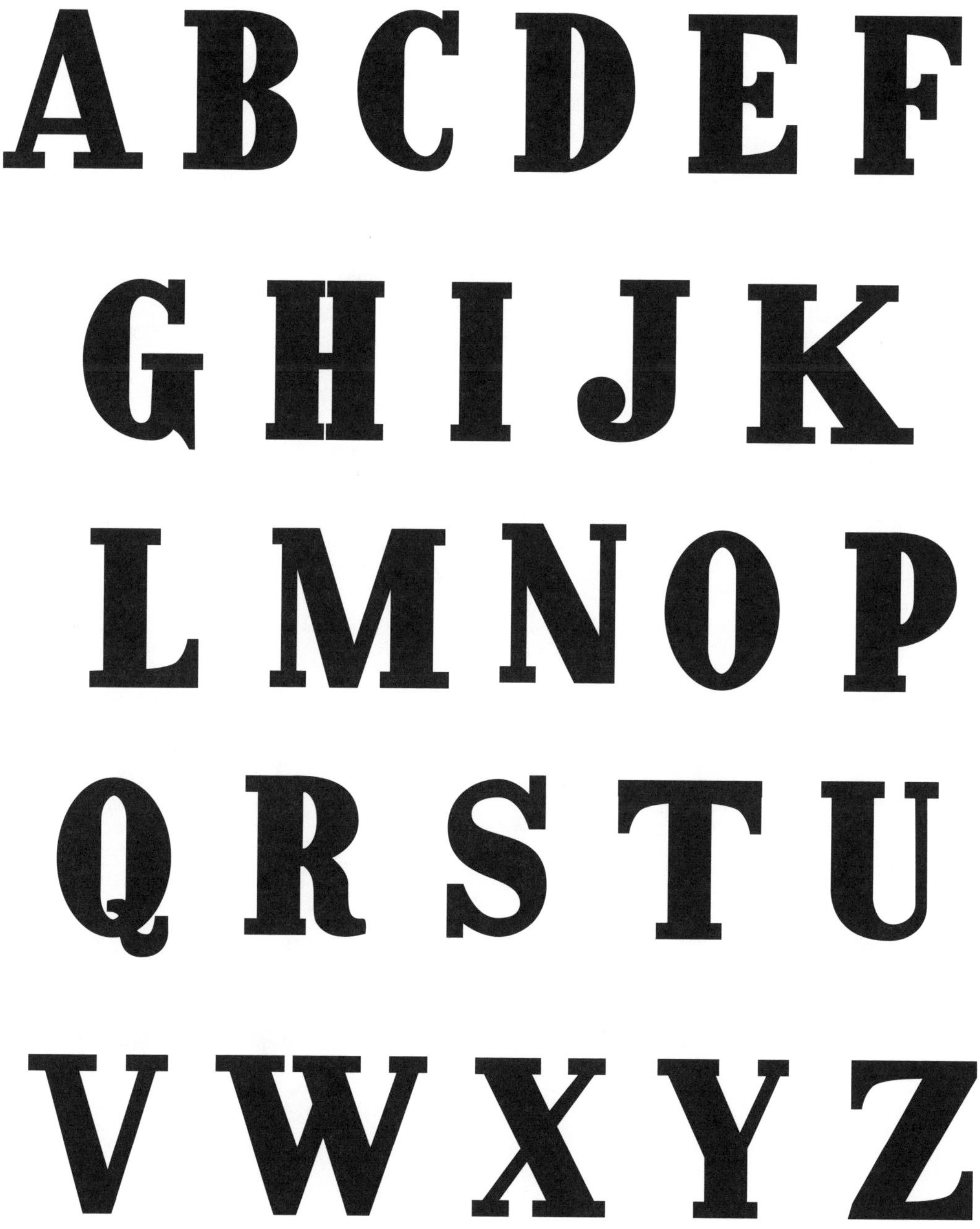

Hier noch das dazu passende Kleinbuchstaben-Alphabet.

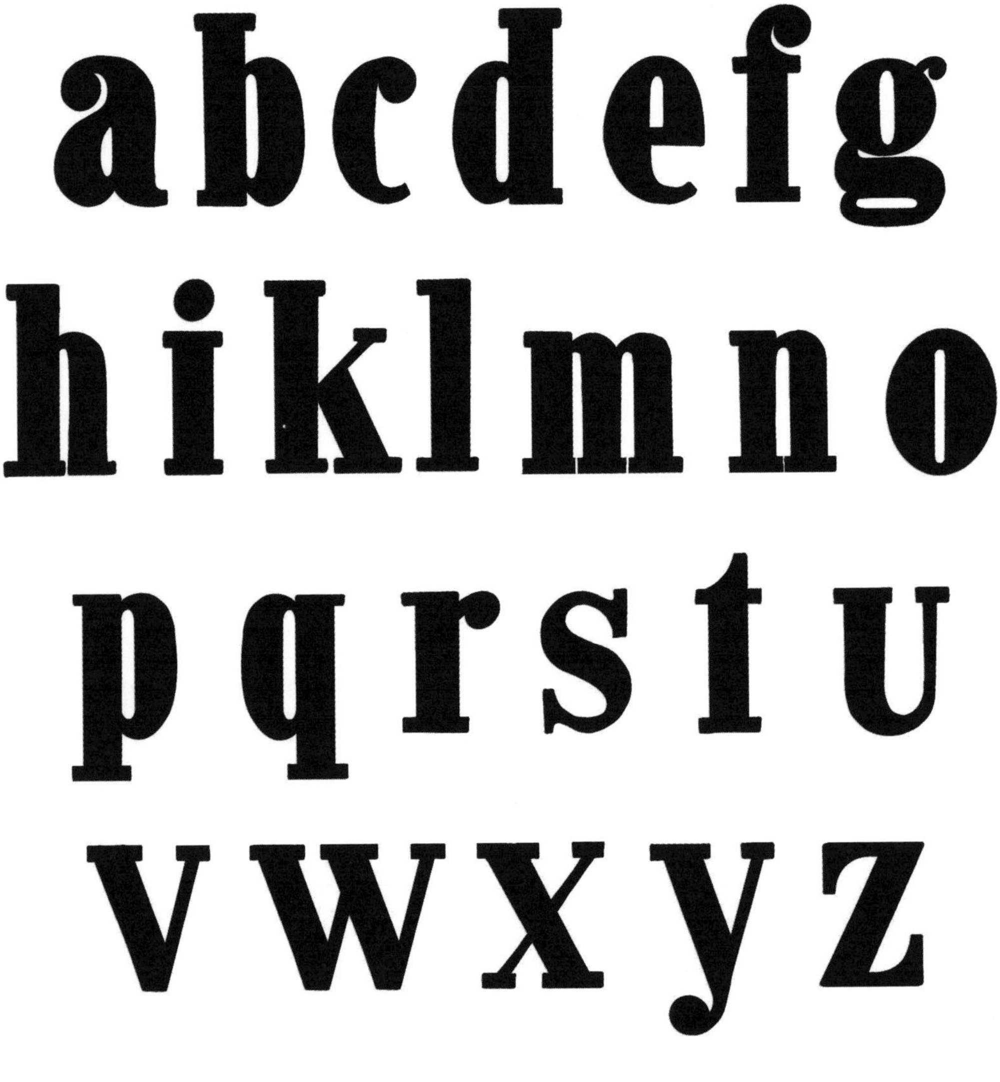

Schritt 5 (Optional): **Verzierungen**

Besonders interessant wird das Ganze dann erst mit Verzierungen. In diesem Fall wollte ich mein Serifenalphabet unter Wasser versetzen. Ich habe mir dazu überlegt, welche Eigenschaften ich verändern kann, um diesen Effekt zu erzielen. Dazu habe ich die Variationsübersichtsseiten verwendet. Ich habe beschlossen, die Eigenschaften ***Kontur, Farbe*** und ***Füllung*** zu verändern und schließlich noch die Buchstaben zu verzerren, als würden sie durch Wasser hindurch betrachtet werden.

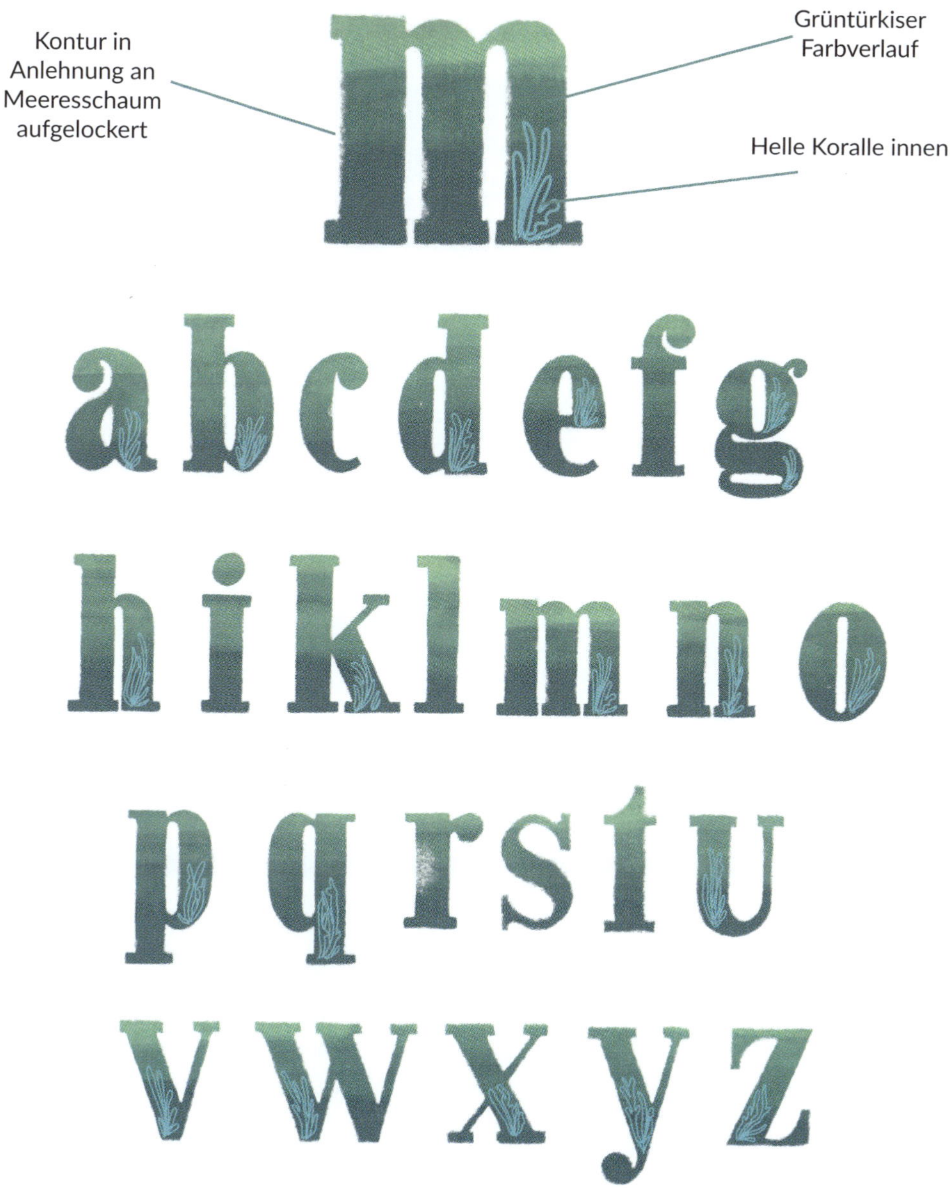

Schritt 5: Verzierungen

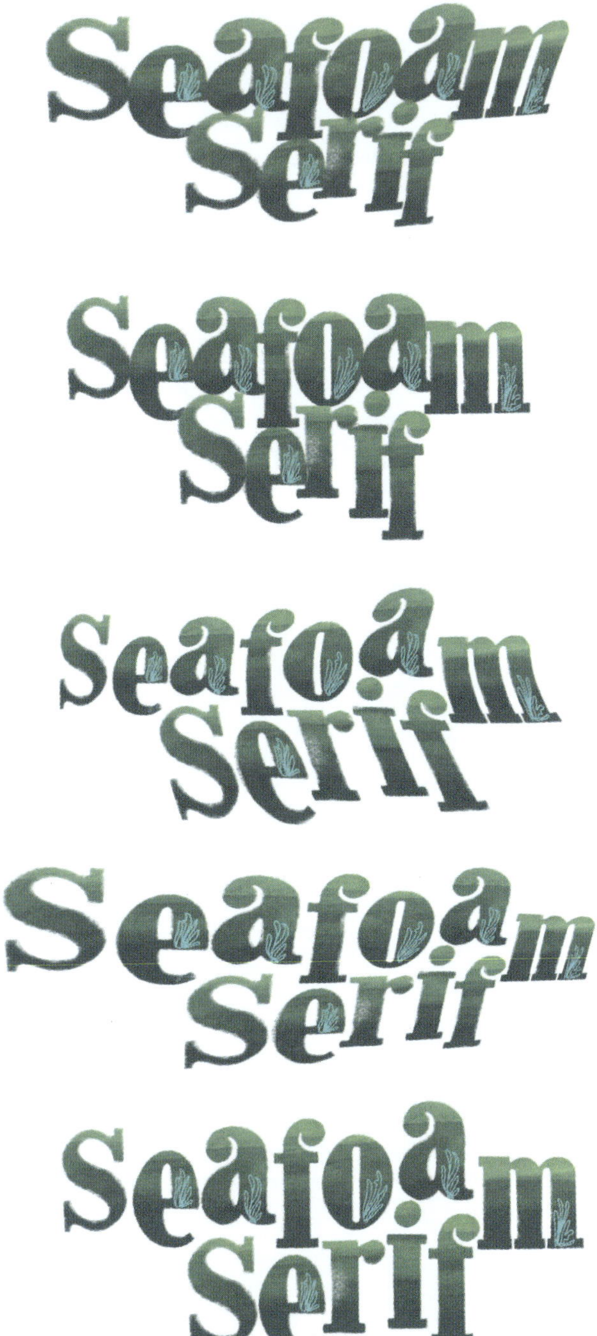

Schritt 5: Fortsetzung

6.6 Weitere Künstler:innen

Es gibt unglaublich viele großartige Lettering-Künstler:innen, daher hier nur eine kleine Auswahl meiner Favorit:innen:

- Chris Campe, @allthingsletters
- Ken Barber, @typelettering
- Yves Leterme, @yves_leterme
- Jurgen Vercaemst, @jurgen_vercaemst
- Katharina Ostenda, @poesiederfeder

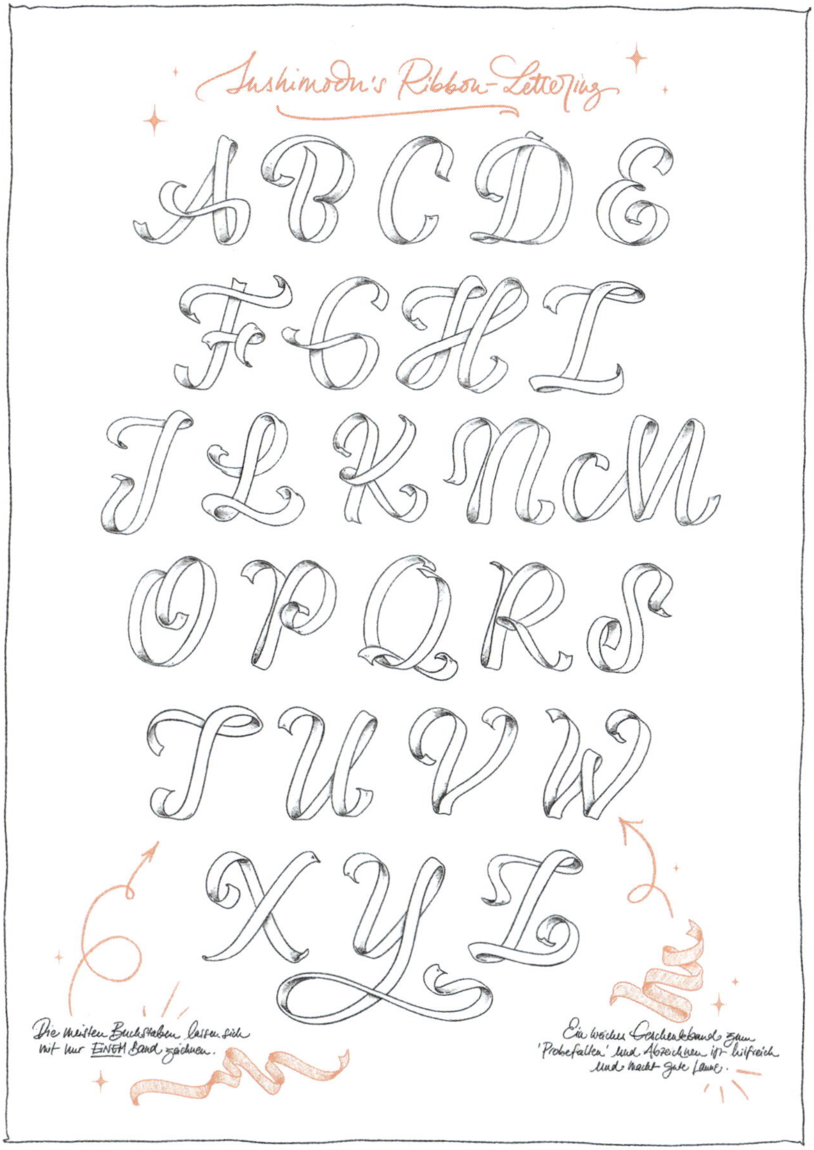

Ribbon Lettering © Julia Winkler (Sushimoon)
Beim Ribbon Lettering wird das Material der Buchstaben geändert, sie bestehen aus einem Band. Julia ist Expertin und zeigt es vor – sie hat ausschließlich mit dem Bleistift gearbeitet. Du siehst, mehr braucht es gar nicht.

Index

Cindy Schullerer

Praxisbuch Kalligraphie
Historische Schriften
vom Beginner zum Profi

10 historische Schriften mit Schritt-für-Schritt-Anleitungen

Ausführliche Materialkunde und technische Grundlagen

Ansprechende Designs erstellen: vom Basiswissen bis zur finalen Gestaltung

12 inspirierende Projekte mit Anleitung zum Nachmachen

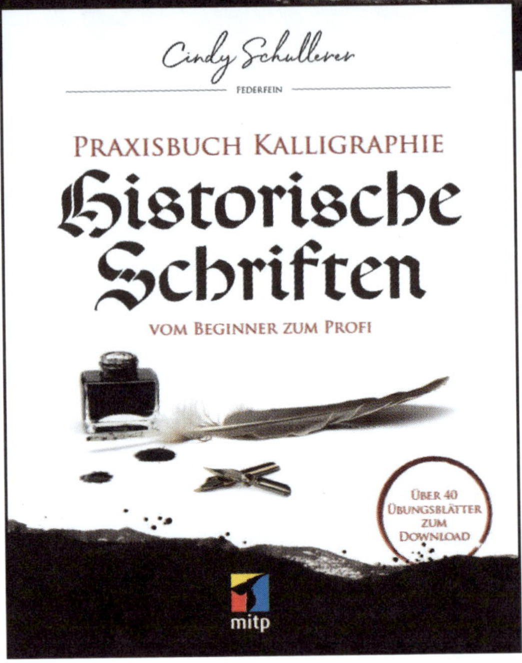

Tauche ein in die Welt des schönen Schreibens und der meditativen Kalligraphie. Dieses Buch ist eine umfassende und anschaulich illustrierte Einführung in die Kunst des Schreibens mit Stahlfeder und Tinte. Dabei widmet sich Cindy Schullerer ausdrücklich historischen Schriften mit ihren besonderen Eigenschaften.

Du lernst zehn verschiedene Schriften aus unterschiedlichen Epochen kennen: Angefangen von der majestätischen römischen Monumentalschrift über die gebrochenen Schriften des Mittelalters bis hin zu den elegant geschwungenen Schreibschriften der Neuzeit. Zu jeder Schrift zeigt Cindy Schullerer das vollständige Alphabet und erläutert dir Schritt für Schritt, wie die einzelnen Buchstaben umgesetzt werden.

Zusätzlich erhältst du ausführliche Informationen und Tipps zum Material und zu den notwendigen technischen Grundlagen. Des Weiteren erfährst du, was bei der Gestaltung mit Schriften wichtig ist: von Konzeption und Layout über die Kombination von Schriften bis hin zum Einsatz von Farben.

In 12 ausführlich beschriebenen Projektbeispielen zum Nachmachen findest du außerdem weiterführende Inspiration und Ideen für eigene Schriftprojekte.

ISBN 978-3-7475-0024-8

Probekapitel und Infos erhalten Sie unter:
www.mitp.de/0024

Michaela von Kessel

Über 850 inspirierende **Schmuckelemente** für Handlettering, Bullet Journals & Co.

Boho • Hygge • Vintage • Magisches • Florales • Natur • Maritim

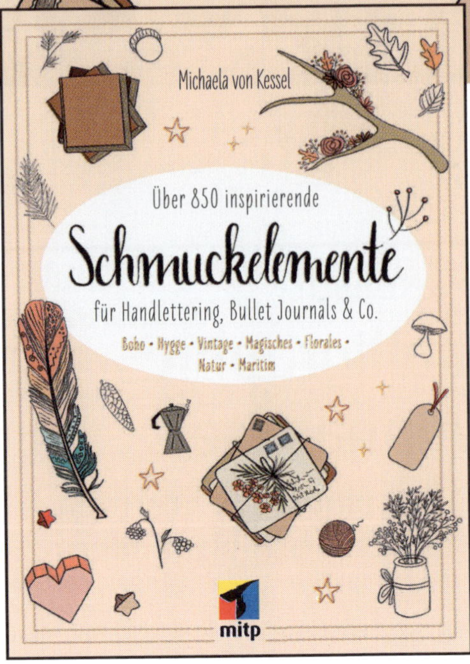

Die schönsten Schmuckelemente für deine kreativen Projekte

Von Boho und Hygge über Florales, Maritimes und Natur bis hin zu Magischem und Vintage

Zahlreiche Linien, Pfeile, Ecken, Rahmen, Banner, Kränze, Symbole und Alphabete

Gezeichnete Schmuckelemente sind für Handletterings, Bullet Journals & Co. das gewisse Extra und eignen sich auch für viele weitere Anwendungsmöglichkeiten wie Einladungskarten, Briefe, Postkarten, Geschenkanhänger und -papier, Kalender, Wanddekorationen sowie Fenster- und Tafelgestaltung.

Dieses Buch ist eine Inspirationsquelle für Schmuckelemente und enthält zahlreiche Ideen und Anregungen zu verschiedenen aktuellen Trendthemen. Du findest zu jedem Thema Variationen von Linien, Pfeilen, Ecken, Rahmen, Bannern, Kränzen, typischen Symbolen, Alphabeten sowie Vorschläge für passende Farbkombinationen.

Die Schmuckelemente sind nach den jeweiligen Stilen sortiert. So siehst du sofort, welche Elemente gut zusammenpassen, so dass deine Gestaltung in sich stimmig wird. Für einige Elemente findest du außerdem Schritt-für-Schritt-Anleitungen zum Nachzeichnen.

Mit den Elementen aus diesem Buch wirst du viele Anregungen finden und kannst deiner Fantasie und Kreativität freien Lauf lassen.

Probekapitel und Infos erhalten Sie unter:
www.mitp.de/0337

ISBN 978-3-7475-0337-9